Investigating The Zhengding Incident

「正定事件」の検証

カトリック宣教師殺害の真実

峯崎恭輔 [著]
藤岡信勝 [解題]

並木書房

[解題]
初めて明らかになった正定事件の全貌と真相

拓殖大学客員教授　藤岡信勝

　本書は、今から80年前、日中戦争中の1937（昭和12）年10月に中国大陸で起こった「正定（せいてい）事件」について、初めて体系的にまとめられた研究書です。日本のみならず、世界でも唯一の実証的な研究書ということができます。以下、本書刊行の意義について書かせていただきます。

正定事件とは何か

　正定事件は、北京の南方、河北省西部に位置する歴史の古い城郭都市・正定において起こった出来事です。日本人には正定という地名はなじみが薄いのですが、臨済宗発祥の地として記憶するとよいでしょう。

　事件の核になる出来事を本書の著者である峯崎恭輔さんは、

　「1937年10月9日、正定のカトリック宣教会において、略奪や破壊行為が行なわれたうえに宣教師ら9人のヨーロッパ人が武装集団に拉致され、その後戻らず、1か月後に行方不明者全員死亡を思わせるいくつかの証拠が見つかった」

　と要約しています。これを著者は「厳格な意味で確実と言える事実」であるとしています。

　正定は10月9日に日本軍の手に落ち、その占領下にありました。とはいえ、事件のあった日は、城内には多数の敗残支那兵が残留し、避難民と混在していました。そうした混乱した状況下で起こった事件です。

　この日、宣教会は激しい略奪の対象となりました。賊は朝から塀を乗り越えるなどして侵入し、略奪は断続的に続きました。彼らは病身で高齢のアルベリック神父の居室を襲い、神父は身ぐるみ剥がされたうえ、金目の

ものをすべて奪われました。

　略奪こそは支那人の文化であり、生活様式と言ってもよいほどの行動パターンです。社会的な混乱があれば必ずといっていいほど起こります。実行者の立場や職業は関係ありません。日本人にはイメージしにくいのですが、兵士でも誰でも、スキさえあれば略奪者に変身します。通州事件では、地方政府の警察官が混乱に乗じ、略奪者に変貌しています。

　午後になって、日本軍将校がたびたび宣教会にやってきました。ドアを修理し、侵入禁止の張り紙をして帰りました。

　夜になると、軍服を着、拳銃で武装した10人ほどの賊の集団がやってきました。彼らは食堂に乱入し、フランス・シュラーフェン神父ら9人を縄で縛り上げ、拉致して行きました。誘拐された聖職者のものと思われる遺体は1か月後に発見されました。日本軍将校の提案で追悼式が行なわれ、日本軍関係者も参加しました。

　事件について日本の北支那方面軍は、特命を受けて正定に調査に入った横山彦眞少佐の報告に基づき、事件の犯人は共産匪賊であると公文書に記しました。さらに、在北京日本大使館員の森島守人は、1938年2月13日の公文書で、犯行は「支那敗残兵」によると明記し、その後の調査でもこれを「覆す証拠は見つからなかった。従って日本政府は当該事件に関する責任を負いかねる」と記しました。そして、カトリック教会の施設を保護する立場にあったフランス政府から「本件に関しては今後何等問題を提起しない」旨の文書を受け取っていました。以上が事件の概要です。

　これだけなら、歴史上、中国大陸で何度も繰り返されたキリスト教宣教師殺害事件の1つに過ぎなかったともいえるでしょう。すでに過去の出来事です。ところが、気がつかないうちに、日本人として看過できない事態が国際社会で進行していたのです。

列福運動を利用した反日情報の拡散

　2012年10月13〜14日、オランダでシュラーフェン神父の殉教75周年を記念する式典が行なわれました。式典に招待された日本カトリック司教協議会会長の池長潤大司教は書簡を送り、出席した日本人司教が代読しまし

た。その手紙には、次のように書かれていました。

「北京から南の260キロのチャンティン〔正定〕という所にある女子修道院に、日本軍の迫害を逃れた大勢の中国女性が身を寄せていました。そこに日本軍が侵入し、『慰安婦として200人を出せ！』と要求してきたのです。シュラーフェン司教は『あなた方は私を殺すがいい。しかし私はあなた方の要求を拒否します』と答え、女性たちの引き渡しを拒んだのです。その夜、日本軍の兵隊がオランダ人のシュラーフェン司教らヨーロッパの宣教師9人を拉致し、火刑によって虐殺したのです」

この内容は、一般には知られていなかったのですが、日本共産党の集会で読まれたことによって明らかになったものです。

式典の主催に関わったシュラーフェン財団は、司教ら事件被害者を顕彰することを目的として2008年に設立された組織です。財団は2008年から2009年に、殺害された宣教師らの「列福」をバチカンに申請しました。列福というのは、カトリック教会で「福者」という名誉ある称号を与えることです。福者は、カトリックにおいて最高位の崇敬対象である「聖者」に次ぐ名誉ある称号です。上記の式典は、世界的な列福運動のスタートとなる行事でした。こうして、犠牲となった9人の立派な功績をたたえるために、極悪非道な日本人イメージが世界的に流布されているのです。

2013年、バチカンはシュラーフェン財団に対し列福調査の許可を出しました。2015年3月、正定事件関連資料がバチカンに提出されました。バチカンでの審査がどうなっているのかは、カトリック信者にもまったく分かりません。2016年1月に列福されたキリシタン大名の高山右近の場合も、日本のカトリックが何十年も前から申請していたのに、途中経過が分からないままに突然公表されたようです。

では、正定のカトリック宣教会に押し入った賊が慰安婦を要求したという話はどこから出てきたかといえば、1937年12月1日付けの、プロテスタントの宣教師による証言の中に出てきます。しかし、これを裏付ける証拠は一切ありません。この宣教師は現場を見たのではなく、中国人のカトリック教会関係者から聞いた話だというのです。つまり、これは伝聞であって自ら体験した証言ではありません。私は、南京事件でうずたかく積み上

げられた虚構の「伝聞」証言をすぐに連想しました。その信憑性はゼロに近いものです。そもそも、ここでは犯人が「日本兵」であることを前提としています。

これらの検証と反論は、本書の第3章で詳細に展開されています。じっくりお読み下さい。

中国による歴史戦に組み込まれる「正定事件」

正定事件にかかわっている国は、オランダだけではありません。日本に、「歴史戦」と呼ばれる執拗な情報戦を仕掛けている中国にとって、これほど利用価値のあるテーマはありません。正定事件はこれから中国の対日情報戦・歴史戦に組み込まれる流れにあります。日本糾弾の二大テーマとして前世紀の後半に捏造された「南京事件」と「慰安婦性奴隷説」が、正定事件と見事につながるからです。これらの謬説に日本政府が正面から反論してこなかったことによって、国際的に日本の悪印象が根付いてしまっているのです。その上に、正定事件を載せることは簡単です。

たとえば、正定に進軍したのは、谷寿夫中将が率いる第6師団でした。谷中将はのちに南京事件で「大虐殺」の罪で処刑された人物です。その谷中将の部隊であったことから、正定事件を南京事件と結びつける動きもあります。実際、正定事件は、現在進行形で制作中の「ミニ南京事件」とさえ言うことができます。

もちろん中国は直接、列福を申請する立場にはありませんが、背後で積極的に支援しているのは確実と思われます。列福申請者はオランダのヴィンセンシオ修道会とシュラーフェン財団、後援者はオランダカトリック教会、そして協力者に中国共産党配下の愛国教会が入っているのです。シュラーフェン財団は中国社会科学院（政府機関）とも緊密な協力関係にあります。

2014年10月には、正定のある河北省石家荘市の河北師範大学で、「正定教会の惨劇と戦時における宗教の人道主義の援助」と題したシンポジウムが開かれました。

世界中のキリスト教信者は22億人。中国はかつて、アメリカ人のプロテ

スタント系の宣教師を「国際友人」として（金を与えて）工作し、南京大虐殺事件をでっちあげ、世界中に嘘をばらまきました。戦後70年以上経った現在、今度は12億人のカトリック教徒を巻き込んで、正定事件の「日本人犯行説」を信じ込ませようとしています。

本来、カトリックと共産党は歴史的にも対立する立場にあったのですが、近年は両者の和解が急速に進んでいます。

日本人は事実をしっかりと押さえて、新ネタを利用した中国の情報戦に打ち勝たなければなりません。その場合、いちばん大事なことは、あくまで実証的な事実に基づく地道な研究です。本書は、仕掛けられた歴史戦を闘うという動機に基づくものですが、論証はあくまで冷静に、根拠をもって、学問的になされる必要があります。本書はその要請を満たしています。

本書の構成

本書は次のように構成されています。

まず、全体は本編と資料編に大きく分かれています。資料編には、日本語文書と外国語の一次史料を翻訳して掲載しました。訳者は著者自身です。外国語の史料については、主要なものについて、写真版も見開きで掲載しました。資料編は本書についての検証と今後の研究の手がかりになるはずです。

本編は4つの章に分かれています。序章ではシュラーフェン神父の列福運動とからんで、正定事件をなぜ取り上げるのか、本書執筆の動機が述べられています。第1章では、事件の概要を簡潔に述べ、事件のひと通りの全体像を読者に知ってもらうことを主眼に記述しています。第2章は、一転して、正定事件に至るまでの中国大陸における歴史を概説しています。これは、大きな歴史的文脈の中で事件を位置づける必要があることから書かれました。第3章では、もう一度事件の詳細に立ち返って、細部の論点をひとつひとつ解明しています。

通州事件、上海事変、正定事件、南京事件はすべて昭和12（1937）年に起きています。今後、これらの事件の共通点と差異を比較することによっ

て、それぞれの事件の全体像をさらに深く探求する道が開かれる可能性があります。日本近代史における運命のこの年の諸事件を比較・研究する「昭和12年学会」というものができてもおかしくありません。

本書成立の経緯

本書の成立は、2015年の秋に都内で開催されたある会合に起点をもっています。その会合では、正定事件の本質と現状が語られたのですが、出席した私は意見を求められたので、「正定事件の真相をなるべく早く本にして出版しなければならないと思う。すでに遅れをとっているが、真実は我々の側にあるのだから、あくまで実証的事実に基づいて本を書いて、それを拠点に反論を展開していくべきではないか」という趣旨のことを述べました。そして、その場でこの問題に取り組みたいという方にボランティアとして名乗りを上げてもらい、チームをつくって支えていくようにすることも提案しました。

こうして、4人のメンバーが集まりました。1人目は中林惠子さんで、カトリック信徒の女性です。正定事件というテーマは、もともと中林さんが口火を切って始まったものです。カトリック新聞に、先に述べた列福運動とそれに対する日本のカトリックのトップの人たちの反応が掲載されましたが、それに重大な疑問を持ち、有志の方々と連絡をとって大司教に質問状を出しました。これにはナシのつぶてでしたが、中林さんたちは丹念に関連資料を集める作業を進めてきました。

2人目は、田中秀雄さんです。田中さんは慶応大学出身の在野の歴史研究者で、多くの著書・訳書をもち、この時期の専門家といえる実績をもった方です。実際、中林さんは田中さんに資料を持ち込んで公表を依頼し、月刊誌『正論』2015年1月号に田中さんの論文が掲載されました。

3人目は、ご本人の事情があってここに実名を書くことができないのですが、ヨーロッパに在住する日本人の女性研究者です。仮に「Aさん」とお呼びすることにします。前述したとおり、正定のカトリック宣教会はフランスの庇護下にありましたので、基本文書はほとんどフランスに存在していました。また、当時のフランス語の新聞記事なども資料となります。

これらをAさんは独自に蒐集しました。

　4人目は私です。言い出しっぺですから、引き下がることもできません。こうしてチームができたのですが、まずはフランス語の文書を日本語に翻訳する作業に着手することになりました。しかし、作業は膨大で、絶対的に人手が足りません。そこで、フェイスブックで翻訳のボランティアを募集しました。この呼びかけに複数の方が応募して下さいましたが、その中の1人が本書の著者、峯崎さんだったのです。

　峯崎さんには実際に翻訳の作業をお願いしましたが、そのできばえは素晴らしいもので、歴史や軍事の正確な知識の裏付けがなければできない作業でした。そこで、いっそのこと、峯崎さんに今まで集めた全資料を提供し、一冊の本を書いてもらおうではないか、ということになりました。こうして、私たちはフェイスブックによって、最も適任の著者と巡り会うことができた、という次第です。

　峯崎恭輔さんは、1980年生まれで、福岡県の高校を卒業後、陸上自衛隊に入隊、4年間勤務しました。2003年からフランスに語学留学をし、さらに通訳やガイドをしながら、計6年間フランスに滞在しました。この期間に、歴史や哲学のほか、キリスト教について深く学ぶ機会がありました。帰国後は民間企業に勤めながら、歴史を中心に調査・研究を進めています。本書は処女作となります。

　峯崎さんの原稿は4人のメーリングリストで回覧し、意見を出し合いました。私は、原稿が完成すると、並木書房の奈須田若仁社長を訪ね、出版をお願いしました。地味なテーマでも重要な意味をもつことがらについて重厚な歴史書を手がけておられる版元です。出版事情の厳しいなか、このような本の出版を引き受けて下さった並木書房に心よりお礼を申し上げます。

平成29（2017）年11月

目 次

［解題］
初めて明らかになった正定事件の全貌と真相（藤岡信勝）1

序章　「正定事件」の真相に迫る　11

第1章　よみがえる「正定事件」　17

　　1、拉致殺害された9人のキリスト教徒　17
　　2、シュラーフェン財団の登場　28
　　3、日本で認識され始めた「正定事件」　30
　　4、日本人として考えなければならないこと　35

第2章　「正定事件」が起きた時代と背景　37

　　1、中華民国の歴史　37
　　2、支那事変の始まり　64
　　3、正定・滹沱河攻防戦　69
　　4、中国におけるキリスト教布教　73

第3章　検証「正定事件」　81

　　1、事件の記録　81

2、分かれる当時国の見解 83
3、殺害された被害者 85
4、殺害場所と殺害状況 87
5、犯人像 95
6、拉致殺害の動機 105
7、「正定事件」の処理 117
8、歴史に向き合い、真実を究明する 120

「正定事件」関連資料 123

フランス外交文書館資料
（A-1）1937年10月23日付、シャネ神父の第6師団長宛書簡 124
（A-2）1937年10月24日付、シャネ神父のフランス大使館宛書簡 126
（A-3）1937年10月26日付、シャネ神父のモンテーニュ司教宛書簡 129
（A-4）1937年10月26日付、デ・フォネック神父証言 130
（A-5）1937年11月3日付、シャネ神父のフランス大使館宛書簡（原文付き）132
（A-6）1937年11月16日付、ラコスト書記官のシャネ神父宛書簡 143
（A-7）1937年11月18日付、ラコスト書記官の駐華フランス大使宛書簡 144
（A-8）1937年11月19日付、ラマカース神父証言 147
（D）1937年11月27日付、日本軍憲兵隊事件調査報告 149
（A-9）1937年11月30日付、ド・ヴィエンヌ司教のフランス大使館宛書簡（原文付き）151
（E）1937年12月1日付、ヒル牧師証言 157
（A-10）1937年12月14日付、横山少佐のシャネ神父宛書簡 160
（A-11）1937年12月14日付、横山少佐の森島参事官宛書簡 162
（A-12）1938年1月10日付、ラコスト書記官の大使館宛書簡（原文付き）164
（A-13）1938年1月26日付、シャネ神父のフランス大使館宛書簡 173
（A-14）1938年1月31日付、フランス外相の駐バチカン大使宛書簡 175
（A-15）1938年2月13日付、森島参事官のフランス大使館宛書簡（原文付き）178

（A-16）1938年5月24日付、フランス駐バチカン大使の教皇庁国務長官宛書簡　185
その他の資料
（B）1937年10月、愛徳姉妹会修道院長報告　187
（C）1937年12月5日付、トラピスト会ジェラルダン小修道院長報告　196
（F）シュラーフェン財団作成「正定の惨劇」　219

「正定事件」関連年表　230
主要参考文献一覧　236
あとがき　240

序章
「正定事件」の真相に迫る

バチカンで進行する「福者」認定審査

　この本は、80年前に中国で起きたヨーロッパ人宣教師拉致殺害事件、いわゆる「正定(せいてい)事件」について、現時点で知り得たことをまとめ、考察を加えたものです。

　支那事変で河北省の正定という町を占領した日本軍が、当地のカトリック教会のフランス・シュラーフェン司教に対して200人の女性の提供を要求し、これを拒否した司教ら9人のヨーロッパ人の身柄を拘束して、のちに殺したという話が、司教の出身国オランダをはじめとしたヨーロッパや中国で広まっています。そしていま彼らを、女性を守り日本軍に殺された殉教者として、「聖人」に次ぐ「福者(ふくしゃ)」というカトリックの称号が与えられるよう望む運動が進行中です。

　終戦後の南京や上海で行なわれた軍事法廷で、この事件が取り扱われた事実はありませんし、これまでも何らかの形で裁きが下されたこともありません。このことから、これまで日本で研究されたり語られたりしたことはありませんでした。そのため21世紀の日本人にとって正定事件は、青天の霹靂ともいうべき話でした。その内容から1990年代にいわゆる慰安婦問題が急に降って湧いたことを想起させますが、残念ながら事件に関する研究はもっぱらシュラーフェン財団なるオランダの団体を中心に進められ、日本人がこの事件に関心を抱いた時にはすでに、日本軍の残虐行為として世界で語られていたのです。容疑をかけられた日本側としては、本当に日本軍がこのような事件を起こしたのか大変気になりますし、自ら真相を究明することは義務ともいえるでしょう。

民族または国家の名誉に関する重大事を、外国人の判断に任せて自分たちの歴史を決定することは、真に自由な国民にとって受け入れられるものではありません。ところが、バチカンの列聖省にはすでに2014年に膨大な量の資料が提出され、列福審査の申請は完了しています。そして外部からは、審査の進展状況や結果が出る時期など、まったく窺い知れない状況となっています。

　私たちは完全に出遅れましたが、今回、できるかぎり信用度の高い史料を元に当時の状況を検証し、事件の真相に迫ろうと努めました。加えて当時の中国大陸の状況、日中の対立、キリスト教の布教や共産主義運動についても説明しています。これは現代人の経験から想像するだけでは、同じ史料を読解するにしても言葉の概念の違いから誤解が生じたり、重要な情報が理解されなかったりする可能性がありますので、読者の皆様にとって事件の真実に迫る一助になると考えました。

正定事件から80年の節目に

　調査を進めるなかで、わが国にはこの事件に関して詳細に記録したものはほとんど存在しないことが残念ながら分かってきました。しかし、正定事件の犠牲者出身国を代表して現地占領国の日本と交渉を重ねていたフランスの外交文書館には事件関連史料が多数残されていました。さらに正定のいくつかの修道院の報告書も現存しており、事件の内容とその処理について理解することができました。

　ただ注意しなければならなかったのは、残された事件の報告の多くが直接目撃によるものでなく、二次証言者の情報、またはそれ以下の情報を取りまとめた間接目撃証言で、伝聞によっているものや推測によるものも混在し、さらに関係者の思惑の違いか、または記憶違いによるせいか、各報告の証言がそれぞれ一致しなかったり、相反したりしていることでした。よって、一次証言者（そのほとんどが匿名）だけでなく記録作成者にも主観による情報の取捨選択を行なった可能性があり、公文書として残っているからといってすべてが「事実」とは確定できません。

　たとえば現在流布されている正定事件の情報では、歴史認識問題の主要

な論点である、「慰安婦」の強要と民間人の「虐殺」という２つの要素が含まれています。とくに200人の女性を日本軍が要求した点については、フランス外交文書に限っていえば、プロテスタントのヒル牧師の証言（伝聞または推測）で女性の要求がカトリック宣教会であったことを伝えているだけです。しかし報告を受けたオランダ公使館でもフランス大使館でも、このことがシュラーフェン司教たちの殺害動機になったと確定したわけではなく、カトリック側からはこのような報告は上がってきていないのです。

　事件を研究するシュラーフェン財団は、日本軍が女性を要求し、それを司教が拒否したことを、日本軍による神父殺害の動機としています。ところが、正定の教会内にいた女性たちは、実際には誰ひとりとして拉致されていません。これでは、犯人が誰であれ、話が整合しません。私は財団が公開した情報について、本書で検証しました。財団が日本軍の犯行の動機として主張していることは、推測による悪質な捏造と捉えることもできるでしょう。

　事件の全貌および真相を掴むには、慎重を要します。歴史的事実を追求する者としての技術と良心も必要です。私は現存する史料に目を通し、さらに日本軍の記録を加えてできる限り当時の状況を検証して、事件の真相に迫ろうと努めています。しかし、極端なことを申せば、厳格な意味で確実と言える事実は、1937年10月9日、正定のカトリック宣教会において、略奪や破壊行為が行なわれたうえに宣教師ら9人のヨーロッパ人が武装集団に拉致され、その後戻らず、1か月後に行方不明者全員死亡を思わせるいくつかの証拠が見つかった、という程度のものでしかありません。そこで私は史料から信憑性の比較的高い証言を集めて仮説を組み立てるという方法をとりました。

　シュラーフェン財団の事件概要を読んでも、作成者のヘルマンス、ベルマケンス両氏とも、結果的に同じ手法を採用していることが分かります。それでも私とシュラーフェン財団の導き出した仮説はずいぶんと異なります。この本では史料を一緒に開示することで読者の方にも公正な判断ができるようにしてあります。

今回、まだまだ調査・取材しなければならないことは残っていますが、事件から80年の節目にいったん日本側の検証報告を発表しようと考えました。この点、ご理解いただきたいと思います。

歴史的事件の真相究明

これからこの正定事件というものがどういう事件で、21世紀の現代において何が起きているのかお知らせするわけですが、その前にいくつか使用する言葉について注意していただきたいのです。事件の起きた1937年（昭和12年）当時、隣の大陸には中華民国が主に万里の長城以南を支配し、その北には満洲国というものが存在していました。この満洲国が存在していた地域は満洲のほか、東三省、現在では東北部と呼ばれます。満洲事変で満洲（東北部）から追い出された張学良の軍隊は、東北軍や奉天軍、満洲軍とも呼ばれます。また、古くから（明治以降はとくに）日本人は大陸の清国や中華民国を支那と呼んでいましたから、中国人を指して、今ではあまり聞かれない支那人、華人、民国人という言葉が普通に用いられていました。

80年前、日本と中華民国との間に宣戦布告なき戦争が始まり、日本政府は正式に支那事変と呼称しました。日本から派遣された軍隊は北支那方面軍であったり、中支那派遣軍であったりします。私としては、歴史的事件の真相を追求する立場上、無理矢理に「東北国」や「北中国方面軍」という言葉を作らず、当時一般的に用いられた、または決定された言葉を用いて著述を進めていくつもりです。結果、この本では用語は統一されていない言葉があります。しかしそれぞれ言葉には意味があり歴史があります。面倒がらず慣れていただきたいと思います。また、言葉だけにとらわれずに物事の本質を見ていただけるよう、私も努めてまいります。

この痛ましい事件の犠牲者が、政治的なプロパガンダに利用されないように、この本が役立つことを私は心から願います。実際、中国に派遣されていたカトリック宣教師たちは、布教の精鋭部隊で、徳の高い方が多かったのです。誰かを貶めて自らが賞賛されようとは思いもよらないでしょう。それにすでに彼らは天で十分な報いを受けていることでしょう。真実

のみを追うことこそ、現世の人間として真に犠牲者に報いることになると私は思います。現在、事件に関係して活動されている方々には、切にこのことをお願いするところです。

第1章
よみがえる「正定事件」

1、拉致殺害された9人のキリスト教徒

宣教会の敷地に避難民が殺到

　1937(昭和12)年7月、北京(国民党政府は北平と呼称)郊外、盧溝橋付近で発生した小さな事件(盧溝橋事件)は、日本と中華民国の凄絶な戦いの幕開けとなりました。その最中にこの本で取り上げる正定の宣教師拉致殺害事件が起きました。正定という町は北京から南西に約280kmの距離にある河北省の古い城塞都市です。

　正定には19世紀からカトリックの修道宣教会(フランス・ラザリスト会)の根拠地があり、1856年には北京司教区から分離独立(北京司教区の分割廃止)して、司教を長とする代牧(教)区を構えるまでに至っていました。代牧区というのは、カトリックの宣教管区の名称の1つで、現在日本にあるような通常の大司教区や司教区と異なり、ローマ教皇庁の布教聖省という機関の指揮監督を受け、独力での経営維持が十分にできない教区を指しました。1937年当時の中国にある教区はすべて、代牧区、知牧区、独立宣教区などの未発達教区でした。

　事件の被害者である、オランダ人のフランス・シュラーフェン司教(1873〜1937年)は、1920年以来この正定教区の総責任者(代牧)として布教活動や慈善事業に従事していたのです。1931年の教区報告では人口約500万人のうち、信徒5万8862人、1941年の日本側の調査では人口約400万人のうち、信徒5万544人を抱え、教区内各所に教会、修道院、神学校、小学校、診療所、正定城内ではこれに加えて病院、孤児院、養老院、語学

学校、印刷所、その他各種工房を手広く経営し、その敷地は東京ドーム2個分にもなり、そこでは千人以上の人たちが住んでいました。

　盧溝橋事件から3か月後の10月、日本軍が急速に南に進撃し正定に迫ると、東西南北の城門はすべて閉じられ、通行禁止になりました。宣教会の敷地には避難民が殺到し、その数は2千人に達しました。城外のトラピスト会（厳律シトー会）修道院からは病身の司祭、修道士も避難してきていました。ところが、中華民国軍（国民革命軍）の旧軍閥系部隊が城の内外を固めていたので、当然ながら日本軍の容赦ない砲撃に宣教会もさらされることになり、施設の随所に被弾、避難者のうち3人がその犠牲になりました。

　ここから先は駐華フランス大使館に集められた4人のカトリック宣教師

昭和14年に撮影された正定の司教座聖堂。後年、文化大革命の時にキリスト教教会の痕跡を消し去るために2つの尖塔は取り壊された。手前には正定事件の慰霊碑が写っているが、これは現存している。

の報告、1人のプロテスタント宣教師の報告、2つの修道院報告を元に事件の再現を試みます。序章でも述べたとおり、不確定要素を多分に含む情報の中から複数の史料で確認できるもの、虚偽や歪曲など恣意性が働く余地のないもの、事件関係者（日・仏・カトリック間）で問題なく共有しているもので話を構成していきます。ここでは細かな分析はあとですることにして、大体の流れを掴むつもりで読んでいただきたいと思います。

軍服姿の男たちが宣教会に侵入

　日本軍が正定入城を果たした1937年10月9日、朝から壁を乗り越えるなどして何人もの男たちが宣教会に侵入してきました。東隣の仏教寺院、隆興寺側の扉も破壊され、略奪者が多数出入りし始めます。略奪は断続的に続きました。日本軍の入城を見に行こうとした印刷所の職工長が賊の1人によって射殺される事件も起きます。病身で高齢のアルベリック神父（トラピスト）は、賊に襲撃され身ぐるみを剥がされたうえ、居室にあった金目のものはすべて略奪されました。

　午後にはたびたび日本軍の将校が宣教会を訪ね、そのうちの1人は破壊された扉を部下に修理させ侵入禁止の掲示までして帰ります。夕方4時から5時頃には、正式に日本軍当局者の訪問・視察が行なわれました。宣教会内にある愛徳姉妹会の尼僧院では、視察に来た将校が孤児たちにつたない中国語で話しかけ、病院では収容されていた中国軍負傷兵を見舞い、軍医の派遣を約束したことがこの尼僧院の日報に記されています。同じ頃、シュラーフェン司教は略奪暴行を受けたアルベリック神父を見舞っています。

　午後6時頃、10人ほどの不審な男たちが宣教会の門前に現れます。南側の通りに面した正門は固く閉じられ、門番修道士（中国人）が常駐していましたが、この時、壁を乗り越えて侵入してくる男たちを制止するために修道院長のシャルニ神父と会計係のベルトラン神父（ともにフランス人）が近くにいました。そこで通報を受けて対応にあたった両神父は、不審者が門を開けるよう要求してきたのを拒否しました。すると、この内の何人かが横付けにしたトラックを使って壁をよじ登り侵入してきました。彼ら

正定司教館。宣教会内部には4つの修道院のほか、さまざまな施設があり、写真のような洋風の建物が多くあった。現在は病院に利用されている。

は軍服を着て拳銃で武装していました。そして2人の神父と一緒にいた門番修道士の友人（中国人）を門番小屋に監禁し、門番修道士を脅して正門を開けさせます。そのうえで彼らは2人を見張りに残して、まず近くの聖ヨセフ修女会という中国人の尼僧院に侵入しますが、とくに何もせず出てきます。そして、門番修道士に道案内を強要して、途中、学校や工房の区域で避難者から金品を強奪しながら、司教ほか、司祭たちが夕食のために集まっていた食堂へ向かいました。

　午後7時過ぎ、食堂に入った8人の略奪者は、拳銃で脅しながらそこにいたシュラーフェン司教ほか司祭たちに起立を命じました。そこでヨーロッパ人のチェスカ神父、ヴァウタース神父、ヘーツ修道士、プリン修道士、トラピスト会のロビアル神父、技師のビスコピッチ氏が捕らえられます。目隠しされ、後ろ手に縛られ、司教の首には縄が巻かれて、外に連れ出されました。その際、中国人のチャイ（翟）神父も同行して、ヨーロッパ人からお金を巻き上げることを強要されたり、平手打ちを食らったりしますが、隙を見て逃亡します。

　10人ほどの強盗のうち何人かが食堂に戻ってきて、中国人のチャン（張）神父を脅してヨーロッパ人修道女がいる愛徳姉妹会の尼僧院に案内させました。到着するとすぐにチャン神父は逃げ出しました。賊は厚い扉を叩いて中に入れるよう要求しましたが、対応した修道女は覗き窓から拳銃で殺すと脅されても扉を開けずに修道院長に報告に行きました。修道女

たちが奥の礼拝堂にこもって祈っていると、外で騒がしくしていた賊もついに諦め、引き上げました。修道院長の日報によれば、午後8時半頃から10時半頃まで門前で粘っていたということです。

一方、別の賊が中国人のチャオ（趙）神父を使って、会計係のベルトラン神父の居室に押し入り略奪しようとしていました。鍵がかかっていたのを知ると、賊はチャオ神父に命じて窓を破らせ、中に入って金目の物をことごとく奪い去りました。

正定代牧のフランス・シュラーフェン司教（シュラーフェン財団HPより）

食堂では残された中国人神父や修道士たちを前に1人の賊が、
「中国人に手は出さない。目当てはヨーロッパ人だけだから安心して解散せよ」
と告げて立ち去りました。同じ頃、施設内の発電施設が襲われ、破壊されています。

この間、連れ去られた司教たちは門番小屋のあたりまで来ていました。小屋に幽閉されていたシャルニ神父は見張りの賊によって外に連れ出されたままでしたが、司教たちが到着するとベルトラン神父も外に連行され、門番修道士の友人だけが小屋に残されました。これを最後にヨーロッパ人9人は消息を絶ちます。

しかし、これで終わりではありませんでした。翌日10月10日の昼過ぎ（午後1時）から中国軍が立てこもる滹沱河（こだ）陣地（正定南方）に対する日

本軍の攻撃が始まり、城内の重砲がものすごい音を立てているなか、ヨーロッパ人宣教師たちを拉致し、強盗を働いた男たちが再び宣教会に性懲りもなくやってきました。隣の寺院との間にある扉をそこにいた中国人の使用人に徹底的に破壊させ、雌ラバ7頭を略奪していきました。

夜9時過ぎ、またもや賊が宣教会に侵入、何人かの神父の居室が荒らされます。チャイ神父は自分に対して平手打ちを喰らわせた男に再び会います。背が高く、体格がよく、中国語を流暢に話す男で、ほかの者たちは言葉（中国語）が分からないとわざわざ神父に伝えたと言います。そして犯人たちは盗めるものは盗み尽くし、その他のものは破壊したり、散乱させたりしてその場を立ち去りました。

日本の憲兵隊による聞き取り調査

恐怖と混乱のうちに夜を明かした修道院では、指導的役割を一手に担っていたシュラーフェン司教ほか、ヨーロッパ人聖職者を一気に失って、厳格な規則で運営されるはずの修道院の統制が崩れかけてしまいました。それでも残された中国人神父たち、修道女たちは、どういう状況であっても面倒を見なければいけない孤児や病人、避難民のために働き続けました。しかし、捜索のために貴重な最初の数日間、彼らが行方不明の司教たちの探索や事件の調査などの行動を起こした様子はありません。

事件発生から3日後の12日になって、ようやく一般人の城外との往来が許されて、正定城から4kmほど離れた鉄道駅近くの柏棠(はくどう)修道院から、神学校長のラマカース神父が宣教会にやってきます。彼のいる修道院は、正定攻防戦の最中、中国軍に占拠されてしまい防御陣地として利用されてしまったので、戦闘に巻き込まれたのですが、城内の宣教会に来てみると、はるかにひどい事態が起きていたことを知りました。オランダ人であった彼もアルベリック神父とともに愛徳姉妹会に匿ってもらいながら、できる限りの手がかりを得ようと司祭や使用人たちから聞き取り調査を行ないました。同時に外部との連絡をとることを試みます。

15日、日本軍占領後にできた行政組織である正定の治安維持会（会長：呉贊周(ごさんしゅう)、1885〜1949年）に、司教たちの捜索願が出され、通行許可を得た

中国人を使者に立てて（ラマカース神父自身の許可は得ることができなかった）他教会から応援を頼みました。これに応じた2人の神父がいました。デ・フォネック主任司祭は17日に事件を知るとすぐに出発して、180kmほど離れた武邑（ぶゆう）（献縣代牧区）から自転車と船を使って正定から北に60kmの定州（正定代牧区）のシャネ主任司祭（ラザリスト会）と会って相談し、デ・フォネック神父は鉄道で北京に向かい、シャネ神父は自転車で正定に向かいました。

22日の夜、宣教会にたどり着いたシャネ神父はすぐさま事件の調査に取りかかり、情報をまとめながら修道院の立て直しを図ります。ちょうど隣の石家荘には、北支那方面軍第1軍司令部のほか、その隷下にある、正定を攻略した第6師団も中支上海方面に転進するために引き返して来ていましたので、シャネ神父は師団長の谷寿夫中将（たにひさお）（1882～1947年）宛に手紙を書いて捜索の支援を頼みます。続いて北京代牧のポール＝レオン＝コルニィル・モンテーニュ司教（1883～1962年）や宣教会を保護する立場にあったフランスの大使館宛に、事件の報告書や手紙をフォンケ神父に託して送り出します（シャネ神父自身の通行証が発行されなかったため）。郵便局がいつまでも再開されず、北京までの道中も安全とは言えなかったので、シャネ神父はほかにも中国人の使者を送り続けました。

治安維持会治安局の警察隊も、駐留していた日本軍部隊も、司教たちの行方について何も手がかりを掴むことができずにいました。当初は犯人側から身代金要求のために接触があると思われていましたがそれもなく、誰が何のためにどこへ司教たちを連れ去ったのか誰も分からないまま、宣教会や住民たちにとって不気味で不安な日々が過ぎていきました。

デ・フォネック神父は無事北京にたどり着いて、モンテーニュ司教に報告します。23日、拉致事件は直ちに関係各国に伝えられ、24日にはロイター通信が事件の第一報を伝えました。26日にモンテーニュ司教がデ・フォネック神父を伴ってフランス大使館を訪れ、事件の内容を語りました。対応したのは2等書記官のフランシス・ラコスト（1905～1993年）で、その内容を記録に残しています。

そこには犯人は日本軍の尖兵部隊に属する朝鮮人、満人（満洲、女真

族)、モンゴル人の兵士たちであると書いてあり、そういう情報が早い段階で流れていたことが分かります。しかしそのような多国籍部隊は日本軍には存在しないため、11月に入って日本の憲兵隊は、現場に残された青龍刀や日本軍が使用していないダムダム弾、犯行当日に多数の中国軍敗残兵が軍服を捨てて避難民に紛れ込んだ事実などを指摘して、彼らの犯行であると断じて報告しました。

この報告書は天津の北支那方面軍司令部などを経由して、さらに日本の在外公館で翻訳され、北京のラコスト書記官の手元に渡ったのが11月27日（シャネ神父の最初の数通の手紙は11月16日に北京に届きました）でした。

現地でも北京でも、このたった1日の聞き取り調査は不満を呼び、再調査の要請がフランス大使館のみならず、東京のローマ教皇使節からも捜索願が出されていたこともあって、北支那方面軍司令部が直接事件の解決に乗り出すことになります。担当に報道部の横山彦眞歩兵少佐（1899〜1972年。以降少佐に略す）が選ばれ、防共使節として北支に来ていた当時カトリック新聞社社長の田口芳五郎神父（1902〜1978年。のちに枢機卿）が支援に入りました。

天津の司令部は、それまで難色を示していた現地での共同捜査を一転して認め、天津の代牧にして、かつての正定代牧、ジャン・ド・ヴィエンヌ司教（1877〜1957年）を加えて11月15日、横山少佐を正定に送り込みます（17日着）。

真相は究明されないまま損害補償

これに先立つ11月12日、数日前に出てきた証言を元に探索した結果、司教たちが殺害されたと思われるいくつかの証拠が見つかり、現地は騒然となっていました。遺留物から全員殺害されたものと判断され、治安維持会はじめ、関係当局に伝達されました。

正定に入った横山少佐は現地の調査を行なったあと、慰霊のミサ聖祭を提案し、ド・ヴィエンヌ司教と田口神父で11月22日に軍関係者、治安維持会関係者、仏教寺院やプロテスタント宣教会、地元の名士などからも参列

左より横山彦眞少佐、1人おいて田口芳五郎神父、ルイ・シャネ神父。1937年11月、正定にて。

者を迎えてミサが行なわれました。方面軍司令部からは花輪と弔電が届いています。

この時、横山少佐、田口神父、ド・ヴィエンヌ司教を中心に話し合いが持たれました。議題の中心は拉致殺害事件ではなく、宣教会が砲撃と略奪で受けた損害の補償問題でした。シャネ神父は正定に到着早々損害の見積もりを行なってリストを作成していたのです。

教会側の報告者のいずれもが内心犯人たちは日本人でないにしても、日本軍またはこれに関係、所属する兵隊であると考えていたようです。そのいちばんの根拠は日本軍入城後の犯行であること、人質が城内、それも宣教会の目と鼻の先で殺害されたと見られることでした。しかし、ド・ヴィエンヌ司教は、日本側の強硬な主張（中国軍敗残兵の犯行と見なす）を覆すことに執着せず、最低限の損害の補塡を考えたのです。

横山少佐は元々歩兵科の将校で、犯罪捜査のプロというわけではありませんでしたが、報道・宣伝・渉外の経験は豊富でした。また、満洲での各

横山彦眞少佐（陸士32期）。謹厳実直な人柄で上官に対しても堂々と意見したという。支那事変の行末を案じ、治安工作、産業開発、情報戦で成果を挙げたが、のちに誤解され北満、フィリピンへ左遷された。
（写真：横山家提供）

種工作、対ゲリラ戦を通じて中国の実情に多大な理解がありました。教養豊かなうえに宗教に対する理解もあり（彼は代々宮司を出す家柄の出）、フランス語を流暢に話すことができる彼は交渉担当者としてはまさにうってつけの人物でした。彼はその経験から共産ゲリラ、または秘密共産党員、共産党シンパの中国軍敗残兵の犯行であると考えました。しかし、彼が与えられた本来の任務は、中国側のプロパガンダを封じ（少佐は参謀本部から訓令を受けていました）、納得しない教会側と折り合いをつけることでした。そのため、真相の究明は断念せざるを得ないところがあったのかもしれません。

　横山少佐の誠実な人柄もあって教会側に好印象を与えたものの、交渉は曖昧さを残したまま12月の半ばには示談の条件が整いました。その条件の1つとして、12月18日に北京城内の東交民巷（とうこうみんこう）という公使館区域にあった聖ミカエル教会で、日本軍代表（横山少佐）、犠牲者出身国の外交官出席のもと荘厳ミサが執り行なわれました。この教会には北京在住の外国人カトリック信徒のほとんどが所属していたといわれ、これを希望したのはド・ヴィエンヌ司教でした。

　対フランス大使館との交渉を担当したのは、その隣にあった在北京日本大使館首席外交官の森島守人（もりしまもりと）参事官（1896〜1975年）でした。事件の知らせが伝わってから何度も彼はラコスト書記官と連絡を取り合っていまし

た。森島参事官は憲兵隊の報告や、横山少佐の教会との合意内容の報告をフランス側に取り次ぎ、記者会見を行ない、天津の司令部と協議して再発防止策とともに日本の代表としての最終見解を伝えました。軍だけでなく、日本政府としても憲兵隊の提示する証拠以上のものがなく、本件のみならず占領下におけるすべての同様の事件について責任は持てないことを通告したのです。

　一方、軍は12月の段階でフランス側から15万ドルの賠償案を示されていましたが、横山少佐をして見舞金9千円、寄付金1万5千円を教皇使節秘書官カミッソ司教に手交させました。当時のレートで換算して15万ドル（51万5千円）が2万4千円に減額されたのです。ちなみに物的損害のみを計算したシャネ神父は7千ドル（2万4千円）という数字を出しています。これは教皇使節ツァニン大司教が介入した結果であったとフランス側は見ています。ちなみに同時期に起きた通州事件（7月29日に北京東方の通州という町で冀東防共自治政府の保安隊が日本人居留民200余人を虐殺した事件）の弔慰金および見舞金、損害賠償金として冀東防共自治政府は、日本政府に総額120万円を支払っています。

　このことはフランス大使館としては寝耳の水でした。中国におけるカトリックの資産は、元々1860年の清仏間で結ばれた北京条約によって保障されたものであって、所有権に曖昧な部分があったようです。また、布教保護権（次章で説明します）国を自負するフランスと教皇庁との間には、大使館設置問題など含め微妙な問題がありました。不満が残るのは当然と言えました。

　結局フランスがこの結果に納得せず、日仏間で物的損害補償金1万5千円、寄付金1万円、慰霊碑設置費用1千円を追加で支払うことで合意し、1938（昭和13）年4月16日、森島参事官がフランス大使館に対し手交し、遺憾の意を表す公的書簡を送付して事件の解決としたのでした。オランダ、ポーランドなど関係各国にも同様の処置がとられました。

2、シュラーフェン財団の登場

中国共産党もシンポジウム開催

　世間的にはすっかり忘れ去られた正定事件でしたが、2005年、中国でユリウス・チィアー正定司教の叙階25周年および教区設置の150周年に、「シュラーフェン司教と修道士の殉教」というタイトルのパンフレットが発行されました。2008年には正定事件の犠牲となったシュラーフェン司教の母国にその名を冠した財団ができました。彼らの死を「殉教」として記念し、列福運動をするための団体です。元々は台湾のラザリスト会が20世紀末に事件を掘り起こし、殉教の逸話を広め始めたとも言われていますが、そもそもの始まりについて私はまだ確認ができていません。いずれにしても当初はあくまで事件に関係するカトリック団体の小さな顕彰活動に過ぎなかったようです。

　中国共産党政府はまったく事件についての知識も資料も持ち合わせていなかったと、支援を求めた財団事務局のヘルマンス氏が『UCA News』というカトリック系インターネット新聞の取材で語っています。

　第2次世界大戦後、国共内戦に勝利した共産党は、朝鮮戦争を機に西側の聖職者を追い出してしまい（残った者は投獄されるか、地下に潜るか迫られました）、正定の宣教会の広大な敷地は接収されます。文革時代には象徴であったゴシック風大聖堂の尖塔は取り壊されてしまいました。現在は人民解放軍病院（第467医院および第256医院）となっています。迫害者が迫害対象の被害の歴史に関心を持たないのは当然でしょう。

　しかし、「日本軍」が「慰安婦」獲得のために民間人を「虐殺」したとなると話は別です。中国共産党が見過ごすはずがありません。数年後には財団関係者を宣教会跡地や遺体発見現場などに案内し、新たに慰霊碑を設け、今や正定よりもはるかに大きくなった石家荘市で「正定の惨劇シンポジウム」（2014年）を開催するほどの蜜月関係になりました。シンポジウムでは「愛国教会」という共産党公認のキリスト教会を中心にカトリック教会関係者、さらには「中国社会科学院」という政府機関から多数の人が

送り込まれ、フランス大使など事件の被害者出身国大使だけでなく、赤十字関係者までが参加しました。日本からは日本カトリック中央協議会の松隈康史氏が参加し、日本側資料の見解を紹介しました。

ヨーロッパでは、テレビに新聞、イベントを駆使しての広報活動がなされました。事件犠牲者の記念礼拝堂もオランダにできました。情報収集も順調に進み、ついにバチカンの列聖省に提出する資料が整い、2014年3月送付されました。そして現在は審査中という段階に至っているのです。

誤った歴史がねつ造されつつある

シュラーフェン財団がインターネット上に公開している「The drama of Zhengding（正定の惨劇）」という事件の内容をまとめた記事があります。このヘルマンス氏とベルマケルス氏の連名で作成された記事がこれまで簡単に読むことができる唯一の事件の概要でした。彼らは日本軍が200人の女性を要求し、拒否された結果、司教たちを拉致して殺害したと、立証できていないにもかかわらず、そうであったと断言しているのです。

しかし、現実にはこれが正統史観になりつつあります。漫画まで作る念の入れようです。ですが、前項をお読みになった読者の皆様は不思議に思うことでしょう。殺害犯ははっきりとしないものの、どこにも司教に女性を要求する場面も、拒否する場面もなかったと。唯一、賊の女性要求を証言したのはプロテスタント宣教師のヒル牧師です。しかし彼の証言はそのほかの報告には見られない特異なものであるので、当時、重要視されなかった情報でした。

というのも現実に宣教会内から女性が連行されたことがなかったことは、女性避難者を匿っていた当の愛徳姉妹会の日報で明らかだからです。さらに複数の報告から司教が拉致されたあとに賊の一味が愛徳姉妹会に向かったことも分かっており、司教らが身代わりになった話はなおさら根拠に乏しい話であると考えられます。

ここで強調したいのですが、私が根拠の1つとしているフランス外交文書の事件調書は前述のとおり日本側の関与を疑う教会側調査を基礎としています。決して日本に有利な情報で分析しているわけではありません。

3、日本で認識され始めた「正定事件」

前大阪大司教の不見識

　2012年、シュラーフェン財団から一通の招待状が、当時日本のカトリック司教協議会会長に就いていた池長潤大司教（大阪大司教区）に届きます。「事件が起きた10月9日に列福運動を開始する集会を開くので出席してもらいたい。ついてはその場で手紙を読んでいただけないか」というもので、どういう資料が添付されていたかは不明（本人が公開を拒否）ですが、大司教はそのまま信じて「シュラーフェン司教と同士殉教者の死に想う」という手紙を書きました。その内容はのちに日本共産党の集会で読まれたことにより明らかになりました。

　実際にはシュラーフェン司教の誕生日である10月13日とその翌日の2日間にわたって殉教75周年記念式典は行なわれました。この時、司教を描いた漫画や、芸術家に描かせたパネルなどがお披露目されたといいます。教皇庁の福音宣教省次官である韓大司教（中国人）が出席してミサの司式を行ないました。この大がかりな舞台で池長大司教の代理で深水正勝神父が手紙を読み上げました。

>　　今から75年前の1937年10月9日、中国において痛ましい殉教が行なわれました。北京から南へ260キロのチャンティン（原文ママ、正定）という所にある女子修道院に、日本軍の迫害を逃れた大勢の中国女性が身を寄せていました。そこに日本軍が侵入し、「慰安婦として200人を出せ！」と要求してきたのです。
>　　シュラーフェン司教は「あなた方は私を殺すがいい。しかし私はあなた方の要求を拒否します」と答え、女性たちの引き渡しを拒んだのです。
>　　その夜、日本軍の兵隊がオランダ人のシュラーフェン司教らヨーロッパの宣教師9人を拉致し、火刑によって虐殺したのです。
>　　いったい誰に、占領した相手国の罪もない女性を性的奴隷の対象に

する権限があるでしょうか。基本的人権とは何なのか。こんな基本的なことさえ知らない者がほかの人々に対して権力を持つと大変な非人道的行為が生まれます。

　戦争中に日本軍がいくつかの国で行なった慰安婦の問題に対して日本政府は未だに謝罪していません。女性の尊厳を守るためにシュラーフェン司教が行なった尊い姿はヨハネ福音書10章9節から11節を彷彿とさせます。

　この問題が解消していないことに対し、日本のカトリック教会の立場から心からお詫びし、友好の輪をできる限り広げていくよう努力しようと思います。

2012年10月9日　　　　　　　　　　　　　　　　　　　　池長潤

　どういう思想信条を持とうと結構ですが、検証もせずに一方的な主張を受け入れるのが正しい歴史認識でしょうか。この事件は私のように少し調べたような人間でも多くの疑問にぶつかるのです。まして当時、事件の調査にあたった全員が真相にたどり着くことができなかった事件でした。僭越ながら池長大司教の判断は軽率な行為であったと私は思います。完全な欠席裁判に確証なく加担したのですから。

　オランダ側のやり方はもっと感心できません。何も知らないであろう日本の大司教が断ることができないように巧く巻き込んだのですから。とてもフェアとは言えません。

日本外務省の見解

　カトリック新聞で事件を知った一部の信徒は不信感を抱いて独自に調査を開始しました。彼らはたった1か月で数多くの情報を収集して、シュラーフェン財団が公開している事件の概要に数多くの疑問を提示し、池長大司教に対して「日本軍」犯行説の根拠を問いただしています。しかし満足のいく答えを得ることができなかったようです（教会の政治的言動を憂慮する会作成の「正定事件資料」による）。そうして、日本国内でまったく世間に顧みられることのないまま月日は過ぎましたが、研究は水面下で続

けられました。

　2013年に西村眞悟元衆議院議員がこの事件をブログに書き込んだことで、読者がカトリック新聞社や駐日バチカン大使館に抗議の声を寄せ、翌年には歴史家の田中秀雄氏が「正論」に軍事的観点を踏まえて財団文書の検証記事を発表しました。ようやく日本で「正定事件」は広く認識されることになったのです。

　2015年、ある日本人の方が、フランスまで出かけ、ナントにある外交史料館で資料の写しを持ち帰ったことで転機が訪れます。事件に関する詳細な情報が初めて日本に持ち込まれたのです。その方は新しい教科書をつくる会会報『史』、日本会議の『日本の息吹』誌上で資料の解説を行ないました。2016年には、高橋史朗明星大学教授が、その著書『「日本を解体する」戦争プロパガンダの現在』において事件を取り上げ、ジャーナリストの櫻井よしこ氏も『週刊ダイヤモンド』で事件を紹介し、産経新聞にも記事が掲載されました。櫻井氏の取材によれば、内閣官房が外務省に資料の提出を命じ、日本が所持する関係文書をバチカンに送付したことが萩生田光一副官房長官（当時）の話として以下のように語られています。

　　日本外務省が1939年（昭和14年）までにまとめた記録では『満洲軍により殺害』と記されています。事件後、日本政府は調査をし、残念ながら犯行は日本軍によるものだったと確認し、対処しています。一方さまざまな資料を見ても、日本軍が女性200人を要求した事実は見当たりません。9人の列福に日本政府は何の異存もありませんが、顕彰の理由に関しては歴史の事実を正しく反映していただけるように日本側の資料も提供したいと思います。

　これは日本政府から公式発表された見解ではありません。しかし、新聞にこの記事が掲載されてから今日に至るまで、これを否定する発表はありません。

　すでに読者の皆様は外務省が自国軍の犯行を確認したことに疑いをお持ちでしょう。確かに外務省の「支那事變ニ關聯スル在支第三國（英米ヲ除

ク）財産被害調査表」には『満洲軍ニヨリ殺害』と書いてあります。しかしここで「満洲軍」の意味は不明です。前記の萩生田副官房長官に報告書を提出した外務省の役人はどうしてこれを日本軍だと思ったのでしょうか。「満洲軍」に関して何も説明せず、確認したと言うのはまるで話が通じません。最初に言ったこと（満洲軍が殺害）が結論（日本軍が殺害）の根拠になっていないのです。

　元々日露戦争の時に大陸に渡った陸軍部隊を総括したのが満洲軍でしたが、当然これは戦後解隊されました。その名残りを受けてでしょうか、一般的ではありませんが、若槻禮次郎の回顧録などを見ると、のちにできた関東軍を満洲軍と呼んだ例もあります。しかし、支那事変では関東軍は正定どころか北京以南に一歩も踏み入れていないのです。私としてはフランスの文書などに les soldats mandchous（直訳すると満人兵）とあるものを単純に「満洲軍」と訳したのが実情であると考えています。

　ともかく現代の外務省の報告は実に不思議です。官僚は何を根拠に「満洲軍」と書いてあるのか知らないのでしょうか、それともほかに根拠があって日本軍による犯行と報告したのでしょうか。結局なぜ満洲軍が日本軍なのか疑問が残ったままです。そこで、なぜ「満洲」という言葉が登場したのか以下に検証してみることにします。

満人による犯行の可能性
　フランスの外交文書から真犯人の特定ができなかったことは明白ですが、その特徴は収集された証言の中に多く残されています。そのうちの1つが満人（満洲出身者）による犯行の可能性です。財団文書でははっきりと犯人の熱河（かつての熱河省、現在は河北省、遼寧省、内モンゴル自治区に分割）訛（なまり）が指摘されていますが、最初に聞き取りをした神学校長のラマカース神父は、犯人自身が赤髭、つまり紅鬍子（ホンフーツー）と呼ばれた満洲の騎馬武装集団、すなわち馬賊と名乗ったとフランス大使館に報告しています。

　病身でラザリストの修道院に身を寄せていて暴行と略奪を受けたアルベリック神父は、敷地の中庭をうろつく満人風、朝鮮人風の兵士たちの存在を証言し、拉致事件の犯人に熱河訛の男がいたことも含めトラピスト会の

報告書に記載されていたのです。当時の関係者の間で異論なく認識されていたことが分かります。

　問題はこの集団が日本と中国どちら側に属していたかの見解が分かれたことでした。そこで実際に満人兵士などがどこにいたのか調べる必要があるのです。実は日本側にも、中国側にも満人はいました。それは八路軍（共産党軍）系武装組織に日本人や朝鮮人が混じっていたのと同じです。戦前の大陸は現代の常識で測れない混沌とした世界であったことを忘れてはいけません。大陸にはさまざまな思想や事情を背景に、国籍や出身を超えた人々が群れ集まっていました。

　正定事件に関しては町を攻撃占領した日本軍第6師団司令部の特務班雇人（運搬人夫）に満人を確認できますが、苦力（クーリー）ですから当然軍装・武装はしていません。一方、中国側旧軍閥系部隊には多数の満洲出身兵士がいました。そしてその一部は正定城の守備についていたのです。満洲事変の結果、長城以南に追い出された張学良の旧東北軍（西安事件後に解体）の将兵です。第53軍長の萬福麟（ばんふくりん）（1880〜1951年）はかつての東北辺防軍黒竜江省軍指揮官、第91師長の馮占海（ひょうせんかい）（1899〜1963年）は東北軍吉林軍から満洲国建国後に吉林自衛軍という抗日ゲリラの首領になった人物です。吉林省と言えば西太后を排出したイェへ＝ナラ氏（満洲族の一氏族）の故郷、そして古くから朝鮮人移民の多い土地でもあります。また、湯恩伯（1899〜1954年）の第13軍（の一部）はかつて内モンゴルにありました。さらに滹沱河・石家荘会戦後、1個団（連隊に相当）丸々共産党に寝返った呂正操（りょせいそう）（1904〜2009年。共産党の秘密党員だった）も旧東北軍です。

　満洲国にも軍隊はあります。しかし、満洲国軍は創設して間もなく、積極的外征をする力はまだありませんでした。国軍の靖安軍（日・満混成部隊）の一部がチャハル作戦（内モンゴルでの戦い）に参加した程度で、河北省の京漢線作戦にはまったく関与していないのです。これくらいはすぐ分かることなので、現代の外務省もこれと混同しているわけではないと思いますが。

　現地日本軍の北支那方面軍司令部による『北支那方面軍状況報告綴』では、「支那共産匪ノ為殺害サル」、フランス側にも送付された憲兵隊の報

告では「支那軍敗残兵の犯行であると推察」、在北京日本大使館森島守人参事官は、フランス大使館宛の公式書簡でそれ以外の結論を導き出すいかなる証拠もなかったことを理由に、日本政府の責任を否認しています。

　事件の真相は別にしても、当時の軍と外務省が出した結論は、櫻井よしこ氏の取材を元にした産経新聞などが報じた現在の日本外務省の見解との間に極めて深刻かつ大きな違いがあることが分かります。本項ではこの事実を述べるに留めます。

4、日本人として考えなければならないこと

慰安婦像と同様の事態になる前に

　「福者」という称号を、一宗教団体が認定した私的なもの、と考えるのは安易だと思います。以前、「YouTube」で面白い映像を見かけました。広場で大勢が座ったり寝そべったりしていたところ、1人の男が現れ、奇妙な踊りを始めました。最初、周りの人たちはただ見守るだけでした。ところが、群衆の中の1人が踊りに加わると、次々と踊りの参加者が増え、ついには画面いっぱいの人々が踊り出す事態となってしまいました。

　皆さん、カトリックは全世界に12億人いるのです。日本人ですら学校でまともに近現代史を学んでいないというのに、極東の歴史に関心のない世界の大多数の人々にとっては、日本の歴史問題などどうでもよいことでしかありません。現在流布されている、「日本軍が正定カトリック宣教会に乱入し、200人の女性を要求したが、宣教師らが拒否したため、彼らを誘拐し殺害した」という「正定事件」が、そのまま「史実」として受け入れることに何の障害があるでしょうか。結果は火を見るよりも明らかではないでしょうか。認定されたあとであれこれ言っても遅いのです。実際、オランダでは殺された司教の名を冠した通りがあり、説明文には日本軍に虐殺されたとあるのですから。

　隣の大陸ではこれまで知られていなかったにもかかわらず、「日本軍による性的搾取から中国人女性や子供を守った宣教師達」と記された記念碑

を建てたりしているのです。これは少女の像がいつの間にか慰安婦像になって世界中に増殖していく事態と同様なのです。

　私たち日本人は講和によって自由と独立を回復した存在である以上、一方的に裁かれることをよしとすべきではありません。それは外国の裁判官がいつまでも日本を見張っていることと変わりありません。事実を包み隠すことなく徹底的に追求して、歴史を確定させる努力、つまり真実を信じる人を増やす努力をしなければ、いつまでも政治的カードとして使われていくのです。日本には宣伝省がありません。しなければならないのは外務省です。そして彼らに仕事をさせるように監督するのは日本国民1人ひとりの義務なのです。

　正定事件の被害者たちは、その一生を彼らが信じる真実を宣べ伝えることに懸けました。中国では数多くの聖職者がこうして殉教しました。もし、日本人が過去に生きた人々に本当に尊崇の念を抱いているのなら、私たちが知っている真実を宣べ伝えるべきではないでしょうか。

　最近では歴史戦という言葉も聞かれます。別に名前をつけるまでもなく、これは情報戦なのです。目に見えず、暴力を伴わない、しかし極めて効果的な攻撃を日本人はしっかり認識しなければならないでしょう。威嚇され、騙され、眠らされ、むしり取られる民族、いつまでたっても団結できない民族に日本人はなるべきではありません。

　今はまだよくても、じわじわと情報戦の勝敗は国家の運命に帰結します。それが先の大戦で、国力の限りを絞り尽くし、凄惨な戦場で莫大な犠牲者を出し、国土を焦土として得た貴重な教訓なのです。

　第2章では、正定での事件が起こる以前の中国の状況から始めて、支那事変の概要、中国でのカトリックの活動と地域との関わりなどについて解説し、第3章では正定事件がどのような状況で発生し、どのように事態が経過し、事件の捜査、調査、またその処理が行なわれたかを詳しく見ていくことにします。

第2章
「正定事件」が起きた時代と背景

1、中華民国の歴史

華夷秩序の崩壊と孫文の登場

　本章では、事件の起きた時代と背景を見ていくことにします。正定事件（1937年10月9日）は今から80年も前の犯罪ですから、このことは事件の全容を理解するうえで必須と思われます。まずは、舞台となった中華民国から始めましょう。

　この中華（チャイナではなく）という名前には中国人の基本概念が表されています。自らを文明の中心ととらえ、周辺の異民族を東夷・西戎・南蛮・北狄として蔑み、天の子である皇帝が支配するという、いわゆる華夷思想について、民国創立に関わった学者の章炳麟（1869〜1936年）は次のように説明しています。

　「漢民族は、自らを『中華』とし、周辺の異民族を蛮、夷、戎、狄と見なしていたが、これらの異民族も漢民族の手が伸びていくにつれ、その文化を取り入れるようになった。漢民族の文化に同化されるに従い、これらの異民族の中にも同一の言語文字と共通の倫理観念が浸透し、やがて種族を超越し、文化の共同性に根ざした『中華民族』へと成長発展してきた。つまり中華民国とは、文化を同じくするすべての種族を含む国である」

　ここには歴史的事実を超越する中華思想に対する強烈な信仰があります。確かに多数の漢人を支配するために支配民族が漢人化してきた歴史はあります。漢字は華夷秩序内で広く用いられました。中国の文明に大きな歴史的貢献があるのは誰もが理解するところです。しかし、現実には豊か

な土地である漢民族の居住領域に少数の異民族が侵攻して次々に王朝を建て、冊封(さくほう)という皇帝の権威を利用した周辺国との安全保障体制をつくり、名目上支配下にある朝貢国(ちょうこうこく)との通商システムが維持されてきたに過ぎません。

決して1つの民族に収斂・同化したわけではないことは、チベットやウイグルの現状を見れば明らかです。そして、19世紀以降の列強による中国分割と清朝の滅亡は、まさに中華システムの完全崩壊といえました。新しく生まれた中華民国は帝国主義の時代に生まれ、帝国主義の空気を存分に吸って成長しましたが、章炳麟の言葉を見ても分かるように、思想だけはしっかりと現代まで生き続けます。

前身の清は、17世紀から20世紀初頭にかけて、ツングース系の満洲(女真)人により支配された巨大な帝国でした。その支配領域は、従来の漢人による明の領域に加え、モンゴル人、チベット人、トルコ系ムスリムのウイグル人の領国を傘下におさめるものでした。この清による統治期間の長さが、近代中国人(漢人)に帝国の領域をそのまま自らの勢力範囲であると認識させることになりました。そして、漢人が満洲人に代わり、近代的方法によって帝国が維持されるのは当然と考えたのです。

さて、強大を誇った清も、アヘン戦争(1840〜1842年)を機に帝国主義国家の侵蝕を受けて次第に衰えていきます。続くアロー戦争(1856〜1860年)の敗戦では、軍事的脆弱さが露見しただけでなく、一度結んだ条約(天津条約)を守らない、捕虜の殺害、外交使節団の虐殺(のちの駐日公使となるハリー・パークスも巻き込まれた通州の伏撃事件)など、イギリス、フランスの怒りと侮蔑を買って、より厳しい条件で講和(北京条約)することになり、大いに国益を損ないました。仲介したロシアには広大な外満洲(ロシアにとっては沿海州)とトルキスタンの一部を割譲します。

以後、事あるごとに清はさまざまな形で外国に権益を与えることを余儀なくされました。とくに日清戦争(1894〜1895年)で清が敗れると、その財政難につけ込んだイギリス、フランス、ロシア、ドイツなどの列強諸国による租借地、鉄道権益、鉱業権益の獲得競争は激しさを増して、半ば植民地の体となりました。開港された(アヘン戦争以前、ヨーロッパ貿易は

広東1港に限定されていた）上海をはじめとする貿易港には、租界(そかい)と呼ばれる列強諸国の特殊権益地が次々と設けられ、これらは外国軍隊と治外法権によって守られました。

　この西洋による経済的侵略は、冊封体制の頂点に誰が立つかという従来の権力闘争とはまったく異なるものでした。かつての北方騎馬民族のように中国文化に心酔して染まることのない、独自の文化を誇る西洋の支配と人種差別は、中国の知識人には屈辱であり、大きな脅威と映りました。孫文（1866～1925年）は1894年11月、潜伏先のハワイで革命組織、興中会を立ち上げこう宣言しました。

　「中国の積弱は限度に達している。上はすなわち因循姑息、粉飾虚張、下はすなわち蒙昧無知で先を考えることが少ない。近年の国辱的敗北で堂々たる中国が隣邦と同列におかれず、文物衣冠も異族に軽んじられている。有志たちよ、手をこまねいていられようか。4億の民と数万里の豊かな土地があれば、発奮して天下無敵の雄になりうるのだ。しかるに、売国奴は国を誤り、人民は苦しみ、国の衰退はその極みにある！　今や列強は、中華の富や物産を虎視眈々と狙い、それを蚕食鯨呑するため、競ってわが国土を分割しようとしている。危機は目前にある。人民を水火の苦しみから守り、まさに倒れんとする国を支えよと、声を大にして叫ばずにはいられない。ここに集まった諸君、中華の復興のため、知恵と力を合わせようではないか。同志諸君、決起せよ！」

　実際、華夷秩序の下にあったマレーやビルマはイギリスに、ベトナムはフランスに、朝鮮は欧米化政策に転じた日本に奪われました。誇りを傷つけられた中国人は義和団の乱を起こし、外国の軍隊よりむしろ外国人の民間人と中国人キリスト教徒に襲いかかり、多数を虐殺しました。その結果、外国軍の本格介入を招いて敗北、外国勢力の駆逐に失敗しただけでなく、首都は占領され、皇帝の故地満洲はロシアに占領されてしまいました。さらにモンゴルもロシアの影響下に入ります。この事件により清国は未だ野蛮で未熟な国であるという印象を決定づけたので、事後処理に関して関係各国の要求が過酷なものとならざるを得なかったのは当然の成り行きといえました。

満人支配時代の終焉

もはや満人の宮廷政府に状況を打開する力がないことは誰の目にも明白でした。何度も続いた戦争と、敗戦による莫大な賠償金の支払いは、すでに統治体制が腐敗しきって弱体化していた清帝国の運命に、決定的打撃を与えていたのです。満洲では朝鮮半島の支配権をめぐり日露戦争（1904〜1905年）が勃発しますが、アジアの新興国日本が大国ロシアを破ったことで、抑圧された諸民族の間で独立解放の機運が醸成

義和団の乱を描いたもの。殺害された中国人のキリスト教徒の胸には十字架が突き立てられている。

されていきます。

1911年10月、漢人はついに満人の支配に叛旗を翻して、中南支の支配権を奪います。清朝の宮廷政府による日本に倣った改革はあまりに遅すぎたのです。頼みとした袁世凱（1859〜1916年）の裏切りにより宣統帝溥儀（1906〜1967年）は1912年2月に退位、ここに満人支配の時代が終わります。

これに先立ち南京には中華民国が成立し、孫文がその臨時政府で臨時大総統となっていました。しかし、袁世凱が軍事力を背景にして大総統になると、彼は首都を軍閥の地盤である北京に戻し、民主的憲法（臨時約法）を無視し、対抗者である宋教仁（1882〜1913年）の内閣を暗殺によって崩壊させ、孫文らの武装蜂起を鎮圧して、独裁的権力を手中に収めました。のちに袁世凱はフランス革命におけるナポレオンのように皇帝に即位しますが、内外の批判を浴びて挫折、退位しました。3か月後、失墜した権威

を回復することなく彼は急死します。

さて、辛亥革命では駆除韃虜と唱えて満人を排撃したのですが、建国後は五族共和をスローガンとして、漢族、満洲族、蒙古族（モンゴル族）、回族（イスラム系諸民族）、チベット族をそれぞれ表す五色旗を国旗としました。被支配者であった漢人の孫文も、北京の北洋軍閥政府も、清帝国の宗主権は引き継がれるものと考えていたのです。しかし、中華民国という形式上とはいえ民主国家が誕生したことで、皇帝個人に従属する旧来の冊封体制が崩壊し、属国であったチベット、外モンゴルは独立します。内モンゴル、満洲にはすでに漢人が多く移住して在来民族を圧倒していたため、独立することはありませんでしたが、これがのちに日本の満蒙政策と結びつく民族問題としてくすぶり続けることになります。

対外関係でいうと、孫文は、

「文明国の義務を尽くし以て文明国の受くべき権利を享有せん」

と宣言して、基本的に清と列強諸国との不平等条約を継承することを自ら約束しました。清時代に失われた権益の全回収は、20世紀末の香港、マカオ返還まで待たねばなりません。

そして第1次世界大戦（1914～1918年）とそれに次ぐロシア共産革命（1917年）が、中華民国と進出した列強諸国の運命を変えていきます。中国に対する圧力に綻びが生じたのです。義和団事件の際、一致して戦った列強同士で戦争が始まりました。ヨーロッパの大国はアジアにかまう余裕なく、中国との貿易も激減することとなりました。山東省を事実上支配下に置いていたドイツ帝国は、イギリスと同盟する日本の攻撃を受けて東洋の根拠地を奪われます。フランスは宣教師すら引き揚げさせ戦争に協力させました。北方の外モンゴルと北満洲で睨みをきかせていた最大の脅威、ロシア帝国は革命で消滅することになります。

軍閥による権力闘争

袁世凱の死後、権力を握った安徽派の段祺瑞（1865～1936年）は連合国側で参戦（1917年）、新生中国は軍事的貢献なしに戦勝国となりました。しかし、ウィルソンの民族自決主義を受けての中小国家の成立、ロシアで

の共産革命など、変革の時代の恩恵を受けることはありませんでした。大陸は一見昔と変わらず半植民地のようでした。それでもドイツ権益の譲渡、満蒙特殊権益の確認などについて日本から出されたいわゆる対華二十一箇条要求（1915年に袁世凱の政府は一部を除き要求を受諾）に基づく新条約（山東懸案解決に関する条約と関連する協定、及びその附属書）をパリ講和会議（1919年）が認めたことで、五四運動（1919年）と呼ばれるベルサイユ条約反対運動が起きるなど、新しい風を感じた都市部の知識階層を中心に、民衆の間では中華ナショナリズムが新たな段階に移行しつつあり、軍閥政府による近代化（外国からの借金による）も進み始め、中国社会は確実に新しくなろうとしていました。

　続くワシントン会議（1921年11月〜1922年2月）でも中華民国は、パリ講和会議と同じ要求、すなわち（1）関税自主権の回復、（2）治外法権の撤去、（3）租借地の還付、（4）勢力範囲の取り消し、（5）外国駐留軍の撤退、（6）郵便、電気、交通事業からの外国勢力撤退、（7）対華二十一箇条要求で認められたものの取り消し、を訴えました。従来の列強支配に不満を抱いていたアメリカの協力もあって、この時は山東省の日本租借地の還付が実現します。イギリスはあまり重要でない威海衛の租借地還付声明を出したのみで、その他の事項については関税率の引き上げと郵便事業の回収が行われるに留まりました。つまり主要国の中で日本のみが大幅な譲歩をしたのです。

　王朝を築きそこねた袁世凱の死後、彼の北洋軍閥は安徽派、直隷派、奉天派等に分裂し権力闘争を繰り広げました。安直戦争（1920年）、奉直戦争（1922年第1次、1924年第2次）はその代表例です。安徽派の段祺瑞や奉天派の張作霖（1875〜1928年）を日本が支援し、イギリスは直隷派の呉佩孚（はいふ）（1874〜1939年）にテコ入れします。西北派の馮玉祥（ふうぎょくしょう）（1882〜1948年）はソビエト連邦とつながりを深めます。

　各地に蟠踞（ばんきょ）する将軍たちは中央の首領たちと個人的忠義心、または利によってつながり、質の低い傭兵を率いて戦いました。それは異質な軍隊の戦いでした。雨が降れば戦さをやめ、日が沈めば戦さをやめ、食事時になれば戦さをやめ、不利になれば部隊ごと寝返りをうつ。戦いに敗れれば、

撤退前に付近の町や村で略奪・暴行をしていくのでした。傭兵にはやくざ者や流れ者が数多くおり、給料が遅配になると簡単に暴動・反乱を起こします。またその給料も将軍から兵卒に至る過程でいわゆるピンはねが横行していましたので、無駄に兵は増える、軍事費がかさむ、重税が良民にかかる、食えないので武装犯罪集団が増える、鎮圧のために軍拡するという悪循環が生じていました。

「好鉄不打鉄、好人不当兵（いい鉄は釘にはしない、いい人は兵隊にはならない）」

という古い格言は当時中国在住の外国人にはよく理解できましたが、現代人にはまったく想像できない独特の世界があったのです。

1923年の臨城事件

この時代、治安を不安定化させた要素の1つに匪賊（土匪）の跳梁跋扈があります。極端に言えば、税金から給料をもらっている武装集団が軍閥で、もらえないのが匪賊です。運が良い者は張作霖のように王者のような権力を持つことができましたが、運が悪ければ公務員になれずに犯罪者として首を切られました。ほとんどは地方の農村が略奪の標的となりましたが、1923年の臨城事件（ブルー・エクスプレス事件）のように外国人が多数、列車から誘拐された事件もあります。今では棗荘と名を変えていますが臨城は山東省にあり、津浦線（天津―浦口線）を走る最新の急行列車が千人規模の匪賊に襲われたのです。これは略奪だけでなく、人質の身代金代わりに公務員になることを要求するものでした。これだけの大所帯ともなれば、食べていくために国軍に編入されることが簡単な解決法だったのです。このあたりは義和団が北京に集結した理由と酷似します。ちなみに人質の中にジョン・ロックフェラー2世の義姉、ルーシー・アルドリッチ（1869～1955年）がいたこともあり、臨城事件は世界にセンセーショナルを巻き起こし、後日マレーネ・ディートリヒ主演映画『上海特急』（1932年）が制作されました。

前年のワシントン会議で、大戦の結果ドイツから日本に横滑りしていた山東省権益について、日本が譲歩してその年のうちに撤退を完了していた

のですが、これがなければあるいは事件は起きなかったかもしれません。とにかく会議で中華民国全権顧維鈞(こいきん)(1888～1985年)が巧みに中国の健全な近代化を宣伝していたのを信じてしまったアメリカ合衆国やイギリスは激怒し、再発防止に外国人による鉄道監視(外国軍駐留)を要求しますが、民国政府に却下されます。日本の外相内田康哉(1865～1936年)は列国による武力干渉提案には賛成せず、有効な匪賊対策はとられぬまま終わります。

孫文の遺言

1920年代には共産主義者が政治の表舞台に現れます。きっかけはこのころ広東省一帯に独自の政権を確立していた孫文の「連ソ容共・労農扶助」への方針転換でした。当時世界革命を志向していたコミンテルンは、1920年の第2回大会で採択された「民族・植民地問題のテーゼ」に基づき、代表団を中国に派遣して共産主義勢力の基盤を構築するとともに、孫文の国民党に接近しました。不平等条約の即時・無条件撤廃を謳ったソ連のカラハン宣言や、五四運動以降、若者たちに共産主義が受け入れられていくことに注目していた孫文は、ソ連大使アドリフ・ヨッフェ(1883～1927年)と共同で宣言を発して、ソ連の援助を受け入れると同時に中国共産党との合同を取り決めたのです。

コミンテルンから顧問としてミハイル・ボロディン(1884～1951年)が送り込まれ、思想教育を受けた革命戦士を育てる黄埔軍官学校が設立されます。蔣介石(1887～1975年)はその校長でした。こうして何ら権力基盤を持たなかった共産主義者たちは孫文の国民党に合流することで、政治力と軍事力を急速に身につけることとなったのです。

孫文はソ連と結んでまで武力による中国統一を目指したのですが、その矢先に招かれた北京で客死します。ガンでした。

「余の力を国民革命に致すことおよそ四十年、その目的は中国の自由平等を求めるにあり。四十年の経験を積んで、この目的に到達せんと欲するには、必ず須(すべか)らく民衆を喚起し、世界の平等をもって我に對する民族と聯合して共同奮闘すべきことを知る。現在、革命なほ未だ成功せず。すべて我

が同志よ、須らく余の著はすところの建国方略、建国大綱、三民主義及び第一次全国代表大會宣言によって継続努力し、目的を貫徹すべし。最近主張せる国民会議の開会、不平等條約の廢除は、特に短期間内にその寛現を促すべし。ここに至嘱す」

孫文の遺言です。

国民党の内部分裂と共産党の台頭

この後、国民党は孫文の遺志を引き継ぎ、1926年夏、北伐と称する対軍閥戦争を開始します。北軍（北京政府軍）は各種軍閥総勢80万ほどの兵力を有していたのに対し、南軍（国民革命軍）はせいぜい5万、しかも精鋭揃いではなく、兵とも言えない雑兵も多く含まれていました。しかし、矢面に立った呉佩孚軍、孫伝芳（1885～1935年）軍は最初から士気が低く、しかも共産党の農村工作が功を奏して住民の支持を失った軍閥軍は、無断撤退する部隊が出るなど防戦一方の展開となり、北伐を開始してたった3か月で湖南省、湖北省、江西省が陥落、国民政府は揚子江流域の要、武漢（武昌、漢陽、漢口の三鎮を統合）に政府を移転させました。

ここで突然、党内右派を排除した武漢国民政府がクーデターによって成立します。追い出された右派の幹部は南昌にいた革命軍総司令の蔣介石を頼り、南昌を臨時首都とする別の国民政府が事実上発足しました。中国統一の希望を抱く国民党は、早くも内部分裂してその北伐の勢いが削がれましたが、それでも翌年3月には上海、南京を占領します。

この時、南京では入城した南軍将兵および中国人の民衆が外国人居留民に襲いかかりました。のちに日本人被害者は『南京漢口事件真相 揚子江流域邦人遭難実記』にその惨状を明らかにしますが、領事館はじめ日本人の商店、住居は徹底的に略奪され、日本人は文字通り身ぐるみ剥がされ、暴行陵辱の憂き目に遭いました。イギリス、アメリカの居留地も同様の被害を受け、金陵大学の副学長ジョン・エリアス・ウィリアムス（1871～1927年）ほか、イタリア人の震旦大学予科校長、教師のフランス人宣教師、イギリス領事館で医師と港務長が殺害され、アメリカ人女性教師たちは陵辱されました。不抵抗に徹した日本と違い、イギリス、アメリカは海

兵隊を上陸させて民間人の保護に努め、揚子江の海軍艦艇からは市街地に砲撃を浴びせて暴徒を退けました。実はこの時に占領部隊の国民革命軍第6軍を指揮していた程潜（ていせん）（1882〜1968年）が、のちに正定事件当時の京漢線戦線における中国軍の実質的な最高指揮官となります。このことは一応頭の中に入れておく必要があります。彼は外国人に対する無差別テロの前科があるのです。

　日本の不抵抗が過大に宣伝されたことも手伝って、排外運動は中支揚子江流域全体に波及し、外国人はさまざまな被害、損害を受けて引き揚げを余儀なくされました。この一連の事件の背後には共産主義者がいたことが強く疑われたので、関係する欧米各国と日本は共同して抗議するとともに、交戦する国民政府と北京政府に対し、暴力的排外運動抑止を要求しました。

　北京政府の張作霖はこれを受けて強権を発動してソ連大使館を捜索します。内部に潜伏していた中国共産党の大物、李大釗（りだいしょう）（1888〜1927年）はじめ50人ほどの中国人、ソ連人23人が逮捕され、さまざまな文書や名簿、武器弾薬が押収されました。その中には外国公使館から盗み出した公文書もありましたが、問題になったのはソ連武官宛の本国からの「訓令」でした。まさに南京事件をはじめとする排外暴動のガイドラインともいうべき内容のもので、外国軍の干渉を招くために（外国人に対して）略奪、多数の惨殺を実行すること、短期間に大軍を派遣し得る日本を各国と隔離するため、在留日本人に危害が及ばぬようにすること、排外宣伝の際は反英運動を建前とすること、というものでした。

　イギリス警察はロンドンで共産スパイのアジトを急襲して、秘密文書を多数押収、それまでソ連政府と関係がないとされていた国民党顧問ボロディンが実はモスクワの直接指令に従う立場であったことが判明しました。北伐以前から広東で吹き荒れていた反英運動も結局モスクワがボロディンを使って引き起こしていたのです。工作を暴露されたソ連は、中華民国（北京政府）、イギリスとの国交を断絶します。

　揚子江以南を制した国民党にとっても、共産党の台頭はもはや容認できない段階に至っていました。その中でも上海の共産主義者は最大の危険要

素でした。軍閥政府時代から労働者は組織化され、盛んに労働争議、排外運動が起きていましたが、この時には孫伝芳将軍の装備優秀な北軍を工作によって弱体化させるまで強力になっていました。北軍が戦意を喪失して上海防衛を諦めると、共産党は工人糾察隊という労働者の集団を使って北軍や警察に対し武装蜂起し、新しくできた上海市市民政府は完全に共産党に支配されました。

　ボロディンの独裁が強まっていた武漢政府は蔣介石の司令官罷免を通告、ついに蔣介石も共産党弾圧に舵を切ります。このままいけば国民党は乗っ取られ、排外運動の過激化によって外国の武力干渉を受けて、北伐どころでなくなるのは明白だったからです。上海で開かれた国民党中央監察委員会で、孫文の古い盟友である呉敬恒（1865〜1953年）は強く訴えます。

　「共産党の決議によると、彼らは党団をもって政治を監督し、政治をもって軍を監督する方法によって、"新軍閥"（蔣介石）を押さえ込もうとしている。必要があれば、快刀乱麻の手段を取るべしとも言っている。乱麻とは国民党であり、快刀とは無産階級の血肉のことなのだ。だがここで注意しなくてはならないのは、彼らは常に"借乙打甲、借丙打乙"（乙を借りて甲を打ち、その後丙を借りて乙を打つ）の方法をとるということだ。

　現在は汪兆銘を擁して蔣を倒そうとしているが、これに成功すれば、次にボロディンを擁して汪を倒す。最後にはレーニンを擁して孫文が倒される。快刀の無産階級も、当座の借り物でしかなく、最後には倒される。中国人民のすべてが打ち倒され、共産主義一色になるまで止まないであろう。将来、中国が共産党に盗み奪われたならば、どうしてソ連の直接支配を逃れることができようか。そうなれば、形を変えた帝国主義者の下で、形を変えた属国となるだけである」

　現在から見れば見事な予言、卓越した見識ですが、当時国際共産主義の実験場と化していた中国を直に知っていた外国人や宣教師たちもこのことを強く感じていました。中南支の外国人の運命はひとえに革命軍総司令の蔣介石の動向にかかっていたのです。

人民解放軍のデビュー戦

　蔣介石は、上海だけでなく共産党の政治将校の言いなりになっている部隊が占領する南京もなんとかしなければなりませんでした。蔣介石はまず南京に飛んで共産党幹部を逮捕し、軍内の共産党勢力を武装解除することに成功します。次いで戒厳令下の上海でも徹底殲滅を命じます。いわゆる「四・一二上海クーデター」（1927年）です。共産党は北軍の敗残兵に武器を与えるなど、なりふり構わぬ抵抗を試みますが、ついに壊滅、主要幹部はことごとく捕らえられ処刑されました。同時に中南支の大都市でも共産党員の弾圧が行なわれ、多くが処刑されました。クーデター開始3日目には、蔣介石ら国民党右派は南京を首都とする南京国民政府を組織して、共産党の謀略で下野していた胡漢民（1880～1936年）を国家主席としました。

　一方、武漢国民政府側は軍事的だけでなく経済的にも苦しい状態になっていました。彼らは労働者や学生を暴動に煽り立てた挙句、経済活動が麻痺し失業者が倍増していたので、紙幣を乱発して大きな混乱を招いていたのです。農村では毛沢東の一派が勝手に工作を続けていました。貧しい農民を扇動して地主や資産家を略奪する手荒いやり方で急速に地方を赤化していたのです。あまりの横暴ぶりに武漢政府軍の一部は南京側に呼応するかのように農民運動の弾圧を開始します。

　5月、武漢政府は事態打開のため唐生智（1889～1970年）に北上を命じて、河南省を張作霖の奉天軍から奪取しました。河南省を餌に馮玉祥を味方に引き込むためでした。馮は軍閥間の争いに敗れソ連に亡命し、この時スターリンから武器の供給を受けて、国民党員として中国に舞い戻っていました。武漢では、コミンテルンから派遣されていたインド人マナベンドラ・ナート・ロイ（1887～1954年）が、指導者の汪兆銘（1883～1944年）に対してスターリンからの密命を伝えていました。モスクワで支持を取り付けて帰国していた汪にとっても、その内容は青天の霹靂ともいえるものでした。

1）土地の没収は国民政府の命令による必要はない。下層階級に直接没収させよ。

2）国民党中央委員の中の旧分子を追放し、農工分子に取って代わらせよ。
3）国民党の現在の構造を変えねばならない。
4）従来の軍を解消、共産党員と労農分子を武装させて新軍を組織せよ。
5）知名な国民党員による革命法廷を組織、反動派を裁判にかけよ。

　このような強引かつ明白な国民党のソ連傀儡化計画の提示に汪は狼狽し、（共産党でなく）国民党による革命主導を訴えました。これによって反共派が勢いづき、共産党の拠点壊滅や共産党員の逮捕が相次ぎました。次第に不利になっていく中国共産党の現状に、不満を覚えたコミンテルンは共産党員の武漢政府からの離脱と、国民党員を装って農民工作を続行するよう命じます。国民党の混乱は、共産党員の完全排除とボロディンの追放が7月末になってようやく正式に決定されましたが、その後も混乱が続くことになります。
　蔣介石も武漢軍の北進と時を同じくして揚子江を渡河、孫伝芳軍の残余と山東軍閥の張宗昌（ちょうそうしょう）（1881〜1932年）軍を追って徐州に到達していました。戦乱がまさに北支に達しようとしていたその時、邦人保護のために日本軍1個旅団が青島に上陸（第1次山東出兵）、さらに今度は武漢側がそれまでお互い避けていた国民党同士の直接対決に打って出て、直接南京を狙って進撃したので、蔣介石軍は背後を突かれて北軍と挟撃される危機に陥り、7月末、北軍は大攻勢を開始して徐州を奪回、蔣の北伐軍は手痛い損害を蒙って南に総退却することになりました。これを見て南京側で蔣介石との間に不和が生じていた新広西派の李宗仁（りそうじん）（1890〜1969年）、白崇禧（はくすうき）（1893〜1966年）は武漢側の将、唐生智と一時停戦しました。
　ところがここで、コミンテルンが追放されたボロディンに代わって送り込んだ、グルジア（現ジョージア）共産党のビセリオン・ロミナーゼ（1897〜1935年）、ドイツ共産党のハインツ・ノイマン（1902〜1937年）、中国共産党の周恩来（1898〜1976年）らは、1927年8月1日、武漢軍の中の共産党部隊を使って、江西省南昌市で両国民党に対し武装蜂起します。銀行、商店を略奪し、国民党員を逮捕して大暴れしたのですが、こ

れが紅軍、現在の人民解放軍のデビュー戦とされています。軍の実態としては、想像以上に寝返りが少数に留まったこともあり、国民党軍と決戦せずに北伐で手薄になっている広東省を目指して南下をします。紅軍は約2か月かけて800kmを踏破し、沿岸の都市に入るやまたも殺人、放火、略奪を繰り返します。しかし最後には国民党軍の討伐を受けて壊滅状態になりました。敗残兵の一部は香港東部の山中に逃げ込んでソビエト地区をつくり、支那事変で八路軍を指揮することになる朱徳（1886～1976年）は、巧みに逃げおおせて仲間を増やしながらのちに毛沢東と合流することになります。

南京政府、ソ連と断交

北軍にひどい敗北を喫した蔣介石の権威は大きく失墜し、反対に武力を保持し得た新広西派は汪兆銘の誘いに応じて蔣抜きの反共政権構想に協力します。共産反乱軍が暴れるなか、8月13日に蔣介石は南京、武漢の合一のため、自ら下野を宣言して政府を去りました。ところが今度は汪自身が中央から排斥され、さらに北軍を揚子江でくい止めた新広西派と武漢の唐生智が党の主導権をめぐり内戦を始めました。この寧漢戦争（1927年）と呼ばれる戦いでは、寝返る部隊が続出した唐生智が敗れて、武漢政府の軍事力は消滅しました。

下野中訪問していた日本から戻った蔣介石は、広東で起きた反乱鎮圧をきっかけに影響力を取り戻していました。宋美齢（1897～2003年）との新婚旅行を終えると国民革命軍総司令職の復帰が決定します。

12月、広東省の広州市では駐屯軍が突如共産軍に豹変、たちまち市内は制圧され、浮浪者に労働者、さらには囚人にまで武器を与えて、鎮圧されるまでの3日間、給料代わりに略奪、放火、殺人が行なわれました。被害は南昌暴動以来最悪のもので、蔣介石によれば1万5千人の市民が無差別テロの犠牲になったといいます。驚くべきことに、広州のソ連領事館副領事のハッシスが暴徒を直接指揮していたところを逮捕され銃殺刑になるという、あり得べからざることまで起きました。

この残虐な広東ソビエト事件の背後には、コミンテルンのノイマン、ゲ

ルハルト・アイスラー（1897～1968年）がいて、領事館とソ連系の極東銀行がそのアジトでした。ついに南京政府もソ連との断交を宣言、支配地のソ連領事館を占拠、封鎖して、ソ連国籍者全員を国外追放としました（広東コミューン事件）。

　事件後、すでに支持を失っていた汪兆銘は下野してフランスに向かい、武漢側にいた反蔣勢力もいなくなり、ようやく蔣介石を中心とする国民政府が北伐に専念する体制が整いました。1928年4月、蔣介石は西北軍閥馮玉祥、山西軍閥閻錫山（えんしゃくざん）（1883～1960年）とともに北軍総帥張作霖のいる北京に向かってそれぞれ進撃し、たった2か月で総兵力100万を誇った北京政府の軍閥軍を崩壊させました。張作霖は勢力圏の満洲に逃亡、その帰途、北軍の帰還を望まぬ関東軍の謀略により爆死します（日本政府は満洲での張政権を存続させるため満洲への早期撤退を勧めていた）。後を継いだ息子の張学良（1901～2001年）は、その年のうちに国民政府に合流することを決め、抵抗する北軍は完全に消滅、五色旗から青天白日満地紅旗（せいてんはくじつまんちこうき）の中華民国となりました。

膨れ上がった国民革命軍

　この目まぐるしい動きのなかで、列強諸国としてはイギリスと日本が最大の被害国となりました。北伐の過程では南軍により多数の外国人の生命と財産が侵されました。比較的容易に軍隊の派遣が可能であった日本は、日本人が多く住み、多額の投資をしてきた北支に南軍が迫るに及んで、それまでの不干渉政策を捨て山東省済南に出兵します（第2次山東出兵）。ところがここでも南京以上に略奪と凄惨な居留民虐殺が発生（5.3済南事件）し、ついに日本軍（約3千）と南軍（約10万）の一部が衝突する事態になりました。南軍の指揮官は前年南京に進軍した賀耀組（がようそ）（1889～1961年）でした。蔣介石は全面衝突を避けて南軍を北京に向かわせました。この済南事件により、日本と国民党政権の間には決定的な溝が生まれ、その後埋まることなく全面的対決（支那事変）を迎えることになります。

　イギリスは中支揚子江流域を勢力圏としていましたが、北伐による治安の悪化でたまらず漢口と九江の租界を放棄、あまりの大損害に対中国政策

の転換に踏み切ります。国民党が中国を統一すると、さらに鎮江、厦門の租界、威海衛租借地を返還、アメリカが新たに関税協定を結んだのをきっかけに、ドイツ、ノルウェー、ベルギー（天津租界も返還）、イタリア、デンマーク、ポルトガルが続き、イギリスも新関税条約を結んで中華民国の関税自主権を認めました。

　1930年までにはフランス、スペイン、オランダ、スウェーデン、日本との間も新条約が結ばれ、連動してブラジル、ペルー、スイス、メキシコ間にも適応されました。こうして念願の関税自主権の回復は実現し、治外法権もイタリア、ベルギー、デンマーク、ポルトガル、スペイン、オランダ、ノルウェーとの間で撤廃が定められました。

　対外的にはかなりの成功を見せた国民政府ですが、国内的には大きな問題が片付けられずにいました。それは統一中国の再生に必要なはずの国家予算をひどく圧迫する、巨大に膨れ上がった軍隊でした。北伐の過程で国民革命軍は旧軍閥の軍隊を取り込みつつ進軍し、最終的には220万人を超える兵員を擁すまでになっていました。当時国家収入4億5千万元のうち、外債返済として1億元、軍事費に3億元といわれています。国民のための政策財源はまったくと言ってよいほどない有様でした。軍閥は地方で勝手に税を取り立て、それを私兵集団に流用することでできる権力構造ですから、税制の中央集権化と軍隊の再編成、軍縮は新たに国家主席に選ばれた蔣介石にとって至上命題であったのです。

　国民革命軍には蔣介石直系軍、新広西派の李宗仁軍（広西軍）、旧西北派の馮玉祥軍（西北軍）、旧山西派の閻錫山軍（山西軍）、旧奉天派の張学良軍（東北軍）が存在し、軍縮の配分はこれら派閥の勢力の盛衰を左右するものと見られました。中央では均等削減割当の合意ができたものの、1929年3月、湖南省の支配と税の収用問題をきっかけに李宗仁が蔣介石に反乱（蔣桂戦争）を起こし、またもや内戦に突入しました。広西省、広東省、湖南省、湖北省、そして河北省の一部まで支配して、国民党の中で大きな勢力を有していた新広西派も、今度は寝返る部隊が続出して本拠の広西省に押し込まれ、6月には敗北が決定的となりました。李宗仁、白崇禧らは国外に逃亡しました。

李宗仁の乱が続くなか、5月には馮玉祥が中央から離反しました。蔣介石は馮の公金流用を暴露して西北軍の切り崩しに成功します。馮の下野宣言でいったん乱は収束しますが、上海に汪兆銘が現れて反蔣の姿勢を明らかにすると、湖北省や河南省、広西省で相次いで反乱が勃発、広西省では共産党勢力が招き入れられるなど混乱が続きます。

コミンテルンのテロ指令

　満洲では東支鉄道（かつてロシア帝国が敷いた東清鉄道）、つまりシベリアのチタから満洲を横断してウラジオストクに至る鉄道線のうち、中華民国内を走る区間（満州里―綏芬河）の鉄道線の利権をめぐり、張学良がソビエト連邦を相手に戦争を始めました（1929年、奉ソ戦争）。元々統一を果たしたのを機に張学良はソ連利権の鉄道を回収しようとしていました。そこへコミンテルンの秘密会議を襲撃した警察から共産党員の陰謀、しかもモスクワからのテロ指令の実態が明らかになりました。発見された電報の内容は次のとおりです。

1）1月16日、ハルビンからモスクワ（コミンテルン本部）。
「南京、瀋陽オヨビソノ他ノ主要都市デ暗殺主義ヲ実行スル」
2）1月18日、ウラジオストクから中東路電務処経由コミンテルン中国駐在代表。
「暗殺ノ実行機関、手段、経費ナドヲ具体的ニクワシク調査シ報告セヨ。暗殺実行ニハ、中国共産党ノドノ団体ガ最モ信頼デキルカ。マタ、中国籍ノ要人デ反共活動ヲシタモノ、オヨビソノ資金源ヲ具体的ニ報告セヨ」
3）1月23日、モスクワからハルビン。
「遼寧ト南京ノ妥協後モ、ワレワレハ秘密ノ強固ナ戦線ヲソナエ、南京ト遼寧ノ妥協ニ反抗セヨ。追加経費35万ルーブルハ、暗殺工作実施ノ費用トセヨ。ワガ党ガアトデ不利ナ状況ニナッタトキハ、コミンテルンハ秘密破壊軍ヲ組織シ、東北ノ鉄路各機関破壊計画ヲ実行スル」

　瀋陽は奉天とも言い、奉天派張学良の本拠、遼寧は清朝末期に満洲に設けられた東三省（遼寧省、吉林省、黒竜江省）の内の1つで、瀋陽はその

省都。中東路は東支鉄道のことです。

　7月、蔣介石は鉄道回収の強行を決定し、ソ連人職員の強制送還、関係施設の閉鎖を命令、ソ連は最後通牒を発して国境に軍を集結させます。続いてシベリアと満洲の長い国境線沿いで武力衝突が頻発し、秋にはかつて国民党の軍事顧問であったガレンこと、ヴァシーリー・ブリュヘル（1889～1938年）将軍率いるソ連軍部隊の大攻勢が始まりました。スターリンは予め南満州鉄道を防衛する日本軍が厳正中立の姿勢をとることを確かめたといいます。

　列国の調停も自衛戦争を強固に主張するソ連の前に失敗し、ソ連権益回収を命じた当の南京政府は動かず、結局、質量ともに劣る張学良の東北軍は大敗北を喫しました。12月、ハバロフスクで停戦協定が結ばれ、戦前の状態に戻されました。ソ連軍が撤退すると国民政府は協定を批准しない挙に出ますが、その後ソ連に対し強硬な態度をとることはなくなりました。一方、ソ連軍の侵攻に力を得た中国共産党は地方での活動を活発化させていくことになります。

　明けて1930年には閻錫山までが叛旗を翻して北京を占領、馮玉祥、李宗仁ら、蔣介石に不満を持つ勢力を結集して中原大戦（ちゅうげんたいせん）が起こりました。ソ連に敗れたばかりの張学良が沈黙を保つなか、開戦当初の蔣介石は北、西、南の三方向から包囲されたうえに、首都南京で暴動が起こったり、紅軍、土匪が間隙を縫うように暴れ始めたりして、非常に危機的な状況に陥りました。

　各地にソビエト区をつくって勢力を拡大していた共産党は、指導者の李立三（り　りっさん）（1899～1967年）の都市への暴力路線を採用して内戦で手薄になった南部の大都市を目指して行動を開始しました。7月末、彭徳懐（ほうとくかい）（1898～1974年）は紅軍第3軍団を率いて湖南省長沙を陥落させます。湖南省政府主席何鍵（か　けん）（1887～1956年）は寡兵なのを理由にろくに戦わず長沙を放棄、居留外国人は市内に孤立しました。紅軍は市内に入ると例のごとく大略奪を開始、監獄から囚人を解放し、町に火を放ち、地主や商人、役人、国民党員を革命裁判にかけ処刑しました。

　ソ連以外の外国を敵視する共産党は、長沙のわきを流れる湘江で居留民

を保護していた日本、イギリス、アメリカ、イタリアの砲艦にも襲いかかりました。各艦艇は激しく応戦して攻撃を撃退しました。何鍵が長沙を奪回してみると、町は廃墟と化しており、各国領事館はじめ外国人の商社から病院に至るまでことごとく略奪されていました。その略奪ぶりを長沙領事であった糟屋廉二は、

「門扉窓枠ニ至ル迄破壊略奪セラレ、一物ヲ留メズ」

と報告しています。

朱徳、毛沢東らの紅軍第1軍団は江西省南昌を占領するも持ちこたえられずに南方に退却、今度は吉安を襲って、長沙同様の大災害を市民にもたらしました。その後、旧軍閥連合の動きに合わせて共産軍は主力を集中して何度も長沙の奪回を企てますが、すべて失敗に終わりました。このことで李立三はコミンテルンから批判を受けて失脚します。

満洲事変勃発

中原大戦は戦線を整理して戦力を立て直した蔣介石が反撃を開始していました。反蔣連合軍は次第に劣勢となり、防戦一方となりました。9月下旬には張学良の東北軍が蔣介石を支持して参戦、北支の閻錫山軍、馮玉祥軍は徹底的追撃を受けて総崩れとなり、11月、半年続いた中原大戦は膨大な死傷者を出して終結しました。これにより蔣介石の下で一応の全国統一が達成されることになりました。

ところがこれだけ戦い続けても乱世は終わりません。軍閥軍より恐ろしい共産軍が江西省や福建省の山奥から脅威を与えていたからです。江西省だけでもこの年、13万ないし18万の人民が共産党に殺害されたといわれ、百万人を超える難民が発生していました。焦った蔣介石は、休む暇なく共産党討伐に乗り出します。

第1次掃共戦では、準備不足、兵員不足の国民革命軍は、共産軍のゲリラ戦術の前に分断されて各個に殲滅されてしまい、作戦は失敗します。兵力を大幅に増強した第2次掃共戦においても国民革命軍は、山中で連携のとれないまま部隊が孤立して殲滅されて敗走を喫しました。1931年7月から始まった第3次掃共戦では蔣介石は20万の軍勢を揃え、共産軍の根拠地

を包囲攻撃しますが、あと一歩というところで主力を取り逃がしてしまいます。そこへ、広東で反乱が起こり反蔣の国民政府が成立、北支でも旧軍閥軍の首領らが呼応します。さらに、長雨と嵐で揚子江流域では洪水、浸水が各所で発生、未曾有の大災害になり、内戦どころではなくなります。各国は復興する能力のない国民政府を援助しました。昭和天皇も多額の義援金を贈りました（のちに中華民国は受け取りを拒否）。

　ようやく水が引き始めた9月には満洲で日本軍が行動を起こし、東北軍を追い払って南満洲鉄道沿線の都市を占領しました。いわゆる満洲事変（1931～1933年）です。張学良が国民党政権に合流した易幟以来、満洲では日本が有する権益はそれまで以上に強い圧迫を受け、現地の日本居留民と関東軍には大きな不満と不安が広がっていました。そこへ朝鮮人農民排斥事件や中村大尉殺害事件などがあり、すでに一触即発の状況に立ち至っていたのです。

　満洲事変は、中国統一政権の強い排日姿勢を前に、有効な対策を講じ得ない日本政府に不満を抱く現地の関東軍による満洲独立の謀略でした。しかし日本にとって、旅順、大連はイギリスにとっての香港やシンガポール、南満洲鉄道はスエズ運河であり、また満洲に裸一貫で移民した多くの日本人、朝鮮人移民にとっても死活問題であって、簡単に手放せるものではなかったのです。

　この時、張学良は北支で発生した反乱の鎮圧のために、軍の主力を長城の南に移動させていました。関東軍の10倍以上の残置兵力も各都市に分散配置されていたので、各個に撃破されてしまいます。さらに清朝復活を求める勢力が関東軍側についたことで東北軍から寝返る将軍が続出し、東三省はそれぞれ独立を宣言、天津の日本租界に身を寄せていた廃帝溥儀は密かに脱出して満洲に渡り皇帝になる機会を窺います。蔣介石は日本との直接対決は時期尚早と判断し、国際連盟に訴えました。

第1次上海事変

　満洲に火の手が上がるその一方で、共産党は江西省瑞金に中華ソビエトを樹立、これまでにないほど勢力を拡大させつつありました。共産党は都

市部の学生を扇動して、国民政府にデモ攻撃を仕掛けて日本との戦争に全力を傾けさせようと画策します。学生は次第に暴徒化して政府、官庁に乱入、武力鎮圧する事態にまで発展します。これには国民党自身が統一のために外国人排斥運動を利用してきたことにも大いに原因があります。

広東派は南京、広東協力の条件として蒋介石辞任を要求します。名実ともに中国を統一し、絶対的地位を得たはずの蒋介石は、12月、あえて国家主席と行政院長（首相にあたる）を辞任し下野することで、この難局を反蒋派に託します。新政権は東三省最後の拠点である錦州に押し込められた東北軍に対して、徹底抗戦を唱えるだけで張学良を援助せず、結局、張は戦わずに関内（長城以南）に撤退します。

満洲事変以来、上海では日本に対する反感が高まり、日系企業や商店に対する略奪や居留民に対する暴行が多発していましたが、翌1932年早々に東京で起きた昭和天皇を狙ったテロ（桜田門事件）を国民党機関紙の『民国日報』が、

「不幸にして僅かに随行車に被害を与えたのみ」

と見出しで報じたのを受けて、今度は日本人居留民が激怒、さらに上海で日本人僧侶が中国人の集団暴行で殺害されると、在上海の日本人青年団が報復のため武装して僧侶を襲った労働者たちの工場を焼き討ちし、その後、租界警察と衝突して双方に死者が出ます。

上海での軍事衝突の可能性が急速に高まりました。広東派政権は軍事的必要性から蒋介石を南京に呼び戻しますが、対日方針で意見が合わず広東派は総辞職、しかし広東派の意向を受けた蔡廷鍇（1892～1968年）率いる国民革命軍第19路軍が上海を突く構えを見せます。この蔡廷鍇はかつて共産軍の南昌暴動に参加した将軍であり、のちに福建省で反乱独立する人物です。日本は艦隊を派遣して陸戦隊を増強します。

上海は元々小さな村でしたが、資産の安全を守ることができる租界に大勢の中国人が流れ込んで、1930年代には大都市となっていました。租界はイギリス、アメリカなどの共同租界とフランス租界に分かれ、その周りを中国主権下の上海市中国人地区が取り巻いていました。この中国一豊かで安全な租界を各国の海兵隊、陸戦隊などが守備していたのです。数で言え

ば増強された日本の海軍陸戦隊が1833人、イギリス軍2086人、アメリカ軍1264人、フランス軍1008人、イタリア軍161人となり、各国合わせても19路軍全体の5分の1に過ぎない兵力でした。

　排外政策の激化は進出している外国勢力の投資をふいにし、財産を失わせることを意味しますから、満洲事変の影響が上海に及ぶのを列強諸国が歓迎するはずもありません。おまけに在住外国人の大半は日本人であり、その保護まで共同で責任は請け負いかねるというのが本音でした。さらに租界外の閘北（こうほく）地区には日本人が多く住み、陸戦隊本部まであったことが状況を複雑にしました。この地区の防衛に日本軍が入ると中国側に上海攻略の大義名分を与えることになりますが、工部局（権益を有する各国が運営する租界市政府）は防衛担当地域に閘北地区を含め、共同租界の東側のほとんどを日本担当としました。蔡廷鍇の部隊は日本軍地域を重点的に鉄条網やバリケードを築いて包囲する態勢をとり、ついに1月28日、戦いの火蓋が切られました。

　愛国心をかき立てられた第19路軍は日本軍に攻撃を集中し、兵力に劣り数台の装甲車以外重装備を持たない陸戦隊は苦戦を強いられます。激戦の結果、陸戦隊は防衛になんとか成功しますが、市内のいたるところで火災が発生します。かかる事態にもかかわらず、相手を見くびり大軍をすぐに派遣せず、事態の早期終結を図らなかった日本の姿勢に列強駐屯軍は不安を覚えます。

　中国は租界に対する全面侵攻の脅しをかけて日本を孤立させることに成功、さらに狙撃などの工作を目的とした中国軍便衣兵（偽装するために故意に民間人の服を着た兵士）や、それを捜す武装した日本人居留民が共同租界内を徘徊してアメリカ海兵隊と衝突する事態に発展し、日米間にも緊張が走ります。

　このようななか、日中停戦協議が始まります。やはり閘北地区の鉄道線東側、日本人が多く住む一帯をどうするかが問題の焦点となりました。交戦する双方を離間させるため、中国軍の撤退も定められましたがその距離はわずかで、便衣兵の行動については取り締まりようもなく、巻き添えを恐れるイギリス、アメリカの求めに応じて日本軍が閘北から撤兵すれば、

居留民がすべてを失うのは明白でした。
　結局、停戦協定はまとまらず戦闘は続行され、日本からは応援の陸軍部隊が派遣されることとなりました。2月7日、陸軍の第1陣が上海郊外に上陸、後続部隊もその後続々と上陸し、重装備の総兵力約3万、第19路軍（中国側も第5軍を増派）と互角以上の戦力が揃いました。ところが予想に反して日本軍は激烈な抵抗にあって少なからぬ損害を出してしまいます。中国軍は事前に上海北郊の水郷地帯を陣地化して待ち構えていたのです。
　満洲国が成立した3月1日、日本の第11師団が揚子江を遡って中国軍の後背に敵前上陸を成功させ、これに合わせて上海郊外に釘付けになっていた日本軍は総攻撃を開始します。兵力の半数を失いながらも持ちこたえていた中国軍の戦線はついに崩壊し、略奪をしながら上海地区から去っていきました。第1次上海事変における死傷者数は日本軍が約3千、中国軍約1万5千、民間人約2万にのぼるといわれています。

ドイツ軍事顧問団の影

　蔣介石は、日本が中国に干渉するのは中国が分裂し不安定であるからだということが理解できていました。そしてその統一中国の安定を阻むもののいちばんの原因は共産党であると考えました。蔣介石は中途で終わっていた掃共戦を再開します。すでに江西省だけでなく福建、河南、湖北、安徽省などにも強力な根拠地を築いていた共産軍を撃滅するために、実に60万もの大軍を用意して作戦にあたらせました。しかし、半年かけて地方の根拠地を潰しながらも瑞金の中央ソビエトの攻略には失敗し、関東軍の熱河作戦が始まるに及んで第4次掃共戦は中止されます。
　熱河省はもともとモンゴル人の土地で、清朝皇室にとってもゆかりのあるところでした。溥儀は熱河攻略を希望し、張学良のばらまいた資金でたびたび満洲国を侵す抗日ゲリラ（実質は農村を襲う匪賊）に手を焼いていた関東軍も国境線の安定化に動き出します。
　当時の熱河省長は張の配下、湯玉麟（1871～1937年）で、生産されるアヘンは軍資金として旧奉天軍閥を支えていました。湯玉麟は国民政府に任

命された立場にありながら、満洲建国宣言に参加し、溥儀に忠誠を誓うなど中満間の緩衝地帯としての微妙な立ち位置を保持していましたが、関東軍嘱託職員の拉致殺害事件や山海関での日中武力衝突のあと、態度を鮮明にすることを求められた湯玉麟は、7年間の統治期間に搾取して溜め込んだ財産を数え切れないほどのトラックに満載して逃亡します。

満洲国政府は熱河討伐を宣言、関東軍、満洲国軍は厳寒のなか、熱河の荒れ地を西進し始めました。多数の凍傷者を出しながらも日本軍は強行軍で省都承徳を陥落させましたが、長城に迫るにつれ東北軍ほか中国軍の抵抗は激しくなります。長城を突破されると北京まであとわずか、張学良は引責辞任して下野し、蔣介石は掃共戦を中止して北上します。結局、熱河省は完全に関東軍の手に落ちますが、その後も散発的に武力衝突が発生したため、改めて関東軍は長城を越えて北支に侵攻しました。

今や日中双方が望まぬ全面戦争の危機を迎えようとしていました。イギリス、アメリカも介入を避けたため、停戦協議はまとまらないうちに、現地では日本軍が退けば、当然ながら中国軍が押し出してくる、これを反撃して再度日本軍が南下することが繰り返されました。そしてついに北京の喉元まで日本軍が進出し、1933年5月、南京政府は停戦に応じざるを得なくなり、その結果長城の中満国境線が確定され、その南には非武装地帯が設けられることになりました。これで1931年から続いていた満洲事変は一応の終結をみることになったのです。

日本の影響力が北支に及んだことは、将来起こり得る日中戦争のための態勢づくりを急がねばならないことを蔣介石に痛感させました。北が落ち着くと、共産軍との決着をつけるべく準備を始めます。最終的には80万を超える兵力が動員され、10月、瑞金の中央ソビエトを包囲殲滅する第5次掃共戦が開始されました。同時にかつて上海で勇戦した第19路軍が、左遷先の福建省で反乱を起こして共産党に鞍替えし、「中華共和国」を建国しました。南京政府軍はこれを圧倒して福建人民政府は脆くも瓦解、残る瑞金政府も次第に包囲環の中に圧迫されていきます。

国民党は従来からドイツと関わりを持っていましたが、ナチス政権発足後、ハンス・フォン・ゼークト（1866〜1936年）率いる軍事顧問団はより

機能的に軍事作戦に関与するようになっていました。さらに武器商社ハプロは資源と引き換えに武器を供給、販路は反蔣勢力にも及び、ドイツの対中貿易はその後、急激な伸びを見せることになります。一方、共産党にはコミンテルンからドイツ人軍事顧問オットー・ブラウン（1900〜1974年）が派遣されて作戦指導をしました。この西洋の冒険者たちの戦いは、職業軍人たちに軍配が上がり、ブラウンほかソ連留学派は瑞金失陥の責任を問われて指導権を失います。

　1年にもわたって続けられた国共内戦は国民党の勝利となりましたが、共産党の残存勢力は瑞金を捨てて西に向かって逃亡、各地を荒らし、南京政府軍と戦いながらさらに1年をかけて陝西省にたどり着くことになりました。この過程で毛沢東は共産党の主導権を握ります。

加速する排日運動

　1933年の塘沽停戦協定以来、日本政府も南京国民政府も互いに融和的姿勢に転じて比較的平穏な状態が続いていました。しかし、国民感情としての排外運動、とりわけ排日、抗日の機運はますます盛り上がりを見せ、藍衣社、C・C団などの国民党特務機関の矛先は反蔣勢力や共産勢力から日本に向かい始めます。北支チャハル省では日本軍人が不法拘禁される事件が発生したり、非武装地帯に跋扈する匪賊団がたびたび満洲国に侵入したりして、現地では緊張が高まりつつありました。

　1935年5月、天津日本租界内のホテルで反国民党の新聞社社長が暗殺される事件が発生します。同時に別の新聞社社長も日本租界内で射殺されました。これはのちに西安事件を引き起こす楊虎城（1893〜1949年）が北京憲兵第3団に実行させたものといわれています。楊虎城は国内を固めてから日本に当たろうとする蔣介石に反感を抱いていました。

　北京、天津には日本人居留民も多く、テロの拡大を懸念した現地日本当局は北支における中国側最高責任者の何応欽（1890〜1987年）にテロ支援の疑いのある藍衣社などの国民党機関はじめ、匪賊を黙認し擁護していると見られる政府軍部隊の北京、天津からの撤退を要求、戦争を避けたい南京政府はこれを容れて名指しされた党軍機関の責任者を解任、左遷し、河

北省政府を保定に移転、旧東北軍、中央軍（蔣介石系）部隊も移駐します。

チャハル省主席で、熱河作戦の長城防衛戦で活躍した宋哲元（1885〜1940年）に対しても、隷下部隊の満洲国侵入問題で同様の要求が関東軍から出されて宋は解任、排日運動を推進する機関、軍部隊の撤退が行なわれました。

結果として、この「梅津・何応欽協定」（6月10日）、「土肥原・秦徳純協定」（6月27日）と呼ばれる一連の日中間交渉は中国世論を激昂させ、また第7回コミンテルン大会（1935年7〜8月）が日本を攻撃目標に定め、中国共産党が抗日8・1宣言を出したこともあって、ますます排日運動を加速させることになりました。

まずジャーナリズムが日本皇室を侮辱する運動を始め、世界に散らばる華僑のメディアが追随します。日本人を狙ったテロ事件が急速に増えるのはこの頃からです。さらに日本に対し融和的と見られた行政院長汪兆銘が狙撃され重傷を負い、汪の外交を支えた前外交部次長唐有壬（1893〜1935年）は上海フランス租界内で射殺されました。テロの嵐は日中が本格的に武力衝突する1937年まで毎日のように続きます。

日中全面戦争への道

世界恐慌の影響と長年の無理がたたって経済的には苦しかった中華民国は、イギリス、アメリカの支援のもとに通貨統一を成し遂げて両国の経済的影響下に入ります。対中貿易が経済的生命線である日本と満洲国は、2大経済大国のブロック経済によって中国市場から締め出されることに大きな脅威を感じ、北支の河北、山東、山西、綏遠、チャハルの5省の国民政府からの分離自治を目指して工作するも失敗、わずかに非武装地帯に殷汝耕（1885〜1947年）を主席とする冀東防共自治委員会（のち冀東防共自治政府）成立を見るに留まりました。これは銀に信頼して取引する北支住民が南京政府の弊制改革に不安を覚え、自治運動に発展したものを日本の特務機関が支援したものといわれています。支那事変勃発早々に起きた通州事件はこの親日的自治政府所在地が舞台となりました。一方、国民政府は

自ら冀察政務委員会という自治政府を満洲との緩衝地帯に設けて、宋哲元（馮玉祥系）を委員長に任命しました。

　1936年になると前年以上の対日対満テロが横行し、日中全面戦争がいつ起きてもおかしくない状況になりました。しかしいくら日本人が中国各地で無残に殺されても日本は容易に動かず、ますます抗日を叫ぶ勢力の動きが活発化しました。学生運動は組織的かつ過激になり地方までその活動は広がりました。共産党北方局の劉少奇（1898〜1969年）は北京の学生を取り込みながら抗日運動を展開、陝西省の山岳地帯に根拠地を築いた毛沢東は勢力拡大のため山西省に侵攻して略奪を始め、西南派（李宗仁の新広西派など広東、広西の反蔣介石派）はたびたび南京に対して叛旗を翻します。これらの勢力は弱体化し続けており、このまま抗日戦争が始まらなければ蔣介石の独裁的統一政権が確立されてしまい、己の独立した権力の保持は難しくなると見られていました。

　蔣介石は張学良の旧東北軍と閻錫山の旧山西軍、楊虎城（馮玉祥系）の旧西北軍に命じて共産軍を山西省から撃退させますが、その過程で張学良は密かに周恩来と会談、共産党との連帯に傾きます。楊虎城は元から紅軍討伐に非協力的、閻錫山も地元から打って出ません。業を煮やした蔣介石が西安に督戦に出向くことになったのは以上の理由からです。

　内モンゴルのチャハル省では、モンゴル人の自立を掲げてデムチュクドンロブ（徳王、1902〜1966年）の内蒙軍が、関東軍の支援を受けて綏遠省に侵攻し、省政府首席の傅作義（1895〜1974年）に撃退されるという綏遠事件が起きており、これを日本の敗退と中国は見なして（実際に戦ったのは内蒙軍、裏切りで瓦解）世論は沸き立ち、抗日を名目に掲げようとする勢力が勢いづきます。

　12月、蔣介石が西安に到着した時、共産軍の包囲部隊はすっかりやる気をなくしていました。張学良は共産党との一致抗日を訴えますが、蔣介石は受け入れません。張学良は楊虎城とともに方針を変えさせるための実力行使に踏み切ります。護衛の親衛隊を皆殺しにして蔣介石を捕らえ、容共抗日を迫ったのです。西安では楊虎城の部隊が略奪を始めて国民党諸機関は壊滅、完全に自己の「領土」とします。甘粛省蘭州でも于学忠（1890〜

1964）の部隊が反乱を起こします。于は直隷派壊滅後に奉天派に転じた人物で、旧東北軍では張学良に次ぐ地位にありました。

　事件は要求に応じない蔣介石と南京側の武力討伐の動きで長引きますが、南京政府から宋子文（1894〜1971年）、宋美齢兄妹が、共産党からは周恩来らが西安入りして、蔣介石の解放について協議します。ここで何らかの合意があり、クリスマスの翌日に蔣介石は自由となりました。その合意内容は現在に至るまで確かなことは分かっていません。しかし、結果として内戦は停止されて、掃共戦は最後の最後、あと一歩というところで頓挫したのであり、反乱を起こした旧軍閥軍はその後も命脈を保った（つまり軍資金を得た）のであり、対日融和的政策は完全に終焉を迎えたのです。

　抜け目ないスターリンは蔣介石を殺そうとする毛沢東を制止して、中ソ同盟の布石を打ちました。もはや日中戦争を阻むものはなく、あとはきっかけが必要なだけでした。

2、支那事変の始まり

盧溝橋事件

　支那事変の発端となった盧溝橋事件は、誰が最初の1発を撃ったかということが議論になりがちですが、肝心な点として、既述のとおり1937年にはすでに中国側は全面戦争を覚悟しており、国民感情も抗日でほぼまとまっていました。日本側でも常態化したテロや嫌がらせ、官憲の威圧、ボイコットなどで忍耐の限界を迎えつつあったので、一度力を知らしめる必要ありとの声が大きくなっていました。中国側の全面戦争と日本側の出兵威嚇という意識の差はありますが、武力の行使の意欲は双方に根強く、マッチの火ひとつで山火事になる状態にあったのです。

　蔣介石はイギリス、アメリカに借款要請を出し、ドイツからは国内で生産できない武器の買い付けを急ぐとともに、国内のインフラや軍需産業の充実を図り、上海周辺にはゼークトラインと呼ばれる強固な陣地帯を築き

上げて戦争準備を着々と進めていたのです。西安事件のあとにはソ連との和解が成立。ソ連の衛星国の外モンゴル（モンゴル人民共和国）も含めて満洲を挟み撃ちすることが可能になりました。

日本はどうかというと、一にも二にも満洲国の保全が重要視されました。しかし、満洲の防衛体制はこれに脅威を与えるソ連極東軍を前にして不十分な状況にあり、国境紛争が起きても穏便に済まさざるを得ず、中国と戦争する場合、多正面作戦を避けるために迅速に大打撃を与えて相手を屈服させる必要がありました。前年にソ連の牽制を目的として日独防共協定を結んだのはその一環ですが、スターリンは蔣介石と提携し、ヒトラーは国民党を軍事的にバックアップしていました。実際にはアジアではさまざまな目的で英米独ソが共闘するという奇妙な現象が起きていたのです。日本はまったく孤独でした。

そのようななかで事件は起きました。1937（昭和12）年7月7日、七夕の晩に北京郊外盧溝橋付近で、演習中の日本軍部隊に対する不法射撃をきっかけとして支那駐屯軍（天津軍）と宋哲元の第29軍が衝突したのです。支那駐屯軍とは1901年に調印された北京議定書第7条、第9条に基づいて設置されたもので、あくまで在外公館、居留民、北京―渤海間の交通を保護、維持するのが目的ですから、前年に兵力を倍増したとはいえ第29軍の10分の1に過ぎず、満洲事変時の関東軍にも遠く及ばない規模でした。また、その性質上、部隊を分散配置しているうえにこの時主力は遠く山海関で演習中、司令官の田代皖一郎中将（1881～1937年）は危篤状態におちいっていました。

中国側も宋哲元は故郷に帰省中であり、事件勃発後も計画的な行動は見られず、当時の日本側関係者の証言にもあるように、準備に万全を期した満洲事変と異なり、謀略というよりは日本側の奇襲攻撃を警戒していた中国軍兵士の偶発的発砲によるものと考えられます。

宣戦布告なき泥沼の支那事変

中国軍の準備はまだ不十分でしたが、今回の蔣介石の決断は迅速果断でした。直ちに総動員体制に移行させるとともに、北支に援軍を送り、北

支那事変当時の日本軍（写真は海軍陸戦隊）。たすきは戦闘中の誤認を避けるため、たびたび用いられた。

京、天津の死守を命じました。蔣介石にしてみればこれ以上の妥協や譲歩は政治的に許されず、政権だけでなく中華民国自体の統一が崩れる危険がありました。そのような危機感が「生死関頭」演説となりました。

「我々は一個の弱国であっても、もし最後の関頭に至ったならば、全民族の生命を投げ打ってでも、国家の生存を求めるだけである。そのような時に中途半端な妥協は許されないし、中途の妥協は全体の投降と滅亡の条件になると知るべきである。全国国民はいわゆる最後の関頭の意義をはっきりと認識すべきである。和平がすでに容易には求め得なくなっている現在、仮に和平無事を求めようとすれば、日本の軍隊を無制限にわが国土に出入りさせることになり、逆にわが国の軍隊が制限を忍受し、わが国土に自由駐留することさえできなくなる。日本が中国軍隊に発砲しても、わが国は反撃できなくなるのである。

我々の東四省（満洲）が失陥してすでに６年の久しきになる。今や衝突地点は北平（北京）の玄関である盧溝橋に達した。もし盧溝橋が圧迫を受け武力占領されるならば、わが五百年の古都にして北方の政治文化の中心、そして軍事上の要衝である北平は第２の瀋陽（奉天）となろう。今日の北平が、もし昔日の瀋陽となれば、今日の冀察（河北省とチャハル省）

防空演習中の国民革命軍(国民党軍)。日中両軍とも同じような軍服を着用していた。

もまた昔日の東四省となろう。北平がもし瀋陽となれば、南京もまた北平と同じ運命をたどらないとどうして言えようか！」

さらに日本側が要求する排日活動の源と見られる要人の更迭や組織の撤去を拒否し、宋哲元が一度条件を飲んだ第29軍の盧溝橋以南への撤退を内政干渉として認めないことを明らかにします。

一方、東京では事変不拡大派が局地的出兵派に押されて当初の方針を撤回、近衛内閣は関東軍、朝鮮軍からの応援と内地師団の動員準備を決定します。この決定はすぐに公表され、日本が先に強硬な姿勢に出たという印象を内外に与えることとなりました。しかし日本の強硬派が考えていたことは全面戦争ではなく、一時的出兵、最悪でも数度の武力衝突でケリをつけるというものでした。日本軍が出兵すれば中国軍は戦わずして退くだろうという楽観的見方があったのです。同時に、北支には北京地区だけでも日本人居留民が1万2千人ほどおり、現在の天津軍の兵員（約5500人）だけでは居留民の生命財産の保護に大きな不安がありました。この懸念は7月29日、北京東方、通州での日本人居留民虐殺事件として現実のものとなります。

現地ではすでに事件４日目に停戦が実現し、一度は宋哲元も解決の道を模索し、北京撤退以外の日本側の要求を承認、不法発砲した部隊長の解任や、隷下部隊の撤退を約束しました。しかし、日本も中華民国もすでに最後の関頭を越えていて、もはや後戻りできないところまで来ていたのです。

　停戦以来、隠忍自重してきた日本軍も、中国軍からの騙し討ちを受けた廊坊事件、広安門事件で限界に達します。東京でも中国軍の戦意の高さを認識、中途半端な派兵の危険を悟ります。７月27日、参謀本部は内地師団派兵を政府に正式に通告、議会は臨時軍事費を承認し、現地では妨害されていた宋哲元への最後通牒手交を諦め、28日、一方的に日本軍の自由行動を通告しました。蔣介石もこれに応じて徹底抗戦を将兵に改めて呼びかけます。こうして８年にも及ぶ、政府による宣戦布告なき泥沼の支那事変が始まりました。

第２次上海事変

　日中が全面的破局を迎えたことで、軍が保護できない中支、南支の在留邦人は避難を始めました。婦女、幼児に至るまで惨殺された通州事件は、何度も続いた内戦に慣れていた古くからの居留民にも今度のはただ事でないことが理解され、長年築いてきたすべてを捨てて思い出の地をあとにしたのです。

　８月、内モンゴルで関東軍によるチャハル作戦が開始され、上海では大山海軍大尉殺害事件をきっかけに第２次上海事変が起きます。戦場を北支に留めたかった日本は、自衛戦争を叫ぶ中国に対し、

「如ク支那側ガ帝国ヲ軽侮シ不法暴虐至ラザルナク全支ニ亘ル我ガ居留民ノ生命財産危殆ニ陥ルニ及ンデハ、最早隠忍其ノ限度ニ達シ、支那軍ノ暴戻ヲ膺懲シ以テ南京政府ノ反省ヲ促ス為、今ヤ断乎タル措置ヲトルノ已ムナキニ至レリ」

と同様に自衛戦争声明を発表します。

　上海戦線では北支の旧軍閥系中国軍と異なり、蔣介石の最良の中央軍がほぼ全力投入されました。ゼークトの後を継いだアレクサンダー・フォ

ン・ファルケンハウゼン（1878〜1966年）率いるドイツ軍顧問により訓練され、ドイツ式の装備を持ち、部隊によってはドイツ人将校に指揮された精鋭部隊3万人が共同租界と日本人地区を包囲、4千人の日本海軍陸戦隊と残留した居留民は、援軍が到着するまでの10日間、ひたすら攻撃を耐え抜きました。

　このドイツ人たちは、1938年、日本を対英戦に利用したいと考えていたヨアヒム・フォン・リッベントロップ（1893〜1946年）が外相の座に就くと、帰国命令が出され、そのほとんどが従いましたが、なかには軍籍を離れて中国軍に身を投じた者もいました。

　そこへ中国ソ連間に不可侵条約が成立、ドイツと入れ替わるように軍事的、経済的支援が始まります。スターリンは武器弾薬だけでなく、空軍パイロット、軍事顧問など技術面でも援助しました。この積極的応援は1941年独ソ戦が始まるまで続きます。

　当初、中国空軍は未熟さゆえか租界を爆撃して同じ中国人や西洋人に多数の死傷者を出しました。日本も報復として本土から連日渡洋爆撃を行ないましたが、新たにソ連機が登場、日本機にとって手強い敵となりました。

　上海の戦場では日本の陸軍部隊が続々上陸して来ました。これに対し蒋介石ははるかに上回る兵力で要塞線を固めて日本軍の攻撃を待ち受けたので、日本軍は多数の死傷者を出して戦線は膠着しました。上海周辺が包囲から解放されるのは11月に行なわれた第10軍（司令官：柳川平助中将）による杭州湾上陸が成功してからあとのことになります。

3、正定・滹沱河攻防戦

堅固な城壁と水濠に守られた正定城

　1937年8月、日本内地からの増援師団が北京周辺に集結、側背を突こうとした中国軍を撃退し、新たに編成された北支那方面軍（司令官：寺内寿一大将）は北支全域の制圧に乗り出します。

南九州出身者で構成される第6師団（師団長：谷寿夫中将）は9月14日、京漢線（北京―漢口を南北に結ぶ鉄道）沿いに南下を開始しました。24日に要衝保定が陥落、25日に定州（定県）、26日に新楽を占領します。約250kmを戦いながら徒歩で、たった12日で一気に南下したことになります。

　正定は新楽からさらに30kmほど南に下ったところにあります。始皇帝より古い歴史を持つかつての河北の中心都市であり、三国時代の勇将、趙雲の生地でもあります。また仏教臨済宗はこの地で生まれました。当時市街地は15世紀、明の時代に北方民族の侵入を阻むために築かれた、周囲14km、高さ15m、幅10mの堅固な城壁と幅10mの水濠によって守られていました。名勝古跡も多く、城内には、隋、唐時代の創建になる仏教寺院が数多く存在し、現在でも観光の中心になっています。余談ですが、習近平国家主席は若かりし頃にこの正定の県党委員会で働いていました。古典の紅楼夢をテレビドラマ化した際、習が企画したという、歴史テーマパークの栄国府が撮影に使われました。ここも観光スポットとして現存しています。

　さて、正定の町の南には滹沱河があり、これを利用して河北省の守備を担任する国民革命軍第1戦区（総司令：蔣介石、実際は参謀総長の程潜が代行）残存部隊約25万の兵力、約22〜23個師（師は師団に相当）が陣取りました。正定はその前哨陣地の中核で、周囲には塹壕が無数に掘られ、戦車壕やコンクリート製トーチカ、城壁には銃眼が設けられました。近郊の鎮村（県も鎮も村も中国の行政区、市町村に相当）の建造物も陣地化、この時、正定郊外の修道院も中国軍に接収されてしまいました。城内では東西北三方の楼門を中心に火点を設け、わずかながら砲兵の放列も敷かれていました。守備部隊は第32軍（軍長：商震_{しょうしん}）を中心に第1軍団（軍団長：孫連仲_{そんれんちゅう}）、第14軍団（軍団長：馮欽哉_{ふうきんさい}）、第20軍団（軍団長：湯恩伯_{とうおんはく}）、第53軍（軍団長：萬福麟）、河南保安隊などの一部で構成されていました。これらの部隊には旧東北軍将兵の姿も多くありました。

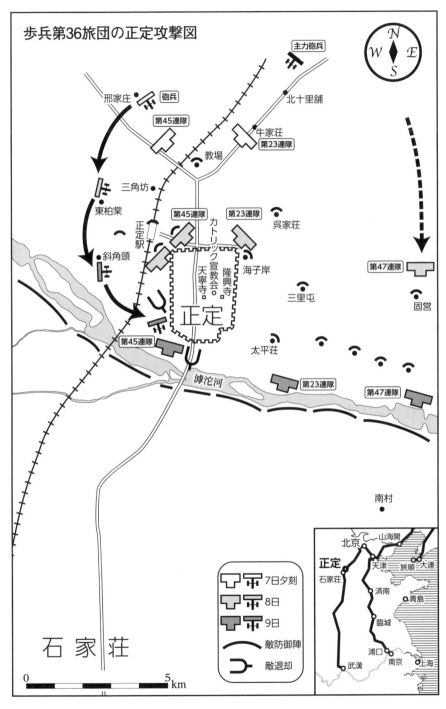

「正定事件」が起きた時代と背景 71

中国野戦軍の潰走

　10月5日、破壊された鉄道橋の修復やコレラ予防接種、後続部隊の到着を待っていた第6師団は新楽を出発、中国軍の前衛部隊を撃破しながら正定城に迫り、8日早朝、深い霧が立ち込めるなか、多数の重砲部隊の支援を受けて総攻撃を開始しました。歩兵部隊は歩兵第36旅団（旅団長：牛島満少将）配下の2個連隊がその中心でした。城の東側を都城の歩兵第23連隊（連隊長：岡本鎮臣歩兵大佐）が、西側を鹿児島の歩兵第45連隊（連隊長：神田正種歩兵大佐）が担当し、午前10時50分には城壁の東北角を第23連隊の第1大隊第2中隊（中隊長：溝口元悟歩兵大尉）が占領しました。

　ところが、城内からの激しい抵抗のため、その後は夕方までほとんど前進できず、城外の東側防御拠点が崩れたあと、大隊主力（大隊長：駒沢貞安歩兵少佐）と、予備隊にまわっていた熊本の歩兵第13連隊（連隊長：岡本保之歩兵大佐）から第1大隊（大隊長：十時和彦歩兵中佐）がそれぞれ増援に入り、夜9時半になって城壁上の強力な拠点になっていた東門を占領しました。西側の第45連隊正面も激しい抵抗を受けましたが、夜までに敵陣地を一掃し、城内掃討用に2個中隊を残して主力は南に中国軍敗残部隊を追いました。

　当時の正定城は人口約2万人で、渋谷区や中野区ほどの広さです。城内では闇夜の中で、市街に残存する中国兵の掃討戦が翌朝9時頃まで断続的に続き、10月9日午前11時入城式を執り行ないました。日本軍はかつて直隷派の将軍であった呉賛周を町の治安維持会の会長に据えて市政を担当させ、軍に後続してきた靖郷隊（日中民間人の宣伝工作班）はその活動を開始します。戦闘部隊のほとんどは滹沱河敵前渡河の準備のため南下を続けました。城内には重砲部隊の一部が陣地変換で入城し放列を敷きました。中国軍の主力はまだ川向うで待ち構えているのです。

　翌10月10日、正午攻撃開始、第6師団正面では砲兵が集中攻撃を行ない、日が暮れるまでに中国軍陣地は完全に沈黙、渡河に成功します。日没頃には滹沱河の中国軍は退却を始めていました。第6師団とともに第1軍を構成する第14師団（師団長：土肥原賢二中将）、第20師団（師団長：川岸文三郎中将）は西方で渡河に成功し、西から圧迫を加え始めました。東

1937年10月9日、正定に入城する日本軍。激しい砲撃により城壁が破壊されている。

からは舟艇機動によって第２軍の第16師団（師団長：中島今朝吾中将）が戦線の裏に回り込もうとすると、ついに滹沱河戦線の要である石家荘は放棄され、中国軍第１戦区の将兵は包囲を免れようと南に向かって潰走し、第６師団も正定城を攻略した歩兵第36旅団に騎兵、砲兵、工兵をつけて追撃させました。

　結局、日本軍の求める奉天会戦のような決戦はついに起こらず、また中国野戦軍の包囲殲滅もできずに終わります。正定城を落とした第６師団はその後、上海方面に転用されることになります。

４、中国におけるキリスト教布教

フランスの布教独占的体制

　中国へのキリスト教の伝来は古くは唐の時代にまで遡りますが、ここで

は清朝末期からの中国でのキリスト教布教、とくにカトリック（正定事件の被害者がカトリックの宣教師であるので）の状況について簡単に述べていきます。

清朝第5代皇帝の雍正帝（1678〜1735年）の時代に発布されたキリスト教禁教令が、完全に撤廃されたのはアロー戦争後に結ばれた北京条約（1860年）によってでした。これにより天津条約（1858年）で定められた布教の自由と宣教師の保護、中国国内の移動の自由の保障が約束され、さらにフランスは禁教令下で没収されていた教会財産（かつて皇帝がイエズス会士マテオ・リッチなどに下賜した土地やそこに建てられた教会施設、墓地など）の返還と、土地の入手や施設の建設を清国政府に認めさせることに成功し、中国本土における Protectorat、いわゆる布教保護権を確立させていくことになりました。

その具体的内容は、フランスによるカトリック宣教師に対するパスポート発行権や、伝道に関する訴訟や請願を教皇庁や宣教師の出身国政府に代わって清国政府と折衝する独占的権利などであって、宣教師の保護項目が実際には遵守されなかった中国においては、カトリック宣教師の人命や教会財産の損害賠償請求もまたフランス外交官の所管するところとなりました。これはかつてスペイン、ポルトガルが貿易と布教を一体管理して植民地政策を推進した大航海時代に比べれば、もはや名誉職権に近いものに変化してはいましたが、それでもフランスにとってはこだわりを持つべき権利であったようです。

当初、カトリック国で中国に進出し得た大国はフランスただ1国でした。修道院の活動も活発で積極的に人員を派遣したので、長いこと宣教師の大半はフランス人という時代が続きました。北支においては、従来のイエズス会に代わりフランス・ラザリスト会が布教の主役となっていきました。

このフランスのカトリックに対する独占的影響力ともいうべき布教保護権は、中国における影響力保持のための大義名分のようなものであり、清国から返還された教会財産はいったんフランス政府を経由したものであるので、たとえローマや北京が公式に認めたものでないとしても、フランス

はほかの列強諸国に対抗する必要からも（とくに第二帝政崩壊後のフランスはビスマルク体制下で孤立していた）、実力で勝ち取ったこの権益を簡単に手放すつもりはありませんでした。

　教皇庁が北京に公使資格の使節を置くことを妨害しながら、その分、権力の実効性を証明するべく教会の守護者としての務めを十分に果たそうと努力したのはそのためです。そして、実際に各地に根を張った宣教団はフランスの軍事力を背景として清朝政府からさまざまな恩恵を受けたのです。

義和団による反キリスト教の暴動

　しかし、19世紀の国際情勢の変化により、フランスの独占的体制は徐々に崩れていきます。ヨーロッパの市民革命にドイツやイタリアの統一、日清戦争後の三国干渉、米西戦争後のアメリカのアジア進出、政教分離の促進などを受けて、欧米からの清国布教に参入する各種宣教団体が増加、多くの外国人宣教師が流入しました。たとえば三国干渉および宣教師殺害事件の代償としてドイツが獲得した山東省では、政府が積極的に布教開拓を支援し、ドイツによる布教保護権をフランスに認めさせました。20世紀に入ると、列強各国もドイツに続いて布教保護権を獲得していくことになります。

　さて、禁教の時代から一転して自由な布教活動を許された外国人宣教師は、各地で揉め事を起こします。中国の風習や文化、従来から信仰される宗教や哲学と対立したうえ、土地取得に関する争いも多く起こし、治外法権により地方の官憲が手出しできない特権を振りかざす者もあり、反キリスト教・排外運動の広がりにつながりました。

　また、迫害事件が起こるたびに賠償金を得た教団は、それを軍資金としてさらに勢力が拡大しました。中国に滞在を続けるなかで、宣教師たちは中国人の現実的利益への執着ぶりに気づき、教会を建てるだけでなくその地で教育し、産業を育て、人々の面倒を見る必要を感じていました。そのせいかライス・クリスチャンと呼ばれる、生活を依存するためにキリスト教徒となる者を多数抱えることにもなりました。

「正定事件」が起きた時代と背景　75

19世紀末、山東省で義和団が反キリスト教の暴動を始めると、たちまちその勢力は拡大して、至る所でキリスト教徒を虐殺し、教会施設は略奪、破壊、放火されました。義和団はその後、直隷省（現・河北省）を中心に北支全域にわたって同じように暴れまわりました。その人的、物的損害は甚大なものがありました。

　清朝政府の中では義和団に同調する勢力が権力を握り、乱に便乗して西洋列国と日本に対して宣戦を布告します。帝都北京では公使館区域の籠城戦のほか、北堂と呼ばれるカトリック教会でもフランス、イタリアの海兵とともに司祭と信者が義和団や清兵と戦い、多くの犠牲者が出ました。保護権を自認するフランス政府（第三共和制政府）は本国では守旧派のカトリックに冷淡でしたが、他国と共同出兵して義和団と清正規軍を撃破、包囲下にあった各地の宣教会を解放します。

増加する中国人信徒

　事件前まではカトリックにしろ、プロテスタントにしろ、外国人宣教師の絶対的指導、監督下にあった教会組織は、中国のナショナリズムが拡大するのに比例するかのように、徐々に中国人の自立性や中国の文化に適合した宣教が進められていくようになりました。これはそれまで経済的理由によって信仰する者が多いと思われていた中国人信徒が棄教せず多く事件で殉教したこと、多くの中国人宣教師が育ってきたこと、外国人だけではもはや管理できないまでに信徒が増えたことも関係があると思われます。とくに第1次世界大戦後は、動員されて減少したフランス人や戦時中（1917年の中華民国参戦後）に一時追放されたドイツ人の穴を埋めるように、新生国家のポーランドやハンガリーなどの宣教団体が進出し、相対的に力が衰えたフランス・ラザリストは独壇場であった北支の教区をほかの修道会に譲ることになりました。彼らに残されたのは北京、天津、正定の各代牧区だけとなったのです。

　同じラザリストでも、正定事件の被害者の1人であるポーランド人のプリン修道士が所属した順徳代牧区はポーランド・ラザリスト、シュラーフェン司教の従兄弟フーツ司教がいた永平代牧区はオランダ・ラザリストに

なっています。そして中国人の代牧区も誕生しています（保定など）。イエズス会も復活しました。ドイツが布教開拓した山東省では、米仏独フランシスカン、ドイツ神言会が活動していました。

　第1次世界大戦で大きな打撃を受けたフランスですが、それでも中国におけるカトリックの最大勢力に留まることができました。そしてその影響力を維持するため、バチカンと中華民国の正式な外交代表の交換交渉の実現を妨げます。フランスを除いた形で直接交渉が行なわれれば、一国の利権や付属物を失う可能性があったからです。実際、宣教会の進出するところがフランスの治外法権の及ぶところでした。

　1922年になって駐華ローマ教皇使節館（羅馬宗座駐華代表公署）が設置され、唯一の大司教が派遣されますが、あくまで教皇庁の一代表、全教区の代表に過ぎず、外交特権を有する大使、公使との待遇は同じであってもその機能はありませんでした。これは当時のバチカンと日本、満洲国との正常な外交関係とは大きく異なる点です。

　またこの時代の変化として、ミッション系高等教育機関の発達があります。教育事業は病院経営や科学研究、出版事業などとともに文化事業にして文化権益と捉えられていたもので、アメリカを筆頭にフランス、イギリスの投資額は1930年には7500万ドル、全キリスト教系の中国における資産額は4300万ドルに達しました。この年のアメリカの軍事予算が3億2000万ドルですから、その力の入れ具合が分かります。イギリス、フランス、日本は義和団事件の賠償金（団匪賠償金）の運用益を中国人の生活向上のために用いました。皮肉なことながら、ただ搾取されるだけであった重い税が、はじめて外国人の手によって大衆の福利に用いられることになったのです。

　科挙廃止後、中国の学生はこれらキリスト教系大学で多く学ぶことになりますが、多額の投資をしたプロテスタント系諸教会の思惑は外れて信徒数は劇的には増加せず、第1次世界大戦後は国権回復運動だけでなく、共産主義運動にも傾倒して過激化する学生を多く出すことにもなりました。

相次ぐ外国人宣教師殺害事件

　激動の中華民国期は、内戦が絶え間なく続き、それまで力のあった列強も大戦で疲弊し、露骨な武力干渉はもはや不可能になり、西洋人の影響力が著しく低下した時代でした。そしてナショナリズムは次第に暴力的な形でキリスト教に向けられるようになりました。とくに1920年代から30年代にかけては、外国人宣教師の拉致事件や殺害事件、教会の略奪がたびたび発生しました。これは、キリスト教を帝国主義の一環とする従来の排外思想に加え、宗教をアヘンと同一視する共産主義の影響がありました。

　1912年から1933年の間に、カトリックだけで50人のヨーロッパ人宣教師が殺され、334人が拉致されました（14世紀から清朝滅亡までの期間におけるカトリックのヨーロッパ人宣教師の殉教者数は172人）。正定事件と同じようなケースはそれまでも多く発生していたのです。

　国民党が北伐を行なう過程では、南京事件のような反キリスト教、排外運動が苛烈になり、多くの外国人宣教師が避難、退去を余儀なくされました。北伐後も国民政府はミッションスクールを統制下に置いて校長、学長を中国人にしたほか、カリキュラムや校名の変更まで強制し監視しました。蔣介石、孔祥熙、宋子文のような国民党の実力者はキリスト教徒（3人ともにプロテスタント）であったにもかかわらず、共産党を政権から除いたあともこのような処置は続きました。図らずも、政策により学校は愛でなく憎しみを育む場となり、抗日運動の策源地に変貌していきました。これに対し教会側は中国人の反感を買うことを恐れて沈黙せざるを得ませんでした。

　支那事変が始まると、プロテスタント系教会からは外国人宣教師たちの多くが出国、しかし信徒または教会の影響下に入る中国人は逆に増え、カトリック信徒が約330万人（40万人増）、プロテスタント各会派の信徒が約55万人（5万人増）、さらに1千万人近い人々がキリスト教教会の影響または恩恵を受けたと言われています。これは苦難の時代において、キリスト教会が国民政府に代わって国民の面倒を見たということであり、外国からの寄付がその活動を支えたのでした。

中国軍の戦時国際法違反

　時の教皇ピオ11世は（1857〜1939年）は回勅「ディヴィニ・レデンプトーリス」（1937年）で共産主義運動との対決を呼びかけます。この回勅は共産主義だけでなく、政教分離政策や、全体主義、資本主義の過酷な競争に対する批判もある、極めて政治的なものでした。とくに無神主義、唯物主義を掲げる共産主義運動は、宣教活動と信徒獲得の最大の脅威でした。中国においては共産党に加え、全体主義の国民党によって、マテオ・リッチ以来、数多の犠牲のうえに築き上げてきた成果がすべて失われかねない危険がありました。

　教皇が支那事変勃発に関して、中国の赤化防止のために日本を支持する覚書を出したとAP通信が報道しました。その要旨は以下のとおりです。

　「今回の日支間の紛争に対するカトリック教の立場はこれに介入せざることと、負傷者に対しては公平、均等に救助を努むべきも、同時に日本の迅速な行動はこれを妨げることなきを期すること。蓋し今回日本の直接の関心は共産党勢力のアジア浸潤駆逐に他ならないからである」

　しかし、初代駐華ローマ教皇使節で当時は教皇庁布教聖省秘書官であったチェルソ・コスタンティーニ大司教（1876〜1958年、のち枢機卿）はこれを否定、平和を追求し、政治に関与しないことを述べるに留めました。

　現地では、修道院に中国軍が立ち入って発電施設、無電放送施設を軍事通信に、堅固な建造物をトーチカ代わりに利用し、印刷機を用いて抗日ビラをつくり、中立国の国旗を掲げて欺瞞したり、藍衣社などの特務機関の根拠地としたりするなど利用され、日本軍も必要上攻撃して少なからぬ被害が出ました。これは戦時国際法（中立国の権利と義務を定めた1907年のハーグ陸戦中立条約）における中立が実行されていないことであり、陸戦法規（1907年のハーグ陸戦法規慣例条約）上、禁止されている欺瞞行為でした。

　点と線（都市と鉄道）を占領する日本軍が進撃すればするほど、警備の行き届かない地域が拡大、そこに共産党が浸透して、奥地の農村は次々と赤化していきます。日本の保護下でキリスト教会（とくにカトリック）は勢力を拡大しますが、同時に共産党勢力も手をつけられないまでに膨れ上

がり、支那事変開戦の1937年末の段階で北支日本軍占領地域内の共産系匪賊2万人だったのが、1945年には北支一帯で共産党正規軍だけで百万人を超えていたといわれます。このことは第2次大戦後の蒋介石政権のみならず、極東の歴史に大きな影響を与えることとなりました。

正定カトリック宣教会

　正定事件が起きた河北省正定のカトリック宣教会についても少し説明しておきます。中国の教区は何度かその区割りが変更し、名称も変わりました。ポルトガルの布教保護権消滅後に北京司教区が廃止分割されて、正定は新設の南西直隷代牧区に1856年編入されました。直隷省の正定府、順徳府、定州、趙州など全部で28県の布教を担当し、発足当初は1万2千人の信徒、122の末端団体を統括しました。代牧（教区長）は、禁教令下にモンゴルで布教した北直隷代牧ジョゼフ＝マルシャル・ムーリー司教が南西直隷代牧を兼ねました。そして、フランス・ラザリスト会が以後この教区の布教を担当することになりました。

　2代目代牧のジャン＝バプティスト・アヌーユ司教の時代に司教座聖堂に相応しい西洋式の立派な大聖堂が建設され、3代目のフランソワ・タグリアブー司教の時には学校や孤児院、病院が次々に開設されました。義和団事件は5代目のジュール・ブルギエール司教の時に起きました。管区内にいた150人ほどの信徒が義和団に殺害され、プロテスタントの牧師一家は官憲の護衛があったにもかかわらず皆殺しに遭いました。しかし、19世紀末までに地元住民や官吏と比較的良好な関係を築き、経済的にもなくてはならぬ存在になっていたので、他教区のような甚大な被害を出さずに済みました。

　フランス・シュラーフェン司教は8代目の南西直隷代牧（1920～1924年）にして、初代正定代牧（1924年以降）でした。内戦の続く厳しい時代のなかで、教区と地域の発展に大きな貢献をした人でした。そして残忍な事件はこのシュラーフェン司教の時に、また彼の上に起きることになるのです。

第3章
検証「正定事件」

1、事件の記録

1次史料にはない「慰安婦要求」

　正定事件について残された記録には主に、（A）駐華フランス大使館に報告されたもの、（B）愛徳姉妹会修道院長の日報、（C）トラピスト修道院修道院長の報告、（D）日本憲兵隊の調査結果報告、（E）正定のスウェーデン・プロテスタント宣教師のヒル牧師が北京で証言したものがあります。これらは巻末にその和訳と原文（一部）を掲載しております。

　（A）は、事件後に神学校長であったオランダ人のヤン・ラマカース神父が始めて、定州の主任司祭ルイ・シャネ神父が引き継いだ事件の調査報告、ラマカース神父が北京で直接証言したもの、現地に入った天津代牧ジャン・ド・ヴィエンヌ司教の報告、最初に北京に事件の詳細を伝えたと思われる河北省武邑のデ・フォネック神父の報告があります。これらの情報は最終的に被害国代表国であるフランスの在北京大使館に集められ、日仏間の交渉の材料となりました。

　（B）は、事件当夜、賊が侵入を試みて果たせなかった愛徳姉妹会の修道院長が事件前後の数日間について記録したものです。ヨーロッパ人修道女はここに在籍していました。

　（C）は、事件当時、正定城内に避難していたトラピストの宣教師らの目撃証言を元に作成された報告書です。ヨーロッパ人宣教師の生き残りである、アルベリック神父の目撃した情報はここにいちばん反映されています。

（D）は、現地の日本軍憲兵隊が調査した報告書を、翻訳してフランス大使館に手交したものです。内容はいくつかの状況証拠と残置物品を元に結果を導き出した簡単な報告です。憲兵隊の実際の調書は終戦時に廃棄された可能性が高く、現在に至るまで発見されていません。

（E）は、事件当時、正定城内のプロテスタント宣教会にいたR.E.ヒル牧師が、北京のオランダ公使館で証言したものです。のちにフランス大使館に転送されました。これらの中では特異な報告となっています。

これらは後述の「5、犯人像」「6、拉致殺害の動機」で利用します。

事件の処理に関しては、フランス外交文書館所蔵の文書と、日本外務省の記録によって大体の様子を掴むことができます。第1章に既述してあるとおりです。在北京フランス大使館のフランシス・ラコスト2等書記官、在北京日本大使館の森島守人参事官、北支那方面軍司令部（天津）の横山彦眞少佐、正定カトリック宣教会主席神父ルイ・シャネ神父、駐華ローマ教皇使節館秘書官ジョゼフ・カミッソ司教の間でさまざまな交渉や取り決めが行なわれました。

現在オランダと中国を中心に流布されている、日本軍が200人の慰安婦を要求し、拒絶したシュラーフェン司教はじめ9人のヨーロッパ人を殺害したという話は、1次史料である（A）から（E）の記録にはありません。オランダのシュラーフェン財団事務局のヘルマンス氏らが作成した事件の概要（F）ですら、確定的事実としていないのです。この財団は長い時間と手間をかけて事件について調査しているので、当然私と同じ1次史料に接しているはずです。

しかし、ヘルマンス氏らは憲兵隊報告はともかくとしても、おそらく当時いちばん深くこの事件について調査したシャネ神父や、外国人宣教師で最初の段階で聞き取り調査をしたラマカース神父、教会側の最終見解ともいえるド・ヴィエンヌ天津司教の報告書の情報を、インターネット上で公開している事件の概要にあまり反映させていないのです。これはどういうわけでしょうか。意図的かどうか、財団の文書では調査時にはまったく出てこなかった日本軍の非道ぶりを示唆する証言（当時、調査にかからなかった伝聞または推測）ばかりが目立ちます。

2、分かれる当事国の見解

軍も大使館も日本側の犯行を否定

　シュラーフェン司教たちが拉致されたのは1937年10月9日の夜とされています。この点について教会、日本、フランスのどの史料でも異論は出ていません。この日は日本が正定城を完全占領した日でもあります。その夜に第三国人が犯罪に巻き込まれたことについては、陸戦条約によって日本側に治安維持責任が生じています。通常は憲兵が第三国人保護の任にあたりますが、宣教会での激しい略奪が占領から間もない9、10日の2日間続いていることから、この時はまだ現地に到着していなかったと思われます。たとえ到着していたとしても数人程度の分遣隊で完全に犯罪を予防できるはずもありません。

　本来、第三国人の生命財産が戦禍に巻き込まれた場合は日中双方に責任があるのですが、実態はともかく、掃討を済ませたはずの城内で武装した集団が自由に略奪や拉致を行ない、司教らを城内で殺して焼くような行為が行なわれたことは、教会側とフランス側に日本軍人、または軍属など関係者の犯行であるとの強い疑いを持たせました。

　また、犯人たちが日本軍の軍服を着ていたということについては、フランス大使館のラコストは、すでに10月23日の上海にいる大使宛の公電において、軍服の件は日本側に伏せたうえで、行方不明の情報提供を日本大使館に求めた旨、報告しています。これは10月17日に定州でシャネ神父と別れたデ・フォネック神父が、モンテーニュ北京司教にもたらした、武装集団は日本軍に属する朝鮮人、満人、モンゴル人であるとする情報によるものと思われます（26日に大使館でラコスト書記官は直接聴取）。後日、ラマカース神父、ド・ヴィエンヌ天津司教も同様の報告を大使館に寄せています。

　一方日本側は、犯人が日本人であると断言する証言は皆無なうえに、城内に突入した第6師団の歩兵戦闘部隊に満人や漢人、モンゴル人などの外国人はおろか、朝鮮人ですら存在していないのは明白な事実（後方の部隊

では苦力と呼ばれる運搬雇人はいましたが）であること、憲兵隊は青龍刀や日本軍が使用しない拳銃弾（ダムダム弾）を現場で押収していること、また占領直後に町全体が混乱状態に陥り、多数の中国軍敗残兵が城内に残っていたということ、教会側もフランス側も認めているように、敗残兵や民間人を軍法会議にかけていたという噂の目撃者が日中双方にいないことなどから、軍も大使館も一貫して日本側の犯行を否定しています。

曖昧な政治的決着

最終的にフランスは、横山少佐から口頭で日本軍の責任を認めさせたというド・ヴィエンヌ司教の報告（日本側にそのような記録はありません）に基づいて、日本軍の犯行として処理することを決定し本国に報告しました。しかし、日仏間交渉では宣教会と占領軍の関係悪化を懸念して犯罪自体の責任追及を曖昧にしています。そして、日本と教会の間で秘密裏に行なわれた弔慰金と見舞金計２万４千円の直接支払いについては金額が不十分であり、正当な手法ではないと認めませんでした。これらは布教保護権を有するフランスを通して支払われるべきと主張したのです。

結局、物的損害補償金１万５千円、寄付金１万円、記念碑設置費用１千円が追加で森島参事官の手によりフランス大使館宛に支払われました。当初15万米ドルの賠償交渉をしていたフランスは、現地の駐華ローマ教皇使節の介入に面子を潰され、このような追加措置をとったのでした。さらにフランス外務省は駐バチカン大使を通して教皇庁国務長官に対し、その不満と保護権国の義務を果たしたことを伝えさせています。

以上のようにフランスと日本、カトリック教会の事件に対する見解と処理に関する思惑は違いました。当然日本側は、交渉が妥結し今後この件について問題としないことになったあとも、結局教会側やフランス側に日本軍による犯行と見なされたままであることに気づいていません。しかし、日本外務省は満洲軍の犯行とし、北支那方面軍は共産匪の犯行として記録しているので認識の混乱はあるものの、日本側が日本軍の犯行と認めていないこと、正規の交渉ではそれが認められて決着したという事実は厳然と存在しています。

3、殺害された被害者

　正定事件における拉致・殺害されたヨーロッパ人被害者は9人います。カッコ内は事件当時の年齢です。

ラザリスト
- フランス・シュラーフェン司教（63）…オランダ、ロットゥム出身。正定代牧。
- リュシアン・シャルニ神父（54）…フランス、ムラン出身。聖堂付修道院長。
- ウージェーヌ・ベルトラン神父（32）…フランス、オーリヤック出身。会計係。
- トマス・チェスカ神父（65）…旧オーストリア＝ハンガリー帝国、現クロアチア、ザグレブ出身。アントン・チェスカ新潟司教の兄。
- ヘリト・ヴァウタース神父（28）…オランダ、ブレダ出身。神学校教師。郊外の柏棠から城内に避難。
- アントン・ヘーツ修道士（62）…オランダ、アウデンボス出身。かつて兄がいた正定の聖堂の壁画を作成。
- ヴラディスラウ・プリン修道士（28）…旧ドイツ帝国、現ポーランド、リピンキ・シュラヘツキエ出身。順徳の宣教会から語学の研修で派遣。

トラピスト
- エマニュエル・ロビアル神父（52）…フランス、コルメリー出身。正定城外のノートルダム・ド・リエス修道院（トラピスト）からアルベリック神父らとともに避難。

一般信徒
- アントニン・ビスコピッチ（51）…旧オーストリア＝ハンガリー帝国、現スロヴァキア、ブラチスラヴァ出身。第1次大戦で青島に派遣された元海兵隊下士官。日本の捕虜となり、戦後は技師として中国に残留。オルガ

ラザリストの7人の犠牲者。中央はフランス・シュラーフェン司教。右上から時計回りに、トマス・チェスカ神父、ヘリト・ヴァウタース神父、アントン・ヘーツ修道士、ヴラディスラウ・プリン修道士、ウージェーヌ・ベルトラン神父、リュシアン・シャルニ神父

ンの調整のため、北京から来訪。

　このほかに第1章で簡単に記述した名前不詳の中国人、宣教会の孤児院で育った印刷所の職工長が銃殺されています。

4、殺害場所と殺害状況

焼け焦げた遺体と遺品

　事件から1か月後の11月10日から12日にかけて、宣教会近くの仏塔の側から、拉致された宣教師たちの手がかりとなるものが発見されました。発見のいきさつをいちばん詳しく証言しているのはヒル牧師です。同僚のスピラ牧師が宣教会近くの天寧寺で彼らが殺されて焼かれたという噂を聞きつけて、カトリックの学校教師に伝えたのです。トラピスト修道院報告では仏教僧が情報源になっています。ヒルの証言の場合、噂の出所は明らかにされていませんがそれは事実でした。1か月間、宣教会の者も、現地警察や憲兵隊、占領軍部隊も、いくら探しても見つからなかった手がかりが突如見つかったのです。そしてそれは痛ましい結果でした。

　「トラピスト会司祭のものにちがいないロザリオ、聖ヴィンセンシオ・ア・パウロおよび聖ルイーズ・ド・マリアックのメダイ、さまざまな宣教師の服の一部、チェスカ神父の帽子、別の宣教師の靴、服のボタン等々……。また、頭蓋骨1つといくつかの骨も見つかりました」（1937年11月30日付ド・ヴィエンヌ司教のラコスト書記官宛報告書）

　「焼け焦げて割れた鼻眼鏡、これをかけておられたのはシュラーフェン司教だけでした。ロラン修道士（城内に避難していたトラピスト会士）がエマニュエル神父のために作ったロザリオ。普通、ロザリオは中央のメダイ、ロザリオの心臓と呼ばれるパーツがついていますが、このロザリオはその代わりに3か所針金を通した大玉がついています。大玉は焼け焦げ、針金はそのまま残っていました。メガネの弦と小型の鋏は、おそらくシャルニ神父のものでしょう。入れ歯と金の詰め物をした歯がありましたが、シュラーフェン司教、ヘーツ修道士、プリン修道士の歯がそうでした。4つのメダイのうち2つにポーランド語が彫ってある銀の鎖はおそらくプリン修道士のものでしょう。半分焼け焦げた3つの靴の底は別々の靴のもので、その2つはきっと修道会で作られたものです（一般に販売されている靴とは作りがまったく違うのです）、あとの1つは踵がゴムでおそらくビ

仏塔付近で発見された遺留品。遺骨のほか、行方不明の宣教師たちの所有物や身に付けていたものが回収された。

スコピッチ氏のものでしょう。また、修道士の着る服にはそぐわない複数のボタンは、ビスコピッチ氏のトランクに残された服のボタンとやや似ていました。キルティングのボタン（Parisの文字あり）はシュラーフェン司教かチェスカ神父のものでしょう。2つのロザリオは持ち主を特定できませんでした。2つのポケットナイフのうち1つがエマニュエル神父のものと分かりました。それにベルトあるいはサスペンダーのバックルが複数（ビスコピッチ氏だけが着用していました）、靴下留め等々。スータンの布や一部焦げたフランネルの断片。そのほかにも我々の死者のものに違いないたくさんの品々、薬莢（目撃者によるとその場所で19時から10発くらい発砲されたそうです）…」（ノートルダム・ド・リエス修道院、ロラ

ン・ジェラルダン小修道院長の報告書）

9人の死の謎

ラマカース神父、ヒル牧師、ジェラルダン小修道院長のいずれの証言・報告も同様に拉致被害者の所持品が発見されたこと、遺体（遺骨）の一部が発見されたことを伝えています。

この殺人を示唆する証拠が見つかったのが、正定城の中心にある天寧寺の仏塔の側とされています。ド・ヴィエンヌ司教が残した発見現場の遠景写真と、現在残るいくつかの仏塔の写真を見比べればそれが分かります。今では観光地となっているところも当時はやや荒れた感じの殺風景な様子でした。宣教会からは直線距離にして西に300mないし500mの距離にあります。

ド・ヴィエンヌ司教は150mと書いていますが、これは宣教会の西の境界からの距離と考えればピタリと合います。ラマカース神父は宣教会から北に2kmと報告しているのですが、最終的には天寧寺に確定されたことは、前述のド・ヴィエンヌ司教からフランス大使館に送られた写真が資料として保存されているので信じてよいと思います。現在では新たに慰霊碑が建てられています。

司教らの遺体が発見されてすぐに付近の住民が地面を掘り返したため、シャネ神父たちは彼らから遺骨や遺留品を取り返さなければなりませんでした。驚くべきことに現場の保存は実行されず、捜査当局（治安維持会の地元警察）は動かなかったとシャネ神父と一緒に遺留品の検証をしたジェラルダン小修道院長は報告しています。

ヒル牧師は、治安維持会の中国人幹部が調査したあと、遺憾の意を表したと証言していますが、現場で見つかった遺留品などの正確なリストはなく、写真はモノクロの中途半端なサイズで撮影された全体写真しか残っていません。フランス外交資料には日本側からの新たな調査報告が保管されておらず、戦時中なので当然かもしれませんが、法医学的検証などは行なわれなかったと推測されます。

シャネ神父は全員がそこで殺され焼かれたものと判定しました。このこ

とは当時、異論なく受け止められたようです。しかし、写真で見る限りでは遺留品の金属は溶けておらず、金の詰め物をした歯や入れ歯、半ば炭化した四肢の一部に衣類や靴（ゴム製の踵まで）が見つかっているにもかかわらず、逆にまともな形をした人数分の骨がほとんど見つかっていないなど不審な点があります。人体がほとんど灰になるほどの高温焼却は灯油、ガソリン程度では不可能ですから、本来であれば少なくとも9人全員分の歯や骨は現地で見つかっていなければなりません。

　宣教会の近くで9人もの人を焼けば、時間もかかるし異様な焼却臭が周囲に漂います。わずかにスピラ、ヒル牧師だけが仏塔付近で大きな炎が上がったのを記憶していました。しかし、両人は調べようとは思わなかったようです。何が焼かれていたのか証言はありません。このような疑問を解く記録はなく、殺害場所と殺害時間、殺害の状況は目撃者の証言によるほかありません。

　ラマカース神父は、遺留品発見から1週間後に北京で、広場で食堂を営む男の証言として、日本兵がトラックで連行してきた宣教師たちを銃剣で突き殺して灯油で焼いたという情報をもたらしています。ところがなんとそこは宣教会から北2kmの日本軍が自軍の遺体を多数焼いた空き地というのですから、のちにド・ヴィエンヌ司教の報告による天寧寺と異なり、話が矛盾しています。そもそもこの地点は広場ではなく空き地または農地であり、中国軍の守備隊が陣地を築いて果敢に抵抗した所でした。そして多数の中国軍戦死者の遺体がまだ放置されていて、日本軍はそこを避けて宿営しました。

　12月、ヒル牧師は北京のオランダ公使館で、同僚のスピラ牧師は「天寧寺の仏塔」という場所を聞き出したにもかかわらず、誰から聞いたかは知らないと証言しており、オランダ公使館はわざわざこれを特記しています。

疑問が残る目撃者の証言

シュラーフェン財団で出している文書では、宣教師たちの死について3つの証言を取り上げています。

「司教たちは荷馬車に乗せられており、300m先にて、銃弾を1発ずつ撃たれ、殺害されている。今は亡きオルガン職人（ビスコピッツ）は大聖堂の司祭（チェスカ？）およびトラピスト会の神父（ロビアル？）に支えられていた。彼らは一緒に焼かれた。焼却現場の裏で血にまみれた司祭帽が発見されている。また、ロビアル神父のロザリオ、オルガン職人が着ていたズボンのボタンも発見されている。

最後に殺害されたのは、シュラーフェン司教である。火に投下された時、彼はまだ生きていた。大きな声で「神よ、神よ（英蘭仏語では、My God、Mijn God、Mon Dieu？）。」と唸っていた。異教徒がその現場を目撃し、「最高だ（？）〔中国語でMong Tié〕」と言っていると思った。日本兵は司教に何度か灯油をかけていたが、なかなか着火しなかった。司教が長く苦しんだあと、兵士の1人が火にガソリンを投げ入れ、大きな火柱が立った。苦痛からくる唸りはゆっくりと消えていき、残った司教の骨はひとかけらだけであった。さらに、焼却現場の裏でガラス部分が溶けて縁だけが残った司教の眼鏡が発見されている」（トラピスト修道院のストラウフェン神父）

「仏塔の下で、兵士たちが司教たちを1人ずつ、心臓をナイフで刺すか銃で撃つか、もしくはほかの方法で殺害したのだろう。仏塔から数m先（地面には血液がしみ込んでいた）にある木の根まで司教たちを引きずり、この木の根元で、近隣の家から奪ってきた窓や扉を使って火を炊いたのだろう。そして司教たちはガソリンをかけられ、焼かれたのだ。」（フランス人修道女のプリュー）

「若い者から殺していった（恐らくベルトラン。引きちぎられた血まみれのひげが見つかっている）。ほかの宣教師は抵抗した。その内3人がすぐに銃殺された。その3人が誰であったのか分からない。知り合いではなかった」（オリヴェール神父が中国人通訳から聞いた話）

最初のストラウフェン神父の報告は異教徒の目撃証言を基にしたもので

すが、ガソリンによる焼殺で骨が1つしか残らないことはありえず、金の詰め物の歯（溶けていない、つまり燃えていない）が残っていることから虚偽の噂話に過ぎないのではないかと思われます。現場で十数発の薬莢が発見されている銃殺の話については、トラピスト報告では発砲音が響いたのは司教たちが拉致される前の午後7時頃としています。しかしそれは門番の友人が司教たちを最後に目撃した時間よりはるかに前の時間です。これも確実な話というわけではなさそうです。

さらにこのような直接の目撃証言が教会側の調査報告に出てこないのはどういうわけでしょう。誰もが認めていることですが、遺留品発見前まで信用に足る目撃情報は中国官憲や日本軍、地元に根づいた宣教会ですら掴んでいませんでした。この証人はなぜ黙っていたのでしょうか？　日本軍を恐れていたのでしょうか？

シュラーフェン財団の文書によれば、フランス人修道女のプリューは運良く殺害から逃れたとありますが、これはどういう意味でしょうか？　事件当夜、ヨーロッパ系修道女がいた尼僧院では戸を固く閉ざしたまま、全員が礼拝堂で夜遅くまで祈りを捧げていました。規律厳しい修道院生活のなかで、勝手に1人で夜出かけたとは考えられず、これも推測に過ぎないものと思われます。また、このような名前の修道女がいたのかどうか、ラザリスト年間報告で見当たらないので中国に来たばかりなのかもしれませんが、情報としては信頼性に欠けます。

3つ目の話も伝聞です。この中国人通訳は「最初に銃殺された3人は知り合いでなかった」と述べているので、現場にいたということになります。この人物は何者でしょうか？　通訳というのは誰に雇われたものでしょうか？　おそらく噂にあった日本軍による野戦軍法会議なるものが存在したことを前提にしているのでしょうが、軍法会議の目撃証言が存在しなかったこともフランス側の記録から分かっています。そもそも犯人たちは流暢に中国語を話しており通訳の必要がありません。何のためにそこにいたのかここでは分かりませんし、事件当日、通訳の資格で現場にいた可能性は低いと思われます。

なぜなら、この中国人通訳は事件後に正定に戻ったオリヴェール神父と

話をしているので、正定に残留していることになります。しかし、第6師団戦闘部隊は事件翌日には正定を離れています。財団の文書ではいかにも日本軍に通訳として同行していた印象を与えていますが、大きな矛盾があります。

　いずれにしてもこのような明確な目撃をした人物の証言がシャネ神父ら事件調査にあたった神父たちではなく、遅れて正定入りしたオリヴェール神父の記録にのみ登場するのはいかなる理由によるものなのでしょうか？どうしてそれまで通訳は黙っていたのでしょうか？　ド・ヴィエンヌ司教は恐怖ゆえに証言が得られなかったと書いていますが、この中国人通訳のことを指しているのでしょうか？　殺害現場を目撃したという彼らは犯人たちに脅されていたのでしょうか？　では、遺留品や遺骨の発見後は恐ろしくないのでしょうか？　日本軍は城内に駐留し続けています。しかもこの時はかなりの部隊が移動のために正定、石家荘付近に集結していました。通訳ということは、この占領軍に雇用されているのではないでしょうか？　恐れていたのは日本軍ではなく別の誰かの可能性も十分にあるはずです。

謎につつまれたままの殺害日時と場所

　それぞれ場所は違いますが、ラマカース神父、ヒル牧師、ジェラルダン小修道院長は、殺害現場は日本軍が火葬していた場所だと述べています。ド・ヴィエンヌ司教によれば、日本軍の焼却跡は3つあり、そのうちの1つから宣教師たちの遺骨が発見されたと報告しています。これは事実でしょうか？

　正定城一番乗りの歩兵第23連隊第1大隊第2中隊の戦死者は6人、『第六師団転戦実話』に収められた溝口中隊長の手記によれば、9日夜に城壁下の村落（東門外にある村落、東莞村）で戦死者を荼毘に付したとあり、第2中隊と交代して北門を攻略し南門まで進んだ歩兵第13連隊第1大隊の戦死者は2人だけです。第45連隊も城外で火葬しています。予備隊の第13連隊は南下して徹夜での渡河準備支援に回されています。配置変換で9日夜に城内に入った砲兵部隊は戦死なしですから、市内中央の天寧寺の3つ

の焼却跡なるものが9日夜に日本軍によって使用された可能性は低いのではないかと思います。

　第23連隊も第45連隊も主力は城外の中国軍陣地を撃破しつつ南下して滹沱河に向かっているので、各部隊が駐留した川沿いの村で火葬されたと考えるのが妥当でしょう。

　前述の通りラマカース神父の証言にある宣教会から北に2kmの地点に日本軍の火葬場があったという話もおかしな話でした。また、事件当夜プロテスタントの宣教師たち（スピラ牧師、ヒル牧師）が近くの仏塔付近（おそらく天寧寺）に炎が上がるのを見たと証言しています。確かに何かが燃やされていたのでしょうが、シュラーフェン司教たちが宣教会を離れたのが夜10時半前後であることを考えると、その時にはすでに炎が上がっていた可能性（トラピスト報告では午後6時から夜にかけてという証言あり）もあり、確かなことは分からないままです。

　このように殺害日時と場所、その状況は謎につつまれた部分が大きいのです。上海や北京のような都会ならば、捜査や検死のプロがいたのですが、残念ながら正定では火葬をしないカトリックの神父たちが捜索を諦め、9日夜に全員同じ場所で死亡したと思い込んだ瞬間にそれ以上の真実の追究は終わりを告げました。

　連れ去られた司教たちは誰一人戻らなかったこと、彼らの体の一部や所持品が見つかったことだけが事実としてはっきりとしていますが、なぜ9日夜に全員死亡ということが確定されたのかは曖昧なままです。少なくとも当時の調査記録では拉致後のシュラーフェン司教たちの正確な目撃情報、目撃証言の信頼性が皆無なのです。別な場所、別な日時に殺害された可能性もあります。それは発見されたものが所持品に偏り、遺体・遺骨が少ないこと、金歯が燃やされていないこと、宣教会では他愛のない物品まで略奪したのに司教たちの所持品には手をつけていないこと、すぐに殺すつもりならわざわざ連れ出す必要がないこと、何よりも事件から1か月間、何の情報も得られなかったことなど、事件の研究をする者は慎重に事実を見極める必要がありそうです。

5、犯人像

流暢な中国語を話す犯人グループ

　シャネ神父は正定到着後すぐに現場にいた中国人神父などから事情聴取したのですが、第6師団長谷寿夫中将宛に人道上も日本軍の名誉のためにも宣教師たちを解放するよう努力してほしいと手紙を書いたかと思えば、モンテーニュ北京司教宛に身代金目当ての誘拐であると書き、その中で、
「私が見かける日本兵たち、とくに将校たちはとても礼儀正しいです。その分、正定府に入城した当初の野蛮な振る舞いは理解できません」（1937年10月26日付モンテーニュ北京司教宛シャネ神父書簡）
　大使館宛ての手紙では、
「私は厳密な意味での日本兵の仕業だと断言したことは一度もないと（憲兵に）答えました」（1937年11月3日付フランス大使宛シャネ神父書簡）
　と書くなど混乱も見られ、日本軍による犯行を疑いながらも特定しきれていないことが分かります。
　というのも、唯一のヨーロッパ人生存者のアルベリック神父が9日午前、略奪に遭った時に見たのは日本人というよりは朝鮮人、または満人と思われる風貌をした兵士たちで、拉致犯の内の数人は流暢な中国語（熱河訛）を話していたと証言しています。最後まで宣教師たちと一緒にいた門番修道士の友人（中国人）は、監禁されていたシャルニ神父が犯人の1人と中国語で会話していたのを聞いています。また愛徳姉妹会に押し入ろうとした賊も応対した中国人修道女と中国語で会話しています。
　さらに賊の1人は食堂に残された中国人神父たちに、「目当てはヨーロッパ人だけだ。中国人には手を出さないからもう寝てしまえ」（史料CとD）と言ったり、中国人神父に命じて道を案内させたりヨーロッパ人宣教師からお金を巻き上げさせたりしています。
　日本の憲兵隊は青龍刀（犯人たちが青龍刀で武装していたという証言はない）とダムダム弾を押収しています。チャオ（趙）神父やチャイ（翟）神父など近くで犯人と接した中国人神父なら、相手がいかなる集団か察し

がつきそうなものなのに、「日本軍の軍服を着ていた」という曖昧な証言に終始しています。これは証言をした中国人神父の対日感情がどのようなものかを考慮に入れる必要があるでしょうし、完全な嘘をつきたくない心理の表れかもしれません。また、犯人側から何らかの指示・示唆を受けての行動の可能性も考えられます。

ソフト帽をかぶった日本兵？

ラコスト書記官はラマカース神父の証言による犯人像を、大使宛に次のように報告しています。

「犯人は10人ほどいて全員日本軍の制服を着ていたものの、軍帽ではなくソフト帽をかぶっていたそうです。そして、2～3人だけが中国語を話したそうです。彼らは紅鬍子(赤ひげ：満洲の馬賊)と名乗り、故郷に帰るための金がほしいのだと言いました。彼らに付き添っていたのは日本人だった『かもしれない』ですが、いずれにせよ、全員が日本軍に属していることは間違いありません」(1937年11月19日付フランス大使宛ラコスト書記官報告)

これは強弁と言わざるを得ません。奉天軍閥を率いた張作霖は元々紅鬍子で、旧東北軍(奉天軍)は中華民国の国民革命軍に組み込まれています。しかも軍服はよく似ていました。この時期になっても旧軍閥軍や保安隊などが入り交じる中国軍の軍服は統一されていません。当時の北支在住の外国人ならすぐにでも分かる話です。まして、正定周辺の中国軍部隊には旧東北軍将兵が数多くいたのです。

一方、日本兵は鉄帽(ヘルメット)姿、または略帽である戦帽着用であり、戦地での民間人用帽子の着用などあり得ません。また、滹沱河での決戦(実際には大会戦にはならなかった)のために作戦中であるのに、城内掃討と渡河準備の9日、渡河実行の10日の2日間に渡って宣教会を略奪し、宣教師を拉致した挙句に殺害し焼却する時間的余裕のある戦闘部隊などあるはずがありません(後方の戦闘支援部隊は正定未到着)。京漢線方面には内モンゴル軍や満洲国軍が作戦していないこと、朝鮮人に陸軍特別志願兵制度が設けられたのは事件翌年(1938年)のことであることから、

一般兵に朝鮮人がいないことは現代では調べれば誰でも分かることです。
　ところがのちに北支那方面軍司令部から派遣された横山少佐は、現地入りする前に北京でラコスト書記官に次のような発言をしています。
「朝鮮人、あるいは満人の特殊部隊による犯行かもしれないが、日本軍の名誉に関わる問題だ」（1937年11月18日付フランス大使宛ラコスト書記官報告）
　横山少佐は別に日本軍の組織であるとは言っていませんが、もし日本側で関係があるとするなら、９日の占領と同時に入城したという靖郷隊です。この靖郷隊について、10月初旬に従軍記者として石家荘まで京漢線沿線を旅した岸田國士は『北支物情』の中でこう書いています。

　　出された名刺を見ると、「○○軍靖郷隊第○隊長。堀内鉄洲」とある。
　　抑も靖郷隊とはどういふことをする部隊なのであらうか？　この名前は多分、新聞にも一二度は出てゐる筈だ。現に、私と向ひ合つてゐる堀内隊長の華々しい負傷の状況が内地のラヂオを通じて国民の耳に伝へられたとのことである。（中略）氏は鹿児島の産であることが私にはすぐわかつた。勿論、現役の軍人ではない。肩章がないのを見てもわかる。しかし、やはり「特別任務を帯びた準戦闘部隊」の隊長には相違なく、その任務が命ずる行動の範囲は、正規の戦闘部隊に比して、決して狭いとは云へないのである。
　　先づ、その名称の示す通り、靖は鎮めるであり、郷は部落、都市である。即ち、第一線部隊と共に保定なら保定に乗り込んで、直ちに住民を慰撫し、秩序の維持に当る役目なのである。従つて、隊長以下支那語に堪能で、地理に詳しく、風俗習慣に通じ、その上胆力と奇略に富んでゐなければならぬ。隊員は、大部分支那人で、隊長の腹心であるとまでわかれば、凡そその活動ぶりが想像できる。
　　追撃戦の場合など、工兵の来ないうちに、落ちた橋をかけ直して急場の間に合せるなどといふ芸当はこの部隊でなければできぬだらう。それもその筈である。隊長の命令一下、何時どんなところでも、苦

力の千人や二千人は立ちどころに集められるといふのだから。

　保定の南、新楽の町はづれに鉄橋があるが、それと並んで急造の橋がかかつてゐる。「靖郷橋」といふ札が立つてゐる。この鉄橋は退却する敵によつて破壊されたものである。

　軍の統一ある治安工作機関として宣撫班といふものがあることはもう誰でも知つてゐるが、早く云へば、場所によつて、その仕事の下ごしらへをしながら前進する半武装部隊である。恐らく、臨機応変の便法として、私設的に編成されたものであらうと思ふが、ともかくこれらの人々も、やはり彼等の信念のために身命を擲ち、効果百パーセントの働きを示してゐることを特記すべきであらう。（中略）

　その夜、私は堀内、坂本の両氏と枕を並べて寝た。この一行は夜具の用意をして来てゐる。おかげで、私も寒い思ひをせずにすんだ。

「あなた方が連れてをられる支那人は、どういふ素性の人ですか？」

　私は、物好きに、かう訊ねてみた。

　堀内氏は、笑ひながら、

「あの年取つた方の王といふのは、以前張学良の部下で、陸軍大尉です。張の失脚後、職に離れてゐたのを、わしが拾ひ上げたのです。もう一人の若い方、賈といふのは、あれは、29軍の兵隊だつたのを、途中で逃げ出して、わしのところへ頼つて来たのです。あれの兄といふのをわしが北京で世話してゐたものだから……」

「へえ、すると、両方とも玄人ですね」

「なかなか役に立ちますよ。賈なんか、今でも敵の歩哨線を公然と通り抜けられるんですからね」

「なるほど、暗号も知つてるでせうからね」

「いま、第一線でわしの部下が働いてますがみんなよくやつてくれとるですよ。早う行つてやらにや、わしも心配でなあ」

「あなたの隊は、日本人はあなた方二人きりですか」

「いや、ほかに三四名ゐます。班長はやはり日本人でないといかんです」

つまり靖郷隊は民間の日本人が中国人などを率いた「半武装部隊」「従軍宣撫班」であり、占領地に定着して民心の安定や治安維持、産業復興だけでなく、文化教育事業にも従事する一般宣撫班のまさしく「下ごしらえ」をする民間人部隊であったのです。

　「肩章がない」という言葉からは軍服、または同類のものを着用していたと思われます。全員がそうだったかどうかは分かりませんが、宣撫班の写真を見ると軍服との違いは階級章と宣撫腕章の有無にあるようです。

　また、旧東北軍などの軍閥系将兵の存在もあったようです。ただ本来宣伝や治安維持、情報収集、場合によっては公共工事の差配(さはい)もしなければならない立場上、地元に打撃を与えるような事件を起こし得たかどうか疑問があります。正規の宣撫班が到着するまで滞在することにもなるので、宣教師たちを殺害することに利益はなく、リスクだけを背負うことになります。第一目撃者である中国人司祭に顔を知られた以上、現地で呑気に仕事はできないと考えるのが妥当と思われます。

避難民に紛れ込んだ中国兵

　日本軍が町を占領していたから犯人たちは正規、非正規を問わず中国軍ではない、という理屈も分かります。犯罪があまりにも堂々としているので普通の感覚ではそういう結論になるのかもしれません。ところが、犯人たちは不思議と隣の隆興寺との境の戸を修復しに来た日本軍将校や、宣教会を視察しに来た日本軍将校団がいた時間帯に限って略奪をやめているのです。決して完全な自由行動ができたわけではないのです。

　そして、城内も宣教会の敷地も広く、敷地内には数千の避難民が集中していただけでなく、中国軍負傷兵のほかに便衣(べんい)に着替えて避難民に紛れた兵士がいたことが確認されています。シャネ神父の調べによれば多くの兵士が壁をよじ登って侵入したということです。占領軍なら堂々と視察した時と同じように入ることができたはずですから中国兵に違いありません。

　ほかにも10月9日午前の段階で城内掃討に目処がつき入城式(午前11時頃)が行なわれたにもかかわらず、鉄道第2連隊第2大隊の戦闘詳報によれば、午後1時半に受けた報告で掃討が続いていることが伝えられていま

す。憲兵隊の報告にあるように占領直後の混乱は確かにあったものと思われます。

宣教会の略奪は日本軍が城内掃討を完了していない9日朝から始まっており、その中で起きたのが印刷所の職工長の殺害でした。シャネ神父の報告です。

「市門で日本軍を迎えるため行進する人たちを見ようと、所長は宣教会の正門を出ました。すると1人の兵士が彼に向かって1発目の弾を撃ち、所長は軽い怪我をしました。そこで跪いて命乞いをしたのですが、2発目を心臓に受けて即死しました」（1937年10月24日付フランス大使宛シャネ神父報告）

時間帯としては合っています。日本軍は北門から入り、市内を十字に走る主要道路を左に折れ、宣教会の南側を通って東門に向かいました。距離にして4kmないし5kmの行軍です。このような乱暴狼藉が日本軍高級将校や従軍記者の面前で起きたことは考えにくく、殺人は日本軍通過以前に行なわれたと思われます。また自分の職場が略奪・破壊に遭っているので、日本軍に通報しようとしていた可能性の方が自然で、呑気に見物に行こうとしていたのではないと思われます。

アルベリック神父が略奪された挙句に身ぐるみ剥がされ、暴行を受けたのが正午頃。犯人たちは宣教会内をうろつきながら食べ物を漁っていました。そしてその容貌は日本人というよりは朝鮮人、満人風であったと述べているのです。神父は高齢のベテラン宣教師でしたから区別がついたのでしょう。本当は中国兵であると知っていたのではないでしょうか？　日本兵なら断言できたはずです。

日本軍将校の宣教会訪問

午後になるとたびたび日本軍将校が宣教会を訪問しました。

「日中、少なくとも1人の将校がシュラーフェン司教に挨拶に来て、宣教会を苦しめることはないと請け合いました」（1937年11月30日付ラコスト書記官宛ド・ヴィエンヌ司教報告）

午後2時頃に来たその内の1人は苦情を受けて破壊された隣の隆興寺と

の間の戸を修復し、すべての入口にカトリック教団に敬意を示し、勝手な立ち入りを禁じる旨の警告を貼りました。シャネ神父はこれが日本語であったと特記していますが、本当に日本人向けの警告だったのでしょうか？ もし中国語の分かるシャネ神父が直に警告文を読み、その内容が解読不能であったとするなら、漢文文法が不正確だったせいで、日本語と思われたのではないでしょうか？

　その後について、愛徳姉妹会の修道院長が書き残しています。

「夕方5時頃、日本軍関係者が町の有力者のもてなしを受けたあとでシュラーフェン司教の許を訪ね、次いで司教の案内で私たちの修道院に来ました。司令官は礼拝堂に集まってお祈りをしていた子供たちを見ると、つたないなりに通じる中国語で、もう怖がらなくてよい、戦争は終わったから、などと話しかけました。そして一行は施設を一巡してから病院に行き、何人か収容されていた中国軍負傷兵に会いました。司令官は彼らに好意的で、明日手当させるために軍医を寄こすと約束したのです」

　時間は若干ずれますが、シャネ神父とド・ヴィエンヌ司教報告を基にしたラコスト書記官の大使宛報告でも日本軍将校団の宣教会視察を取り上げています。

「16時には将校の一団がやってきて、『日本軍とカトリック教会は、中国において共産主義と戦うという同じ目的を持っている。だから同盟を結ばなければいけない。カトリック宣教会は日本軍によってあらかじめ保護されている』と言いました」（1938年1月10日フランス大使宛ラコスト書記官最終報告）

ヨーロッパ人だけが狙われた

　このあと司教たちを連れ去ることになる10人ほどの賊が宣教会に現れます。彼らは口径の違うさまざまな拳銃で武装していて（史料C）、ちょうど南側の正門付近で侵入する兵士たちを制止しようとしていたシャルニ神父とベルトラン神父は、この男たちに捕らえられ門番小屋に監禁されます。門番小屋には門番修道士の友人が最後まで残っていたので、この場所での出来事についての各報告（史料AおよびCとラコスト報告。史料Bと

DとEには記述なし）に矛盾はありません。2人の見張りを残してまず近くにあった聖ヨセフ尼僧院（中国人のみ在籍）を探索しますが、何もせずに出て来るところも同じです（史料AとC）。そもそも日本軍なら見張りを残す必要があるでしょうか？

「口径の違うさまざまな拳銃」という証言からは、正規軍というよりは雑軍の印象を強く受けます。通常、日本の下士官兵は拳銃を持ちませんし、当時使用されていた国産制式拳銃は2種類しかありません。一方、中国軍の武器はさまざまな国からの輸入武器で溢れていましたし、旧軍閥軍ともなると武器装備は著しく統一に欠けていました。

夜7時過ぎに避難民に対する略奪と、発電室を破壊した8人の賊は、宣教師たちが集まっていた食堂に現れました。彼らは予め捕虜を縛るためのロープを用意していました。拳銃で脅しながらヨーロッパ人宣教師のみを手早く拘束して連れ去ったのです（史料A、B、C、D、E）。発電室の破壊といい（占領軍ならまったくメリットのない行為）、計画性を感じさせる証言です。広い敷地内を探し回るのは手間がかかりますから、皆が食堂に集まる時間を承知していたのかもしれません。

ここでの犯人の特徴はヨーロッパ人と金を目的としている点です。トラピストのロラン修道士はヨーロッパ人と間違われたようですが、中国人と分かると「心配しなくてよい」と言って彼を解放しています（史料C）。シュラーフェン財団の文書ではヨセフ・チャウ・チーという中国人神父がヨーロッパ人に間違われるエピソードがありますが、同一人物なのでしょうか。残念ながらヨセフ・チャウ・チー神父が当時どのような立場にあり、事件当夜どういう役割を演じたのか、財団の文書では詳しく伝えていないのでよく分かりません。フランス外交文書にはこの人物は一度も登場していないのです。

「もう行ってよい、目当てはヨーロッパ人だけだ」（史料C）

拉致犯の1人が食堂に戻ってわざわざ恐怖に立ち尽くす中国人神父たちにこう声をかけたことからも、事実そのように行動していることからもそれが分かります。別の賊数人はチャン（張）神父を急き立ててヨーロッパ人修道女のところに、またチャオ（趙）神父を会計責任者ベルトラン神父

の部屋に案内させました。

　修道女の拉致は既述のとおり失敗に終わります。拳銃で脅されても戸を開けなかったのです。チャン神父は案内するとすぐに逃げ出してしまいました。もしチャン神父に賊が開けさせるよう命じていたら尼僧院長は開けてしまっていたかもしれないと日報に記しています。

　一方、鍵のかかったベルトラン神父の部屋にたどり着いた賊はチャオ神父に命じて窓を割らせて略奪していきました。賊の主力とシュラーフェン司教たちに同行したチャイ（翟）神父は、捕縛されたヨーロッパ人たちから賊に脅されて現金を奪います。そしてすきを見て逃げ出しました。

秩序回復に努める日本軍

　犯人たちは翌日夜にもやって来て宣教会を荒らしています。同一人物だったことを伝えるチャイ神父の証言です。

　「同日晩の９時から11時に、兵士たちの内の５人が戻ってきました。チャイ神父はその内の１人に見覚えがあり、前日に司教と宣教師の計９人が誘拐された時、自分を脅して殴った人物だと思った。それは背が高くてたくましく、中国語を流暢に話す男であり、ほかの男たちは中国語が分からないと言っていた」（1937年11月３日付ラコスト書記官宛シャネ神父書簡）

　フランス人のアルベリック神父などは略奪犯の顔の特徴が日本人というより、朝鮮人または満人ではないかという証言をしているのに比べて、中国人目撃者は誰ひとり何人のようだという証言をしていないことは注目に値します。

　また、最初に事件を伝えたデ・フォネック神父の証言に奇妙な点があります。

　「宣教師たちが誘拐される30時間以上前から町は日本軍に制圧され、略奪や混乱の極みにあった。町の有力者たちの懇願で、日本の司令官は部隊に許可する強奪の期間を８日から５日に短縮した」（1937年10月26日付デ・フォネック神父証言記録）

　彼は正定にいたわけではなく、何人かの中国人の報告を受けていました。その報告は第一目撃情報とは限りませんでした。彼は情報を得て、定

州のシャネ神父の元へ向かっています。それから伝聞とはいえ、30時間以上前というのは日本軍がやっと城壁の一部占拠に成功したに過ぎない頃で激戦の最中です。城内に日本兵が誰ひとり侵入できていない状態ですでに略奪が起きていたのでしょうか。町の有力者が略奪に走る軍隊に交渉を持ちかけるのは中国の歴史にはよくある風景でしたし、20世紀になってもそれは続きました。略奪期間の設定も占領後の部隊行動を追えば日本軍の行動でないのは明らかです。

日本軍は９日に一部の戦闘部隊で城内掃討を終え、主力は滹沱河渡河のために南下、城内には重砲部隊の数個大隊が進駐して翌日の総攻撃のために徹夜で陣地変換しています。尼僧院長の日報によれば、攻撃前に宣教会で日本軍将校が避難民を前に話をしています。

「数日後には秩序が完全に回復して、皆安心して家に帰れるだろうと女性たちに明言した」

結局、中国軍陣地がたった１日で放棄され、鉄橋が破壊されたため重砲部隊は渡河できませんでした。正定城内南東の空き地に宿営地が設定され、そこに残留した部隊が向かいました。ところが、城内の狭い道路に多数の砲車と補給部隊の車列が集中したため大渋滞が発生し、12日の午後になってやっと解消されました。この日は朝から駐留部隊の一部が城内を十字に走る主要道路以外の道路を偵察し（つまりこの時点においても城内を完全に掌握しきれていないことが分かります）、その後各所に交通整理要員と道路補修要員を駐留部隊から抽出・配置しています。

ラマカース神父が入城許可を得て郊外の神学校から正定城内にやってくるのはまさにこの日なのです。ちなみにこの時、軍は指定外の民間住宅への立ち入りを厳禁しています。日本軍司令官が略奪を容認した事実はありません。

17日には郊外で「支那罹災民慰霊祭」を行ない、コレラの予防接種などを行なっています。

正定治安維持会のトップ、呉贊周は日本の陸軍士官学校（21期）卒業で、蔣介石の北伐軍に抵抗した孫伝芳配下の陸軍中将でした。北伐完成後は故郷の正定に引きこもって農業に従事していましたが、支那事変後は正

定治安維持会会長から正定県長、河北省長となる人物で日本軍との関係は良好でした。治安維持会は9日には発足していますから、親日行政組織があるのに日本軍が略奪を続けることは考えにくい話です。

1937年10月30日付『第一軍情第五四号』では、

「正定ニ於ケル宣撫活動ハ頗(すこぶ)ル順調ニ進捗シアリ其原因ハ軍宣撫班ノ綿密周到ナル計画ト不断ノ努力トニ依ルヘシト雖(いえど)モ亦同地守備部隊ノ積極的理解アル援助ニヨルモノ多大ナリ。同守備隊ノ下士官兵カ各人五銭ヲ醵金シテ細民ノ救済ニ充テタル等ノ如キハ頗ル支那側ニ感激セシメタルカ如シ」

と現地中国人の支持を得ようと努力しているのが分かります。日本軍の占領方針の一端が分かる記録です。

6、拉致殺害の動機

女性目的の犯行ではなかった

犯人たちの動機は何だったのでしょうか？ 当初身代金目当てと思われていた拉致事件が、どうして200人の「慰安婦」要求を拒否したための殺人といわれるようになったのでしょうか？ 関係がありそうな証言は史料（E）のヒル牧師によるものだけです。

「ヒル氏らは、カトリック宣教会の中国人事務責任者である、リー・チャイ氏から以下のことを知らされた。

10月9日に日本兵数人がカトリック宣教会に来て、若い女性を要求した。外国人の宣教師たちが、欲しいものは何でも持って行っていいが女性は渡せないと答えると、日本兵は立ち去った」（1937年12月1日付ヒル牧師証言記録）

この証言を聞いたオランダ公使館では、

「動機について示唆するものが何もなかった」

「プロテスタント宣教会に現れた日本兵が女性を要求し、スピラ氏が断固とした態度で拒否したあと、二度と戻ってこなかったように、女性を要求し断られたことに対する怒りだけが理由で犯行が行なわれたわけではな

い」

　とコメントを付けてフランス大使館に申し送っています。

　日本兵はカトリックだけでなくプロテスタントの宣教会に現れて女性を要求したとなっていますが、このことが拉致殺害の動機になったと見なされなかったのは、当事者のカトリック側からそのような報告が上がってきていなかったからだと思われます。

　また、リー・チャイなる人物（リーとチャイという2つの名字を持ち、名前がない）は、事務方の責任者ということになっています。ところが宣教会の名簿に彼の名前はありません。事務責任を民間人が負っていたとも考えにくく、正定代牧区の聖職者でチャイという名字の人物は1人だけなので、拉致に遭遇し犯人の顔を見知ったチャイ（翟）神父と同一人物であると思われます。また、憲兵隊報告書でも同じような役職の中国人が出てきます。彼は神父で拉致現場に居合わせた者の1人です。犯人の1人に殴打され、連行される外国人宣教師に同行し、途中で逃げ出したチャイ（翟）神父ですが、ヒル証言に出てくるリー・チャイ氏は事件の最中に日本軍の元に出かけて裏道を通って戻る途中であったというから驚きです。別人物だというのです。

　正定県および城内の行政は、この日すでに呉賛周率いる治安維持会が旧県公署に代わって行なっているので、証言が真実ならば事務方のリー・チャイ氏はおそらくここに出かけたのでしょう。しかし、同じ宣教会のシャネ神父による調査ではこの情報は取り上げられていません。そしてプロテスタントの牧師の証言にのみ登場するのです。遺骨と遺留品に関する情報もカトリック経由でなく、なぜかプロテスタント宣教会を経由してもたらされていました。これはどういうわけでしょうか？　ここにも偏見もしくは反日感情が介在した可能性が感じられます。

財団の文書のみに登場する証言の数々

　ラコスト書記官の大使宛最終報告には、日本軍が略奪の懲罰を免れるために中国軍敗残兵に隠匿の罪をかぶせて司教たちを殺したのではないかという推測があるだけです。これにしても、わざわざ中国人神父たちを目撃

者として残していること、軍事裁判の存在が噂に過ぎないことから誤りであるのは明白です。

　女性目的という推測は、事実として聖ヨセフ修女会で何も起きなかったこと、愛徳姉妹会に侵入できなかったこと、避難民は略奪されたが女性は無事だったこと、司教たちはこれらのことを知ることがないまま連れ去られたことから、オランダ公使館のコメントの通り、「示唆するものが何もなかった」のです。

　ところがシュラーフェン財団の文書では当時の教会側やフランス側の調査で出てこなかった証言が数多く含まれているのでその内容を検討していきましょう。

　まず、フェリックス・オベ神父の手紙です。

　「あの日の夕方、兵士たちは修道女を要求してきた。修道女のことは『妻』と呼んでいた。略奪が目的だったのだろうか？　女性を求めていたのだろうか？　おそらく両方が目的だ。そのように振る舞っていた」

　オベ神父は事件当時、正定にいませんでしたが、賊たちがヨーロッパ人修道女を拉致しようとしていたことは事実です。彼らは中国人神父の前で、「ヨーロッパ人の女性はどこだ」（史料C）と尋ねています。

　フランス語で femmes des Européens とトラピスト文書にあります。普通に読めばヨーロッパ人女性です。Femme という単語には「妻」という意味もありますが、中国語は日本語と同様同じ意味ではありません。実際には中国語で会話がなされているので、「妻」と言ったのかもしれませんが、これは推測に過ぎません。司教たちが食堂から連れ去られたあとに賊は愛徳姉妹会に向かったので、現在言われているような司教が彼女たちを襲わせないために身代わりになった話の根拠にはなりません。賊は戸が開かないので諦めただけです。

　また、山西省潞安のフランシスコ会士であるオランダ人神父の証言として、

　「日本兵を喜ばせるために女子を要求された際には、『正定のカトリック宣教会で起こったことを忘れるなよ』と日本兵に言われている」

　とありますが、潞安にオランダ系のフランシスコ会修道院があったのは

事実です。しかし、日本兵に言われたというのは事実でしょうか？　というのも、山西省潞安は1939年に行なわれた晋東作戦などの対共産ゲリラ戦によって初めて日本軍の占領地となるまで、朱徳の共産軍（八路軍）の支配下にあって、共産軍だけでなく従来の匪賊や敗残兵、流民無頼の徒もおり、略奪、強姦、徴発が繰り返されていました。言うことを聞かなければ漢奸（かんかん）として処刑するなど、山西省の山岳地帯は手のつけようのないほど荒廃していました。鉄道沿線や都市以外の奥地は終戦まで共産系中国軍の支配下に残っています。この名前が公表されていないオランダ人神父が潞安代牧区のどこに赴任し、いつ書かれたのでしょうか？　証言が1939年夏以前のことなのか、あるいは場所によっては日本軍より共産軍の可能性が高くなります。いずれにしても、これが事件の動機を確定するものではないのは明らかです。

推測や伝聞に基づく証言

　事件当夜、正定にいなかったオリヴェール神父の証言はどうでしょう。彼は当日、日本兵と一緒にいた中国人通訳から次のように聞いたそうです。

「数人の兵士を連れた日本軍の将校が司教の居館に現れ、女子と若い女性を連れ去りに来た。欲しい物を得るためにシュラーフェン司教と長い間、話をしていた。しかし司教は断固として拒否していた。修道士の1人によると、シュラーフェン司教は『私を殺したいなら殺せばいい。だがあなたが求めるものは決して渡せない』と言い、その後、将校はシュラーフェン司教を脅し、怒りながらも立ち去った」

　日本軍は元々正定を作戦終結点としていたわけでも、正定に長く駐留するつもりもありません。急速に南下前進するなか前線部隊が女性を連れて行けるはずがありませんし、前線部隊の将校が軍用売春宿を経営しようとしていたと考えるのは不自然です。しかもこの将校はシュラーフェン司教を脅したものの、結局目的を達していません。この証言の情報源は曖昧で、伝聞に過ぎません。軍には専属の通訳官がおり、前述したように第6師団はすでにいないのに10月9日以降も中国人通訳が正定にいるとは思え

ません。

　トラピスト修道院のデニス・ファン・レーウ神父は、

「日本軍が街を占拠した。軍が最初に行なったことは、敵軍の兵が１人も残っていないか確認することであった。ほかにも何か探しているようであった。女性を求めていたのだ」

という推測をしています。彼は城内にいた人間ではないし、占領後３日は入城自体許されていなかったので、直接見聞きしたことではありません。ラザリストの宣教師たちも修道院にこもっていたぐらいです。「何か探しているようであった」と書けるはずがないのです。

　また、1938年12月にレーウ神父がフリードリッヒ修道士宛に書いた手紙では、

「今年の夏、中国語を話す日本兵が殉職者の慰霊碑の写真を見て、『我々の楽しみのために要求通り200人の女子を渡してくれたら、焼かれずに済んだのに』と言った」

と書いています。やっと200という数字が出てきました。しかし、「今年の夏」、つまり1938年の夏に日本軍は完全に移動してしまっていて、城内にいたのは約200人の小銃と手榴弾しか持ち合わせない中国人保安部隊と約170人の警察隊だけでした。正定郊外のトラピスト修道院で写真を見たのはこの者たちのうちの１人ではなかったでしょうか？　中国語を話すことができるのは当然のことです。日本人でなく中国人なのですから。この中国人兵士が犯人の１人だとすると、そのうち宣教会の中国人神父たちと顔を合わすことにもなるわけですが（当然慰霊碑は宣教会の敷地内にあります）、シャネ神父に通報でもされたらそれこそ死刑間違いなしです。こんなに堂々としていられるでしょうか？　それとも彼らを脅し続けていたのでしょうか？　ファン・レーウ神父の証言はつじつまが合いません。

　拉致を目撃したヨセフ・チャウ・チー（周志義）神父は1997年５月17日に、

「当時、数千人の女性が教会に在籍していた。日本兵が聖ヨセフ修女会および愛徳姉妹会の地域に入れなかったので、神の摂理が女性を救ったのだ。日本軍は憤慨しており、それが理由でシュラーフェン司教と修道士を

拉致し殺害したのだと推測する者もいる。正定の街のいたるところで女性は強姦され、多くはその後、惨殺されていた」

と断言したそうです。しかし、ここでも当時と違う話になっていることに気づきます。門番小屋で見張りに立った2人を除く8人の賊は、中国人の聖ヨセフ修女会に入ったのです。しかも強姦どころか何ひとつ盗むことなく出てきたのです。確かにチー神父は正定代牧区に在籍していますから、拉致を目撃したのかもしれません。ところがその話のほとんどは伝聞であり、いくら断言しようとそれが事実になるわけではありません。

もし「いたるところで強姦」されているのなら、なぜわざわざ宣教会に来てシュラーフェン司教に女性の提供・許可を求めるのでしょうか？ 信徒と宣教会内に絶大な権限を持つ司教であっても、このような不条理な要求を、愛をもって面倒を見るべき者に強いることができるはずがありません。そして事実として、宣教会内で強姦はおろか女性の拉致は起きていないのです。それどころか、昭和12年10月15日の朝日新聞には、10日に正定城門に帰って来た婦女子の写真が掲載され、11月下旬（正定天主堂で慰霊ミサが行なわれた頃）には保定から避難してきていた修道女をはじめとする200人の婦女子や孤児を護衛付きの特別列車で日本軍は送還しているのです。

深刻化する抗日ゲリラの工作

このように女性目的とする動機はどれも根拠に乏しく、ラマカース神父、シャネ神父、ド・ヴィエンヌ司教、ラコスト書記官いずれも採用していないのです。日本軍の犯行という結果ありきで考えるから無理が生じるのです。たとえ状況的に有り得そうにないように見えても、手口や動機、誰が得をするのかを考えてみることも必要なことではないかと思います。根こそぎ持っていくような略奪の犯人や、壁を乗り越えて侵入する兵士たちはいかにも中国兵らしいですが、外国人宣教師の拉致や殺人はただの金銭目的とは思われない節があります。政治的理由、とくに外国人のキリスト教宣教師に敵意を抱く者の存在についても考えてみることにしましょう。

たとえばエドガー・スノーの『アジアの戦争』ではこのような記述があります。

　　夏の雨の降っているある午後のこと、呉という中国人の青年が、剃った頭から雫と汗をたらし、顔中に歪んだ笑いを浮かべて入ってきた。
　　呉は私の旧友張ユウシャンの名刺を持っていた。この張という男は以前は東北軍士官であったが、今では（北平）市外でゲリラ部隊の指揮を執っていた。（中略）
　　数日前、ゲリラの一隊が西山の僧院から数人のイタリアの修道僧と司祭とを連れ去り、北京の日本軍当局に身代金を要求してきたことがあった。その意図は、外国人の眼前で日本軍を困らすことだけではなかった。飢えた兵士の食料を購入するのには、どうでも現金が必要なためであった。私は呉君がこの事件について何か知っていはしないかと考えたわけなのだが、私の考えは当たっていた。呉は仲間がこの犠牲者を妙峯山の近くに引き留めていると語ったものである。
　「そんなことをしたのでは、中国に対して外国の同情を得ることはきっこないよ。匪賊だと思われるのが嫌だったら、すぐにそのお坊さんたちを釈放したらどうだい」
　「しかし、坊主たちは伝導（原文ママ、意味不明）の一部を日本軍に売ってしまっていたのです」
　と呉はこの拉致事件を弁護した。
　「奴らは日本軍士官に食事を饗応したんです。それから我々の情報を知らせたので、後で日本軍はゲリラ隊の根拠地として使っていた味方の村を焼き払ってしまいました。イタリア人は満洲国を承認し、防共協定に調印しています。奴らは日本とのファッショ同盟者じゃないんですか？」
　　私はカソリックの洗礼を受け、また堅信礼を受けてはいたが、この種の論理の中に潜む中国人の考え方が十二分に解るくらい長く中国に住んできた人間だ。そこで、私は１時間に渡って、どんなにお前たち

の利益になっても外国で公にされた場合不利になったのでは結局損なのだ、ということを呉に説明して聞かせた。

田口神父も帰国後に共産党の脅威を報告しています。

 カトリック教と共産主義とは不倶戴天の思想的宿敵でありまして、支那共産党の魔手に最も苦しめられているものは、カトリック宣教師及び信徒であります。
 私は彼の地に於いて、或は共産匪の魔手から皇軍によって救出された各国宣教師に面接し、彼等の偽らざる体験談を聴取することが出来ました（中略）五台の宣教師は、共産匪の襲撃に遭い、皇軍の援助によって命からがらで太原（山西省）まで落ち延びました。楡次県洞児溝（山西省）のイタリア宣教師一名、支那人宣教師二名は夜陰に乗じて、名もなき山に拉致されていましたが、皇軍の温かき手によって救出され、太原に来て皇軍の部隊長に深甚な感謝の意を表しました。今や共産匪は東へ東へと進み、京漢線の要地、正定、定州、無極の附近に、最近では献縣を中心として河北省中央部まで赤の魔手は延び、これ等の地方に布教している各国カトリック宣教師から盛んに皇軍にその救助方を懇請して来ている有様であります。（中略）現地の各国宣教師や支那住民は異口同音に「皇軍がいなければ支那は赤化するであろう。赤化したらば極東は破滅の危うきに瀕するであろう」と確言しています。（田口芳五郎著『北支より歸りて』）

教皇庁は1934年には満洲国を承認していますし、共産党がムッソリーニを極度に嫌悪していたので、イタリア人は共産軍や匪賊の標的になりましたが、記録を見るとスペイン人やフランス人、アメリカ人など欧米の宣教師が区別なく襲われています。

正定の場合、事件の起きる寸前には日本の将校団が宣教会を訪問・視察し、反共を訴えました。司教たちは６万人近い正定代牧区のキリスト教徒の頂点に立つ人ですから、共産党にとっては彼らが日本軍に味方し、情報

の提供をすれば戦線の後方に解放区をつくる計画の邪魔になります。事実、日本軍の大部分が南に下って警備が手薄になると抗日ゲリラの工作が正定県でも深刻になっていきます。そして、親日系県政府、共産党系県政府、国民党系県政府が並び立つ事態になりました。

このように都市が抗日の組織の影響下にある農村に囲まれるという状況のなかで、親日でいることは命を落とす危険が大であり（実際、漢奸と見なされた者の多くが見せしめとして残虐に殺されました）、宣教するうえでも、信徒を守るためにも、真実を話さないことは十分あり得ました。何の得にもならないのです。日本軍のせいにすることがいちばん安易な道なのです。

共産党の跳梁

正定からほど近い新楽では、事件から約2か月後の12月11日、3千元の懸賞金をかけられていた宣撫官の小宮山季武氏が共産ゲリラに襲撃されました。賊は城壁を越え、城内のスパイの誘導で駅と宣撫官事務所を襲い、取り囲まれた小宮山宣撫官は1人拳銃で応戦し、最後は自決して果てました。彼は軍人ではありませんでしたが、日中友好、反共主義を説く日本の広報活動は目障りだったのです。

1939（昭和14）年、正定から40kmほど南東にある晋縣を中心とする地域の治安・産業工作の任務に横山少佐は就きました。彼はこの時のことを回想してこのように語っています。

　　当時、この附近は非常に共産軍が狙獗を極めておりまして、縣公署は悉く共産軍の役人でもって占められており、どの村にもどの町にも共産軍が充満しているというような状態でありました。そうして彼らは主なる都会にそういう役人を置きまして、農民に対しては、農民会、動員会というものを組織し、家一戸について少なくとも一人党員を出さなければならないといって、どんどん統制強化をし、住民に対しては徴発――人間の徴発、或は糧食の補充、それから各家々で服の調製などもさせた――を援助せしめ、又日本軍が来られないようにす

るというので、道路などをズタズタに切っております。部落から部落へ壕を掘って、日本の弾丸に中らないで互いに交通し得るように、又すぐ射撃が出来るようになっております。

　支那は御承知のように、各部落や町は皆城壁や塀を廻らしておりますが、それを毀しまして、そうして日本軍をここへ拠らせないようにするというのでありますが、それは宣伝でありまして、数千年来の自治を破壊して、そこへ不平分子をこしらえ、その間に共産主義を植付ける。そうして帝政時代武力で東進したと同様ソヴェット時代に思想戦を以て海岸に向って前進するのであります。斯くして道路を毀すことを奨励して、何処はこんなに破壊した、ここではこんなに破壊したという「破路新聞」などを発行して破路の奨励をしておった状態であります。スターリンの肖像も壁に掲げてありました。

　ここでお考えにならなければならぬことは、汪精衛の政権が出来たから、これで安心だといったら、それはとんでもない認識不足であります。蔣介石の勢力のある時でさえ、西安事変というものが共産党のために起され、又蔣介石の意図を外れて国民が排日侮日に熱狂し、今日の事変が起きたのであります。今日、蔣介石軍が日本に破れて、その軍隊全部が汪精衛側についたとしても、それによって日本が撤兵したならば、この共産軍に破れた軍隊をもってしては到底共産軍に対抗することが出来ないのであります。現に皆さんも御承知のように、重慶政府内も共産党の勢力にだんだん侵略されつつあり、辞職したりする要人もあります。現地では実力においては蔣介石軍がどんどん負けている。或は武装解除されたりしている。こういった状況であります。

　それでここで日本が不干渉主義をとるとか、或は日本兵を引上げるようなことがあったら、支那は露西亜と同様になると思う。日本軍が全部撤兵したら、一日を出でず、恐らく三時間でそういうことになるだろうということは誰でも考えることであります。

共産党はキリスト教徒の敵

　山東省済南のアメリカ系メソジスト教会の重鎮であった王長泰氏は、北支のキリスト教会を視察した鷲山第三郎教授に語ります。

　　戦争の惨禍は一時です。なるほど衝突の行われた地域の人々は当時は生きた気持ちはありませんでした。可哀想な者も随分でました。しかし日本軍が都邑を占領して、治安を回復してくれますと、もう何の心配もありません。物価はなるほど高くなりました。けれどもそれだけ地方の収入も増えるわけです。軍の駐屯のために私どもは何一つ失いません。おかげを蒙っています。

　　ところが可哀想なのは日本軍の駐屯しない田舎です。その方面の農民です。これは全く共産党員の跳梁に任されているのです。彼らは百、二百という団体を作って部落に侵入して周り、民家を戸毎に調査に来ては、一ヶ年粒々辛苦して折角取り入れた穀物、いや穀物ばかりではありません。有り金、衣類、武器、道具、とにかく何か役に立ちそうなものはことごとく徴発してしまうのです。もちろんその時は、家族の人数に応じて中央から配給をすると言って伝票を置いて行きます。それには、新しい組織で、農民の生活を安定する、物資は決して奪うのではない、政府が平等に配給するため、一時預かるに過ぎない、と書いています。徴発に応じないとたちまち首が落ちるのですから、否応なしに農民は略奪に任せます。すると党員たちはどうでしょう。わざと騒ぎ立てて日本軍の襲撃を待つのです。たくさんの馬車を用意して、いざ日軍到来となると、一切の穀類財産を携えて山西、陝西の奥地へ遁走してしまうのです。泣いても泣けぬ憂き目を見るのは無一物に残された農民たちです。全く目も当てられぬ惨状です。しかもそれが秋の収穫時に繰り返されるのですから堪りません。農民が無知無学になるのも、自暴自棄になるのも、頽廃的になるのも当然です。支那の農民を駄目にするのは共産党ですが、それがロシア人でもなくモンゴル人でもなく、同じ支那人なのですから私どもは情けなく恥ずかしく思っています。　（中略）

我々キリスト教徒は共産党の敵であり、共産党は我々の敵なのです。もし支那の教会が、カトリックたるとプロテスタントたるとを問わず、共産党の味方であるなどと思われましょうものなら、それは大変な誤解です。たまたま潜行運動者が教会の中やミッションの大学、専門学校はもちろん、中等学校にさえ潜り込みますが、それをもって支那のキリスト教は共産的であると速断されては本当に残念です。また折角の私どもの真面目な排共運動も両方から板挟みにされては行き詰まりとならざるを得ないのです。（鷲山第三郎著『支那天主公教會の實情』）

治外法権の影に隠れてテロ攻撃
　北京の日本軍広報官は外国人記者を前に口癖のように欧米人が抗日分子を匿（かくま）うことを非難していましたが、正定事件に関する記者会見でも同じ趣旨の発言をしています（ラコスト最終報告）。つまり、犯罪を起こしかねない集団を敷地内に入れてしまったからだと言うのです。この自己責任論は反感をもって迎えられました。しかし、これはハーグ第五条約、陸戦中立条約における中立国とその国民が守るべき義務でした。
　というのも、宣教会など列強諸国の特殊権益地は中華民国の主権が及ばない外国領土同然の状態であり（そのうえ宣教師たちは中国側についた義勇兵ではありません）、その中に通信施設を設けたり、そこから攻撃を仕掛けたりすることに中立国は寛容であってはならないのです。これは阻止義務といって中立国の積極的義務になります。
　また戦闘の過程で被害を受けても中立国は黙認する義務があります。正定の場合、小神学校のある郊外の柏棠ラザリスト修道院は中国軍に占拠され防御陣地にされました。これは（中国軍の）陸戦法規の背信行為にあたります。圧倒的な実力で阻止できなかったとしても、中立国は外交努力でそれを防ぐ努力をしなくてはなりません。しかしながら実際には黙認されていました。前線部隊も、憲兵隊や特務機関も、中立国の治外法権の影に隠れて攻撃する中国正規軍や共産ゲリラ、特務機関のテロに苛立っていました。

7、「正定事件」の処理

横山少佐の発言の真意

　11月に北支那方面軍司令部から特命を受けて正定に入った横山彦眞少佐は、同伴したド・ヴィエンヌ天津司教、田口芳五郎神父（当時日本カトリック新聞社社長）とともに調査を行ない、横山少佐の提案で、22日に正定天主堂で日本軍将校や治安維持会委員、地元の名士に仏教僧も招いて葬儀ミサを行いました。横山少佐はこの時、日本軍の責任に関する発言を行なっています。ヒル牧師はミサに参列したスピラ牧師からその内容を聞いたと言います。

　「この犯行の責任はおそらく日本軍の中にいた共産分子にある。もちろんこの行為は現行の軍規に反するものである。そうではあるのだが、この共産分子は軍の一部でもあるので、軍としても責任を逃れることはできないと認めざるを得ない。従って賠償のため適切な措置を取るつもりだ」

（1937年12月1日ヒル牧師証言記録）

　横山少佐はフランス語を話せましたが、この時、何語で話したのか中国語通訳を入れた会話なのかは分かりません。それにしても日本軍の中の共産分子が事件を起こしたなど考えられるでしょうか？　そのような事件は聞いたことはありません。しかし、いま挙げた証言のようにとられる何らかの談話をしたのは確かなのでしょう（日本軍の中にいた、というのは恣意的な後付けかもしれません）。

　横山少佐は調査段階で新事実を発見したのでしょうか、それとも日本軍に占領されたあとであるという状況証拠と「日本軍の軍服」を着ていたという話を鵜呑みにしただけなのでしょうか？　「工作部隊」はどこに属したものなのか、『北支物情』に出て来るような「靖郷隊」を念頭に置いたものなのか、日本軍の責任や名誉は何についてのことだったのでしょうか？

　ラコスト書記官は新たな事実が出てこなかったことを明らかにしています。

「これ以上の事実が出てくるとは思えません。しかし、日本軍の責任を確信させるには十分でしょう。日本の代表たちはこの責任から生じる結果を丸ごと負うことのないよう、口にこそ出しませんが、補償の話で譲歩することにやぶさかではなく、それは彼らも内心で確信しているからです」
（1938年１月10日フランス大使宛ラコスト書記官最終報告）

12月に横山少佐とシャネ神父との間で取り交わされた文書を読むと、少佐の言う「責任」の意味が見えてきます。北京で追悼ミサを行なうこと、追悼の碑の建立、賠償金検討の用意、弔文の送付と公表を認め、公式謝罪は公的な弔問に換えるという条件からは、拉致殺人の直接の責任を認めたとはとても思えません。賠償金は当初言われていた15万米ドルではなく、シャネ神父が正定入りして早々にはじき出した物的損害額７千米ドルが弔慰金と見舞金として教会側に支払われました。これは拉致殺人に関する責任ではなくて、治安維持を全うできなかった国際法上の責任、砲撃など戦禍に巻き込んだ責任という意味だったのです。だからこそ、日本の公式記録では「賠償金」ではなく、「弔慰金」「見舞金」なのです。

しかし、それでも中国での長いキリスト教迫害の歴史の中で、慰霊碑の建立やどんな形であれ現金が支払われるということ自体が、事件の全責任を認めるに等しいことであったことに日本側が気づいていたかどうか私には分かりません。

日本政府の最終回答

公使館区域の聖ミカエル教会でミサを行なうことは、在北京の外交官たちや外国人居留民の前で日本の事件の当事者としての責任を際立たせる効果がありましたから、在北京日本大使館の先任外交官の森島守人参事官は参列せず、北支那方面軍司令部からは横山少佐が代表で出席しただけでした。少なくともこの２人の当事者は気づいてはいたものの、カトリックとの友好関係の確立を重視したため、このような判断となったと私は思います。

ラコスト書記官は書いています。

「横山少佐は日本人カトリック司祭の田口神父とともに（および一時的に

フランス人カトリック司祭パトルイヨ師も伴って：1937年10月29日第283号の私の電報を参照）、日本軍と北支カトリック宣教会の『和解』を担っており、正定府の事件解決の特命を受けていました」（1938年１月10日フランス大使宛ラコスト書記官最終報告）

この「和解」は上手くいったようですが、お互いの本音は違ったのです。宣教会はフランス大使館には内密にして示談交渉を進めましたが、同時に最終調査結果で日本軍の犯行であると次のように報告しています。

ミサが行なわれた北京の聖ミカエル教会

「宣教会に略奪にきた犯人は日本人と満人、あるいは満人のみの集団だったと考えられますが、間違いなく日本軍の兵士で、制服を着ていました」（1938年１月10日フランス大使宛ラコスト書記官最終報告）

フランスの姿勢は一貫して布教保護権を維持するための責任を果たすことに終始していました。一方、日本大使館の森島参事官はフランス大使館に対し、事件再発防止のためにとられた処置を通知するとともに、日本の責任を全面否定する声明を出しました。

「調査からは、上記以外の結論を裏付ける証拠を見出すことはできなかったことをお伝えいたします。従って、日本政府は本件の責任を負うことはできず、同様に日本軍が占領する地域で起きる全事件の責任を負うこともできかねます。しかし、日本政府は東洋の平和と安定を切に願っており、シュラーフェン司教並びに他８名の宣教師らが同じ思いで宣教会に献身していたことから、日本軍が交戦する地域において、このような思いがけない不幸が起きたことに遺憾の意を表さずにはいられません」（1938年２月13日付ラコスト書記官宛森島参事官書簡、いわゆる森島文書）

これが日本政府としての事件に対する最終回答なのです。

8、歴史に向き合い、真実を究明する

事実の解明より和解を選んだ日本の責任

結局のところ、誰も拉致・殺人事件の犯人を決定づけるいかなる証拠も見つけることができなかったのです。はっきりと目撃した人に限って重要な情報を出してくることはありませんでした。結果、日本側はかけられた嫌疑を晴らすだけの十分な証拠を提示できず、また事実の解明より交渉での妥結という安易な解決を選んでしまいました。教会側やフランス大使館側も合理的に考えているようで、実際は真相に迫る何ものも得ることはできず、噂ばかりがあとに残ったのです。

横山少佐はド・ヴィエンヌ司教をして「正しい人」と言わしめた好人物でしたが、彼は捜査のプロではないうえに最初からカトリック教会との和解が目的でしたので、憲兵隊のある意味、不親切な調査結果を土台としなければならなかったことに耐えられなかったのかもしれません。彼は日中どちらの側にいた兵であれ、犯行に共産主義の影を感じ取り、司教たちの死を殉教であると考えていたに相違ありません。残念ながらその善意に反して現代では歴史が捏造され、崇高な殉教がプロパガンダの材料になりつつあります。

根拠なき「慰安婦要求」

動機としての慰安婦要求はかなり無理のある根拠薄弱な「伝説」に過ぎませんでした。というのも、聖ヨセフ修女会では何もせず、司教が連行されたあと、賊は愛徳姉妹会に向かったのであり、戸が開けられなかったというだけで拉致を諦めている事実が厳然とあるからです。この事実は繰り返し強調したいと思います。

たとえ「要求」があり、司教の「拒絶」があったとしても、それは何ら結果に影響していないのです。そして現在の「伝説」は数々の証言の不確

かさを払拭すらしようとしていないのです。これは恥ずべきことです。列福運動に逸り過ぎて、無理に物語を構築しようとする姿は、まるで検事が証拠の乏しい容疑者を刑に服させようとするかのようです。

　このような不確かな状況で罪を認めることは外交の常識とは言えません。また学術的にも正しいあり方ではないでしょう。当時の日本外務省の対応は至極妥当でした。横山少佐はぎりぎりの誠意を見せましたが、無責任な譲歩はしませんでした。駐バチカン仏大使は教皇庁国務長官宛にフランスが日本を脅したことを告白しています。

　「被害を受けた宣教会と日本大使館そのものへの敬意から、フランス代理公使（註：ラコスト書記官）はこの仮払いのことを口外しなかったが、日本の代表に対して、その狭量な態度にこれ以上秘して耐えることはできず、また司教および宣教師の神父たちの虐殺は中国のみならず欧州、とりわけパリやローマ、デン・ハーグで大きな波紋を呼んでおり、日本軍の名声に非常に不都合な印象を与えかねないことを指摘した」（1938年5月24日付教皇庁国務長官宛駐バチカン仏大使書簡）

　しかし、日本の軍も外務省も拉致殺害の罪については最後まで認めませんでした。

歴史問題に妥協してはならない

　では、現代の日本人がとるべき態度はどうあるべきでしょうか？　私は他者から「良い人」という評価を受けるよりも、真実に向き合い、歴史と真に苦しみを受けた人々に対する関心と共感を持つべきだと思います。歴史認識には多少なりとも相違はあるものです。少しでもその溝を埋めたいと願うならいきなり他者の主張に同意するのではなく、まずは自らが納得のいくまで真実を追求して自らの立場を確立すべきです。衝突を恐れず、たとえ小さな事象であっても、われわれは国家の生存にかかわる歴史問題に妥協してはならないと思います。

　列福運動を推進する方々も真に司教たちの死を思いやるなら、都合の良い話で物語を組み立てるのではなく、さらに徹底的に研究するべきではないでしょうか。司教たちが殉教したのは確かだと思いますが、今のような

日本を外した形で列福運動を推し進めるシュラーフェン財団のやり方は再考の余地があると考えています。読者の皆様1人ひとりが考え、声を上げてほしいと思います。

「正定事件」関連資料

(注：書簡・証言・報告書の原文はＨＰ
『正定事件の真実』で公開しています）
https://seiteijiken.amebaownd.com/

(A-1) 1937年10月23日付、シャネ神父の第6師団長宛書簡

正定府　1937年10月23日
正定府カトリック宣教会

師団長殿[注1]

　貴軍の正定府への入城後、10月9日と10日の夜に当地のカトリック宣教会で行なわれた強盗行為についてご承知のことでしょう。

　9日の夜7時、我々の司教シュラーフェン猊下をはじめ、修道院にいたヨーロッパ人の宣教師たち全員が連れ去られました。その名前は以下のとおりです。

- シャルニ神父（フランス人、修道院長）
- ベルトラン神父（フランス人、会計責任者）
- チェスカ神父（オーストリア人）
- ヴァウタース神父（オランダ人）
- ヘーツ修道士（オランダ人）
- ロビアル修道士[注2]（フランス人、トラピスト会士）
- プリン修道士（ポーランド人）
- ビスコピッチ氏（ハンガリー人[注3]、オルガン技師）

　シャルニ神父とベルトラン神父は宣教会の南門のところで捕らえられました。それ以外の人たちはシュラーフェン司教とともに食堂で捕らえられました。全員が、まるで犯罪者のように後ろ手に縛られ、目隠しをされました。

　それから2人の兵士が、中国人の神父に案内させて会計係の神父の部屋に行き、窓を壊して侵入し、略奪をはたらきました。

10日の夜、9時から11時に、他の5人の兵士が複数の神父の部屋を荒らしました。被害額は分かりません。

　私がこれらの出来事を知ったのは10日後のことで、正定府には昨日（10

月22日）ようやく到着した次第です。上記の他に略奪の詳細が分かりましたら、すぐにお知らせいたします。最も急を要するのは人命の救助であり、連れ去られた人たちの内2人は病人でした。

　人道の名において、また日本軍の名誉を宣教師たちの死によって傷つけないためにも、彼らが解放されるようお願いいたします。犯人も被害者も、見つからないはずがないと存じます。

　本件について、師団長は十分にはご存じないのではないかと考え、本状を認（したた）める次第です。連れ去られた宣教師たちの身の安全と解放のために必要な手段をとってくださることと信じております。

敬具
シャネ神父

注1：日本軍第6師団長、谷寿夫中将。
注2：原文直訳。実際は修道士ではなく神父。
注3：原文直訳。実際はチェコスロヴァキア人。

（A-2）1937年10月24日付、シャネ神父のフランス大使館宛書簡

正定府　1937年10月24日

大使閣下

　10月9日、10日に正定府のカトリック宣教会で起きた悲しい出来事について、すでにご承知のことと存じます。私は本件を知ってすぐにモンテーニュ司教に手紙を送りましたので、司教から知らせがあったことでしょう。また、私自身は通行許可証を得られず、そちらに伺えなかったため、代理として行かせたフォンケ神父からもお聞き及びになったことと思います。

　本状では現地調査の最初の結果として、人的被害に関することをお伝えします。物的被害については後日お送りします。緊急性はそれほど高くありませんから。

　大使閣下は我々の唯一の希望です……。この誘拐事件について、私はありえそうな仮説を立てることができず、事件が完全な沈黙に包まれているために最悪の事態を考えてしまうのです。

　昨朝、添付のとおり谷師団長に手紙を送りましたが、おそらく彼を動かすだけの力はないでしょう。大使館の方が急いで来てくだされば、大使閣下、より大きな意味をもつことと思います。車でここまで来るのに障害はありません。移動の手間と労力に見合う問題かどうかは、どうぞご自身でご判断ください。しかし、我々はみな閣下のご来訪をどれほど有難く思うことでしょう。

　宣教会は当初、混乱の極みでした。私は少し秩序と落ち着きを取り戻させました。現在の軍の行状は良好です。修道女たちが苦しめられたのは爆撃のみです。

敬具

シャネ神父

正定府　1937年10月24日

【日本軍の入城後、正定府のカトリック宣教会でなされた強盗行為についての報告】

　これらの行為は、とくに9日土曜と10日日曜に行なわれました。私が知らせを受け取ったのは17日日曜の晩になってからです。それから3日間は北京に報告に行くための通行許可証を申請しましたが、許可を得られなかったので、正定に自転車で向かい、22日の晩に到着しました。
　以下は現地調査の結果です。
〈人的被害〉
　9日土曜の正午、便所の肥だめに通じる開かずの扉から、2人の兵士が修道院の裏庭に侵入しました。この扉は宣教会と大寺院を隔てる壁にありますが、彼らによって壊されました。2人は病気のニャン（アルベリック）神父の部屋に行き、食事を取り上げたうえ、乱暴に服を脱がせてほとんど裸にし、服を中庭に投げ捨て、神父を部屋から追い出して部屋にあるものを略奪しました。
　そして、来た道を通って立ち去りました。
　1人の将校が宣教会にやってきて、扉をふさぎ、兵士がそれに触れることを禁じる貼り紙をしました。しかし、効果はありませんでした。
　同じ日の夜6時から7時の間、シャルニ神父とベルトラン神父は、壁を乗り越えて至るところから入って来る数多くの兵士たちを押し返そうとしていました。両神父はそのうちの数人から南の正門を開門するよう要求されましたが拒否しました。しかし、彼らはトラックを横づけして壁をよじ登り、神父たちを門番部屋に監禁し、門を開いて外にいる仲間たちを中に入れたのです。
　兵士たちは中庭に侵入し、食堂に行きました。午後7時で、修道院の全員が夕食のため集まっていました。賊はまっすぐにシュラーフェン司教のところへ行き、目隠しをして（そのための布を持参していました）、後ろ手に縛ったのです。そして、その場にいる他のヨーロッパ人たちにも同じ

ようにしました。

　それは、チェスカ神父（オーストリア人）、ヴァウタース神父（オランダ人）、ロビアル神父（フランス人、トラピスト会士）、ヘーツ修道士（オランダ人）、プリン修道士（ポーランド人）、ビスコピッチ氏（確かハンガリー人だと思われるオルガン技師）でした。

　賊は目隠しで前が見えない司祭たちを両側から囲み、大門ですでに捕まっていたシャルニ神父とベルトラン神父も一緒にして、修道院の外に連れ出しました。以後、消息はまったく分かりません。

　生きているのか、死んでいるのか……。

　何か非難されるようなことをしたというのだろうか……。何を……。我々には何も分かりません。

　その他の犠牲者は、私たちの印刷所の所長です。城門で日本軍を迎えるため行進する人たちを見ようと、所長は宣教会の正門を出ました。すると１人の兵士が彼に向かって１発目の弾を撃ち、所長は軽い怪我をしました。彼はそこで跪いて命乞いをしましたが、２発目を心臓に受けて即死したのです。私たちの孤児の１人であり、片方の足が不自由で無害な男でした。野蛮で無意味な殺人です。

　修道女たちのところには多くの砲弾が飛んできて、そのうちの１つが避難者たちのいる小さな家で爆発しました。女性１人と子ども２人（３歳と12歳）が即死し、他に女性１人が大怪我を負いました。おそらくは助からないでしょう。

　砲弾はたまたま飛んできたのでしょうか。しかし、大聖堂を避けるどころか、むしろ砲撃の的にしていたように思われます。というのも、ほぼすべての砲弾は大聖堂のすぐそばに落ちていたからです。

〈フランス国旗への侮辱〉

　フランス国旗は学校から引きずり下ろされ、（野営）便所に捨てられました。

　注１：1937年10月。
　注２：アルベリック神父は安（ニャン）という中国名の名字を持っていました。
　注３：既述の破壊された扉。

（A-3）1937年10月26日付、シャネ神父のモンテーニュ司教宛書簡

正定府　1937年10月26日

司教様[注1]

　依然として行方不明者の消息はつかめず、私はこの完全な沈黙が不安です。身代金目的の誘拐ではないかと思うのですが、それならばもうなんらかの打診があってしかるべきです。

　私はここに着いた翌日、フランス大使に手紙を書きました。最初の報告書も送りました。司教様は大使と密に連絡をとられているはずですから、すでにご存知のことと思います。

　谷師団長にも手紙を書いたのですが、返事がありません。

　北京でなされたことを知るのには時間がかかります……。私たちの唯一の希望は北京での外交交渉です。ここでは私たちはまったく無力です。

　私の最初の手紙は間もなく戻ってくるのではないかと思います。そして、ぐずぐずしないようにと言い聞かせたフォンケ神父も……。私には道中で難儀なことがあったかどうかも分からないのですが……。

　今は郵便局が再開されたので、こうして手紙を出しています。でも、お手元に届くまでにどれほどの時間がかかるでしょうか……。

　ここはいま落ち着いています。みな少し気持をゆるめられるようになりました。でも、これまでに見たことのない恐怖と混乱がありました。

　私が見かける日本兵たち、とくに将校たちはとても礼儀正しいです。その分、正定府に入城した当初の野蛮な振る舞いは理解できません。

　私がふさぎの虫に取りつかるようなことのないように、どうか時々お便りをください、司教様。私は傲慢にも自分が修道院の精神的支柱だと思っているのです……。そして、ここの人たちの気力を保つために、まず私自身が気を落とさないようにしなければいけません。今すぐどうこうというわけではないのですが。

敬具

シャネ神父

注1：北京代牧教区長モンテーニュ司教。

（A-4）1937年10月26日付、デ・フォネック神父証言

北京　1937年10月26日

【記録】正定府の宣教師たちの誘拐事件について

デ・フォネック神父の訪問

　本日午後、モンテーニュ司教の訪問を受けたところ、河北省中心部の武邑教会の主任司祭である、オランダ人のデ・フォネック神父が一緒でした。

　同神父は10月17日に、正定府のシュラーフェン司教とそのほかの宣教師の誘拐事件を知り、自転車と船を使って、また日本軍や中国の不正規軍を避けて何度も遠回りしながらシャネ神父のいる定州に行き、それから保定府、天津を経て、汽車で北京までたどり着きました。

　その報告は次のとおりです。ある中国人のキリスト教徒で、事件を目撃した他の数十人の中国人の多くからも報告を受けた者が、デ・フォネック神父に伝えに来たところによると、10月9日の夜、日本軍の前衛部隊に属する朝鮮人、満洲人、モンゴル人の兵士が多数（数は不明）、軍服姿で武装して、何百人もの避難者が滞在中の修道院の敷地に入ってきました。兵士たちは最初にシャルニ神父を捕らえ、門番部屋に監禁して、門の前に番兵を立たせ、それから、修道院で働く中国人に案内させて、シュラーフェン司教と8人の宣教師たちがいる食堂に侵入しました。兵士たちは誰が長上者かを尋ね、シュラーフェン司教が名乗り出ると、司教に目隠しをしてから、全員について来るよう命じました。シュラーフェン司教は前が見えずによろめくと、兵士たちは司教の首にひもを付け、引っぱって行きました。そして、宣教師たちとともに外に出ていき、姿を消しました。[注1]

　10月17日の時点で、誰も彼らの消息を知らず、人々は最悪の事態を恐れています。身代金目的で誘拐されましたが、翌日石家荘で攻撃が再開されたため、交渉ができなくなったのではないでしょうか。犯人たちは進退きわまって足手まといの人質を最後の瞬間に殺したか、あるいは猿ぐつわを

かませ、手足を縛ったままどこかに閉じ込めて立ち去ったのかもしれません。そうであれば、人質はじわじわ死んでいくことになります。

　宣教師たちが誘拐される30時間以上前から町は日本軍に制圧され、略奪や混乱の極みにありました。町の有力者たちの懇願で、日本の司令官は部隊に許可する強奪の期間を8日から5日に短縮しました。

〈会談の間にデ・フォネック神父から得た軍事情報〉
　日本軍が制圧しているのは、鉄道と沿線の主要な町だけです。平郷[注2]と清河[注3]の間は、河間府[注4]かもっと北の地点まで土地の一部が水に浸かっており、中国兵が小さなグループや、ときには数百人ほどの群に分かれて数多く潜伏中です。多くはまだ自分たちの軍服を着ており、大半が武器を所持しています。奇襲攻撃が容易で、無駄に兵を失いかねないため、日本軍はこの危険な地域には足を踏み入れていません。

注1：原文直訳。実際にこのような多国籍部隊は存在しない。
注2：旧河北省平郷縣。
注3：旧河北省清河縣。
注4：旧河北省河間縣。

(A-5) 1937年11月3日付、シャネ神父のフランス大使館宛書簡

正定府　1937年11月3日

大使閣下

　10月9日と10日の悲しい出来事と、シュラーフェン司教猊下（げいか）および当日修道院にいたヨーロッパ人全員が突然誘拐された事件については、10月24日に簡単な報告をお送りしました。

　今日は閣下に、物的被害についての報告をお届けします。報告の写しは、昨日将校1人を伴って事件の調査に来た日本の憲兵隊長に渡しました。

　私たちのところで公式の動きがあったのは初めてです。目撃者たちは自分たちが見たことを話しました。

　2人の将校は、事件を「便衣兵」という中国軍不正規兵のせいにすることにこだわりました。確かにそうかもしれません。私は厳密な意味で日本兵の仕業だと断言したことは一度もないと答えました。人質たちの解放に比べれば、犯人が誰かという問題は私にとって取るに足りないことです……。

　日本軍が10月9日の朝から町を占領していて、この日と翌日に将校たちが何度も宣教会に来たことを私は伝えました。また、大寺院を占拠した兵士たちが宣教会との間の扉を壊して、トラピスト会のアルベリック神父に暴行し強盗を働いたので、将校の1人が扉をふさぎ、触れるべからずと日本語で貼り紙をしたこと、しかし命令は守られず、この扉は10日にもう一度壊されて7頭の雌ラバが盗まれたことも伝えました。

　作業場（注1）で強盗を働いた兵士たちは、50頭の馬とともに2日2晩その場に留まりました。そして、ダムダム弾10発入りの袋が付いたベルトを残していきました。したがって、日本軍に属している者ではないはずですが、彼らが2日間ここにいた事実から、正規・不正規を問わず中国軍に属しているとも考えられません。

1か月前から宣教会では南門だけを開けていました。南門はフランス学校の門と同様に大通りに面していて、誘拐された宣教師たちはこのどちらかを通って出て行ったはずです。通りには日本兵が行き交っており、気づかれずに通って行った可能性も否定はできませんが、難しいように思われます。そもそも、シャルニ神父とベルトラン神父はこの門で監禁され、そこから犯人たちは侵入したのでした。

　私は以上のことを調査員たちに指摘しましたが、固執はしませんでした[注2]。それよりも、行方不明者たちを発見するためにできるだけのことをしてほしいと頼みました。衣服と食料が不足してむごい苦しみに遭っているに違いないからです。シャルニ神父とトラピスト会のロビアル神父、そしてヘーツ修道士は、誘拐されたとき病気で厳しい食事制限をしていましたから、命の危険が差し迫ってさえいるのです。それに、彼らを見つければ犯人のことも分かるのですから……。

　日本側に動きがあったのは大使閣下の介入のおかげに違いなく、皆に代わって御礼申しあげます。

　どうぞ今後も無力な私たちにご助力を賜りますようお願い申し上げます。

敬具
L.シャネ神父

【日本軍の入城後、正定府のカトリック宣教会が1937年10月9日と10日に被った物的被害】

　10月9日土曜の午前中、個人あるいはグループの兵士が至るところから宣教会に侵入し、望みのままに盗みを働いた。

　台所――卵を調理するよう命令し、他にも食物を奪った。2～3ドル。

　消費されたもの――砂糖（50kg以上）、ナイフ、フォーク……20ドル以上。

　証人――ラン修道士と料理人。

　トゥン神父の部屋――土曜の午前中、神父は部屋にいなかった。ドアが

破られ、鍵が壊された。奪われたのはカード入れ1ドル50セント、ナイフ80セント、万年筆9ドル、眼鏡1本19ドル、器物損壊5ドル、計35ドル30セント。

ウー神父の部屋――土曜の午前10時頃、最初に1人、次に2人の兵士が部屋に入ってきて　箪笥や引き出しを開け、以下の物を奪った。タバコ、電気ライト2ドル80セント、眼鏡2本12ドル、時計の鎖1ドル50セント、ナイフ1ドル20セント、計17ドル50セント。犯人たちは中国語を話さなかった。

パイ神父の部屋――机の中を荒らし、紙幣3ドルを奪った。

チェウ神父の部屋――万年筆11ドルとピグミーランプ9ドルが盗られた。計20ドル。

チャン神父、チャイ神父、ミー神父の部屋――犯人たちは金銭を要求し部屋を物色したが、望む物を見つけられず、タバコ数箱を奪うにとどまった。

作業場――土曜の午前10時頃、隣接する家屋の屋根から兵士が1人下りてきて、宣教会の作業場の中庭に入った。兵士は時計工房に行き、間もなく他の兵士3人もやって来た。そして司祭、パウロ会士[注3]やトラピスト会士等の修理中あるいは修理済みの懐中時計を21個盗んだ。時価200ドル以上。写真機80ドル、ピグミーランプ3つ、1つ9ドルで計27ドル。紙幣17ドル。

ベルトラン神父が現場に向かったが、兵士たちは略奪を続け、修理中の大時計をいくつも壊し、交換用のガラス（1グロス[注4]以上）を地面に投げ捨て、足で踏みつけるなどした。最低でも80ドルの被害。

犯人たちはその後、大通りに面していて作業所の中庭に通じるフランス学校の門を開けた。そして、自分たちの馬を2日2晩そこにつないでいた。我々の使用人たちは持ち場がすっかり荒らされたのでその場を離れた。

穀物の袋は動物の餌にするために穴を空けられた。70から80ドル。

印刷・製本所の金庫が壊されて盗まれた。40から50ドル（印刷所の所長は

突然殺された。これについて被害金額を言うことはできない）。

　本の束はばらされ、個々の本も乱雑に散らかされ、器具を駄目にされた。30から40ドルの被害。

　指物工房での損壊——盗まれたり壊されたりした機材、30から40ドル。

　ブリキ工房、靴工房での損壊および盗難——20から25ドル。

　時計工房での損壊——時計のゼンマイ2グロス、精密機器の紛失、電気メッキ電池の損害等、最低でも100ドル。

　工員たちの作業着は肥だめに投げ込まれた。パウロ会士の服も同様。100ドル以上の損失。

　証人はリ・ラオ・ツィン、指物工房長。

　土曜の正午に、2人の兵士が宣教会と寺院を隔てる壁の開かずの扉を再び壊し、裏庭に侵入してトラピスト会士のアルベリック神父に略奪行為を働いた。被害総額は分からない。

　同日、司教と他のヨーロッパ人宣教師たちが誘拐されたあと、1人の兵士が会計係の部屋に自分を案内させ、窓を壊して侵入し、出費用の金庫から500から1000ドル（もっと多かったかもしれない）を奪った。また、細かなものをたくさん奪っていった。双眼鏡3台50から60ドル、万年筆、ピグミーランプ2つ18ドル等々。証人はチャオ神父で、彼も夕食前に預かってそのまま持っていた約100ドルを奪われた。

　同じ9日土曜の晩、兵士たちは電動機の部屋に押し入って、配電パネルや配線ケーブルを壊した。30ドルの被害。

　兵士たちは終日、避難者でいっぱいの学校に何度も往復し、金銭を要求したり、金庫や袋の中を探したりして、紙幣や気に入ったものを取り上げた。被害額は見当もつかない。

　10月10日日曜の午後2時頃、4人の兵士が寺院に面した壁の扉の一部を再度壊した。これは便所の肥だめに通じる扉で、将校の1人が前日ふさいだところである。兵士たちは厩舎に行って4人の使用人をつかまえ、扉を完全に取り壊すよう命じた。そして、板を持って来させて肥だめを覆い、厩舎で奪った7頭の雌ラバにその上を渡らせた。この7頭の被害額は約

1200ドル。

　証人はトゥン、チュン、タン、トゥン・ラオ・ムオ。

　同日晩の9時から11時に、兵士たちの内5人が戻ってきた。チャイ神父はその内の1人に見覚えがあり、前日に司教と宣教師の計10人が誘拐された時、自分を脅し殴った人物だと思った。それは背が高くて屈強で、中国語を流暢に話す男であり、ほかの男たちは中国語が分からないと言っていた。3人の兵士が見張りに立つ間、ほかの2人がチェスカ神父とフォンケ神父の部屋の扉を壊して中に入った。彼らはそれぞれの部屋を念入りに物色し、奪うつもりのないものはすべて床に落とした。

　チェスカ神父の部屋では、地区会計の金庫から少なくとも300から400ドルを奪い、ありとあらゆるものを手提げカバンに詰め込んでいった。その総額はチェスカ神父にしか分からない。カリス（聖杯）とチボリウム（聖体器）もいくつかなくなったようだ。

　フォンケ神父の部屋では聖器は盗られなかった。オランダの葉巻数箱と様々な物が盗られたが、証人たちには正確なことは分からない。

　砲爆撃による被害——大聖堂はとくに狙われたようで、砲弾5発が当たった。塔の1つには穴があいた！　櫓の1つは屋根がとれ、他にも被害がある！　交差廊の十字架と棟木が吹き飛ばされ、その窓と大窓はほとんどすべてのステンドグラスがなくなった。2つの香部屋はひどく損傷を受けた。足場を組むだけで何百ドルもかかるだろう。被害額は足場代を除き、ステンドグラスを含めて最低1000ドル。

　その他——時計塔の屋根がなくなった。学校の棟木も被害を受け、フランス学校の梁間が損傷した。修理費は総額で300から400ドル。

　修道女たちのところでは、直径の大きい砲弾が真新しい建物で爆発したが、幸いに人がいなかった。屋根裏2区画分が完全に壊れ、他の2区画も大きな被害を受けたほか、2階の強化セメントの梁2本も曲がり、修復不

可能。修理費は1000ドル以上。女子学校の１階にも砲弾が落ち、ベランダや壁の一部が壊れて、建物自体の安定が大きく損なわれている。修理費300ドル。他に３つの小さな中国家屋も壊された。200から300ドル。

　総括──避難民への強盗行為を勘定に入れないとして、修道院での窃盗および器物損壊の被害額は2500ドルをくだらない。盗まれた家畜の価値が1200ドル。爆撃による被害は我々のところで1600から1800ドル、修道女たちのところでも同程度。総合して7000ドル以上の被害。

L.シャネ神父

注１：宣教会内の作業場。
注２：調査に来た日本軍将校。
注３：中国人修道会の保禄（パウロ）会修道院。
注４：１グロスは12ダース。

（A-5）1937年11月３日付、シャネ神父のフランス大使館宛書簡（原文）

C O P I E

Annexe à la lettre n°7II du 18/II/1937
de Ambafrance Pékin à Ambafrance Changhai.

Chengtingfu 3 Novembre 1937.

Excellence

Je vous ai adressé, le 24 8bre., un rapport succint sur les tristes évènements du 9 et 10 8bre. et l'enlèvement brutal de Son Excellence Mgr. Schraven ainsi que de tous les Européens présents à la résidence ce jour là.

J'envoie aujourd'hui à Votre Excellence, le rapport sur les "dommages"aux biens". J'en ai donné une copie au Capitaine de Gendarmerie Japonais venu hier, avec un autre officier, pour enquêter sur ces faits.

C'est la première fois qu'une démarche officielle est faite auprès de nous. Les témoins ont dit ce qu'ils avaient vu.

Les deux officiers ont insisté pour mettre ces actes sur le compte d'irréguliers Chinois "pien i t'oei".... Ils ont peut être raison, et je leur ai fait remarquer que je n'avais jamais affirmé que ce fut le fait de soldats Japonais proprement dits : que la question des coupables m'importe beaucoup moins que la libération des otages.... Que l'armée Japonaise occupait la ville depuis le matin du 9; leurs officiers sont venus plusieurs fois à la résidence durant cette journée et celle du lendemain; l'un d'eux a fait remurer la porte donnant sur la grande pagode, démolie par les soldats qui l'occupaient et qui ont molesté et pillé le P. Albéric, Trappiste; il a fait mettre un écriteau en Japonais, défendant d'y toucher; cet ordre n'a pas été obéi et le 10 cette porte a été redémolie et 7 mules volées.

Les soldats qui pillèrent les ateliers, y logèrent deux jours et deux nuits, avec une cinquantaine de chevaux : ils y laissèrent un ceinturon avec une pochette de 10 balles "dum-dum", donc ne pouvant appartenir à l'Armée Japonaise....mais leur stage en ce lieu, pendant deux jours, ne peut guère laisser supposer qu'ils appartenaient à l'Armée Chinoise, régulière ou non.

La porte Sud de la résidence est la seule ouverte depuis un mois... elle donne sur la grande rue, ainsi que celle de l'école Française, et les prisonniers ont du sortir par une de ces deux portes; la rue était sillonnée de soldats Japonais; sans nier la possibilité de passer à leur insu, cela semble pourtant difficile. C'est d'ailleurs à cette porte que furent enfermés le P. Charny et le P. Bertrand; c'est là qu'entrèrent les ravisseurs......

J'ai fait ces remarques aux enquêteurs, sans insister.... les suppliant avant tout de faire leur possible pour retrouver les disparus, que le manque d'habits et de nourriture doit faire cruellement souffrir...Il y a même grave danger pour la vie du P. Charny, du P. Robial, Trppiste et du Frère Geerts, malades au moment de leur enlèvement et soumis à un strict régime alimentaire..... D'ailleurs, leur découverte permettrait aux enquêteurs de résoudre la question de l'identité des coupables....

Je ne doute pas, Excellence, que c'est à votre intervention que nous devons ce commencement d'action, et je vous remercie au nom de tous.

Veuillez nous continuer votre aide, sans laquelle nous ne pouvons rien.

Et croyez, Excellence à notre profonde gratitude.

(Signé) : L. Chanet.

Dommages aux biens subis par la Mission Catholique de Chengtingfou les 9 et 10 Octobre 1937, après l'entrée en ville des troupes japonaises.

Le Samedi 9 Octobre, dans la matinée, isolés ou par groupes, des soldats pénétrèrent un peu partout dans la résidence et volèrent ce qu'ils trouvèrent à leur convenance.

Cuisine : oeufs, qu'ils ordonnèrent de leur cuire, et autre nourriture. 2 à 3$.
Dépense : sucre (plus de 100 livres).. couteaux..Fourchettes.. plus de 20$.
Témoins : Frère Lan et notre cuisinier.
Chambre du P. Toung : Samedi dans la matinée : le P. Toung était absent. La porte fut enfoncée, la serrure brisée: furent volés: un porte-cartes 1$50, un couteau 0$80, un stylo 9$, une paire de lunettes 19$, dégâts 5$: Total 35$30.
Chambre du P. Ou: Samedi matin à 10 heures environ: un soldat, puis deux autres entrent dans la chambre, ouvrent armoires et tiroirs et prennent : cigarettes, un flambeau électrique 2$80, deux paires de lunettes 12$, une chaine de montre 1$50, un couteau 1$20. Total: 17$50. Ne parlaient pas chinois.
Chambre du P. Pai : Fouillé le bureau, pris 3$ en billets.
Chambre du P. Tchéou: Pris un stylo 11$, lampe"Pygmy" 9$ Total 20$./
Chambres du P. Tchang, du P. Tchai, du P. Mi, demandent de l'argent, fouillent, mais ne trouvent rien à leur convenance et ne prennent que quelques paquets de cigarettes.

Atelier : Le Samedi dans la matinée, vers 10 heures, un soldat descendit du toit de la maison voisine, dans la Cour des Ateliers de la Mission. Il se rendit à l'horlogerie, où le rejoignirent bientôt 3 autres soldats. Ils prirent 21 montres de prêtres, de paulistes, de trappistes etc, réparées ou en réparation : Valeur: plus de 200 dollars. Un appareil photographique 80$. Trois flambeaux "Pygmy " 9$ pièce : 27$; argent en billets 17$.

Le Père Bertrand s'y rendit, ils continuèrent leurs vols et dévastation, brisèrent plusieurs horloges en réparation, jetèrent à terre les verres de rechange (plus d'une grosse) et les piétinèrent, etc: dégâts 80$ minimum.
Plus tard ils ouvrirent les portes de notre école française donnant sur la Grande Rue et communiquant avec la Cour des Ateliers. Ils y logèrent leurs chevaux pendant deux jours et deux nuits. Nos employés quittèrent leurs locaux qui furent complètement mis à sac.
Les sacs de grains furent éventrés pour nourrir les animaux: 70 à 80$.
La Caisse de l'Imprimerie-Reliure fracturée et volée : 40 à 50$ (le Chef de l'Imprimerie ayant été brutalement tué, je ne puis donner le chiffre.
Les paquets de livres lacérés, les livres éparpillés, les instruments détériorés, dégâts 30 à 40$.

......

Dégats à la menuiserie, instruments volés ou brisés : 30 à 40 $.

Dégats et vols à la ferblanterie, cordonnerie : 20 à 25 $

Dégats à l'horlogerie : 2 grosses de ressorts de montres, instruments de précision disparus, piles de galvanoplastie brisées ect, 100 $ minimum.

Des habits et couvertures des ouvriers furent jetés à la fosse à purin. De même les habits et couvertures des Paulistes plus de 100 $ de pertes.

Témoin : Ly Lao Tsing, chef de la ferblanterie.

Le Samedi encore, à midi, deux soldats s'introduisent dans la cour arrière par une porte murée, qu'ils démolissent, pratiquée dans le mur séparant l'Eglise de la Grande Pagode et pillent le Père Albéric, trappiste. J'ignore le montant du vol.

Ce même jour, après l'enlèvement de Monseigneur et des autres Missionnaires européens, un soldat se fait conduire à la chambre du Procureur, brisent une fenêtre pour s'introduire, pillent la Caisse journalière, 500 à 1.000$ (peut-être beaucoup plus) et prend nombre de petits objets: 3 jumelles, 50 à 60$, stylos, deux flambeaus " Pygmy " 18$...etc.etc. Témoin : Père Tchao qui est dévalisé lui-même d'une centaine de dollars qu'on lui avait remis peu de temps avant le repas et qu'il portait encore sur lui.

Ce même soir, Samedi 9, ils défoncent la porte de la chambre du moteur électrique et détériorent le tableau de distribution et les câbles.. dégats 30$.

A l'Ecole, pleine de réfugiés, les allées et venues des soldats sont nombreuses toute la journée. Ils demandent de l'argent, fouillent les caisses et paquets, prennent les billets et autres objets qui leur conviennent. Je ne saurai estimer même approximativement le montant de ces vols.

Dimanche 10 Octobre : Vers deux heures de l'après-midi, quatre soldats redémolissent en partie la porte du mur de la Pagode, donnant sur la fosse d'aisance des W.C., qu'un de leurs officiers avait fait remurer la veille... Ils vont aux écuries prennent quatre domestiques et leur ordonnent de finir la démolission....leur font apporter des planches pour couvrir la fosse d'aisance, et y font passer 7 mules enlevées aux écuries. La valeur de ces bêtes est de 1.200 dollars environ. Témoins : Toung, Tcheung, Tang, Toung Lao Mouo.....

Le soir, de 9 à 11 heures, 5 d'entre eux reviennent. Le Père Tchai a cru reconnaître l'un d'eux, qui l'avait menacé et frappé la veille, lors de l'enlèvements de Monseigneur et des Missionnaires : c'est un homme grand, fort, parlant couramment le Chinois, les autres déclarant ne pas le comprendre... Pendant que trois d'entre eux montent la garde, les deux autres s'introduisent en brisant la porte, dans la chambre de M? Ceska et de M. Vonken... ils les fouillent minutieusement et jettent sur le parquet tout ce qu'ils dédaignent de prendre.

Chez le Père Ceska, ils pillent la Caisse du District, trois à quatre cent dollars minimum et remplissent une valise de toutes sortes d'objets à leur convenance. Le Père Ceska pourra seul en dire la valeur. Il semble que plusieurs calices ou ciboires aient aussi disparu.

Chez le Père Vonken, les vases sacrés n'ont pas été emportés.. Plusieurs boîtes de cigares, reçus de Hollande et divers objets que les témoins ne peuvent spécifier.

....

Dégats par bombardement : 5 obus ont touché la cathédrale qui semble avoir été particulièrement visée ! Une des tours est percée !! Une tourelle a eu le toit emporté et d'autres dégats ! La Croix du Transsept et le faitage ont été emportés :.cette fenêtre et la grande verrière ont perdu presque tous leurs vitraux... Les deux sacristies gravement endommagées ... les seuls échafaudages, couteront plusieurs centaines de dollars... j'estime les dégats, vitraux compris à mille dollars au minimum sans les échafaudages.

Ailleurs : la tour de l'horloge a son toit emporté, ...le fatage de l'Ecole a souffert.... Une travée de l'Ecole Française a souffert.... Total de ces réparations : 3 à 400$.

Chez les Soeurs : un obus de gros calibre a éclaté dans un beau bâtiment tout neuf, heureusement encore inhabité... Deux travées du toit ont été complètement démolies... deux autres fortement endommagées et deux poutres de l'étage, en ciment armé ont été tordues et sont irréparables... Plus de 1.000$ de réparations.... Le rez-de-chaussée de l'Ecole des Filles a reçu également un obus qui a emporté une partie de la vérandah et démoli une partie du mur, compromettant sérieusement la solidité de l'étage.... 500$ de réparations.... Trois autres petites maisons chinoises démolies 2 à 300$....

En résumé : les vols et déprédations à la résidence ne sont pas inférieurs à 2.500$, sans compter les vols au préjudice des réfugiés. Les bêtes volées valent 1.200$... Le bombardement a fait chez nous pour 1.600 à 1.800$ de dégâts... autant chez les Soeurs.

<u>En tout plus de 7.000 dollars.</u>

Signé : L. C H A N E T .

（A-6）1937年11月16日付、ラコスト書記官のシャネ神父宛書簡

　　　　　　　　　　　　　　　　　　　　　　　北京　1937年11月16日

神父様[注1]

　大使が上海滞在のため不在のところ、貴殿が10月24日に正定府から出された手紙を本日ようやく受け取りました。シュラーフェン司教と8人の宣教師の誘拐については、数日前にモンテーニュ司教から聞いたところで、状況が許すなら大使館の人間をそちらに送るか、私自身が正定府に行っていたことでしょう。しかし、残念ながらこの悲しい事件のことを知るのが遅過ぎたため、今となっては現地での介入に意味はないと思われます。

　いずれにしても、日本の当局から即時の調査を引き出すために最大限の努力がなされたことを申し上げます。

　すぐに大使に事件を知らせましたところ、申し上げるまでもありませんが大使は―そして私自身も―シュラーフェン司教と宣教師の方々が行方不明となっていることに心を痛めております。

　ド・ヴィエンヌ司教が現地に向かいましたので、事件の状況について我々に詳しく話してくれるかもしれません。

　このような時に、おそばに行くことが物理的にかなわなかったことを大変残念に思っております。

　　　　　　　　　　　　　　　　　　　　　　　　　　　　　　敬具
　　　　　　　　　　　　　　　　　　　　　　　　　フランス大使館書記官[注2]

注1：シャネ神父。
注2：ラコスト書記官。

(A-7) 1937年11月18日付、ラコスト書記官の駐華フランス大使宛書簡

北京　1937年11月18日
在北京フランス大使館書記官
フランシス・ラコスト

駐華フランス大使　在上海
ポール＝エミール・ナジャール閣下

正定府の宣教師誘拐について

　シュラーフェン司教および多数の宣教師が10月9日に正定府で誘拐された事件について種々の通信でご報告申し上げましたが、10月24日と11月3日にフランス人のラザリスト会士シャネ神父が本件で大使館に送った手紙2通の写し、および10月26日に同神父が北京の代牧区長モンテーニュ司教に送った手紙1通の写しをここに同封いたします。

　シャネ神父[原注1]は保定府と正定府の間に位置する京漢線沿いの町、定州に住んでいて、10月9日の事件を17日になって知りました。最初は北京の代牧区長に知らせに行こうとしました。しかし、3日たっても日本側から通行許可証を得られなかったため、フォンケ神父に回り道をして北京に行くようにさせ（同神父の証言については10月27日第659号の通信で要約をお伝えしました）、自身は正定府へ向かい、22日に到着しました。

　フォンケ神父による口頭の報告や大使館およびモンテーニュ司教宛の手紙の他にも、シャネ神父はこれまでに6人ないしは7人の中国人の使者を北京に送っています。その内2人だけが日本の警察の検問を越えて、正定府の事件についての口頭の報告、およびシャネ神父による署名や日付なしのタイプ用紙の短信をもたらしました（場所によっては、日本の警察は全旅行者を念入りに身体検査し、靴底や衣服の裏地の縫い目をほどかせることすらあります）。

　誘拐事件の一報はこのようにして北京にもたらされましたが（10月23日付第412号、同日第273号の私の省宛て電報を参照）、つい最近になって

シュラーフェン司教と多くの、あるいは全員の宣教師の死亡が知らされました（11月16日付第468号、同日第301号の私の省宛て電報を参照）。[原注2]

シャネ神父の10月24日と26日の手紙は郵便局から送られていますが、検閲をまぬがれたようで、犯人は日本兵か、少なくとも日本軍の兵だという確信がはっきり示されています。「……私が見かける日本兵たちはとても礼儀正しいです。……その分、当初の彼らの野蛮な振る舞いは理解できません」（10月26日モンテーニュ司教宛書簡）

それから数時間後にシャネ神父の11月3日の手紙が北京に届きましたが、今度は日本の司令官が現地で行なうと約束した調査を妨げまいとする気遣いを示しています。それまでの手紙で書いたことにはほとんど触れず、証明できること——または第三者に読まれて不都合でないこと——以外は先走って言うまいとしています。

しかし、日本軍の兵士以外ではあり得なかったことを示す細かい事実を積み上げています。とりわけ、日本軍が町を制圧した40時間後に、軍服を着た者たちが（24日の手紙では「兵士」としか書かれていません）通りを自由に行き来することや、宣教会の壁を登ったり強奪品を運んだりしやすいようにトラックを持って来ることなどは、日本の兵でなければどうして可能だったでしょうか。

最初の口頭報告はこの点について断定的でしたし、横山少佐（10月29日付第436号、同日第28号の私の省宛電報を参照）自らが私の前で、朝鮮人（彼らに対しては日本の公職の者も軽蔑をあらわにします）と満人の「工作部隊」の仕業かもしれないが、これは「日本軍の名誉の問題だ」と言いました。

本件に関して差し上げた種々の通信から、私が日本大使館に対して書面で措置をとり、またそれにもとづいて口頭で何度も働きかけたことはご承知のことと存じます。

天津の日本軍司令部は当初、現地調査に参加する目的で正定府に赴くことを何人にも許しませんでしたが、横山少佐、および補佐役の田口神父からなる調査団に、天津の代牧であるド・ヴィエンヌ司教を加えるに至りました。

ド・ヴィエンヌ司教が北京に戻り次第、彼の意見をご連絡いたします。

フランシス・ラコスト

原注1：北京の公使館区域にある聖ミカエル教会の主任司祭コルセ師が8月2日に脳梗塞で死亡したことから、シャネ神父がその後任に就くはずでした。しかし、事件により定州に足止めになったため、最近フランスから戻り、原則として柵欄（シャラ）の神学校の哲学講座担当となっているノヴィオル神父が代理を務めることになりました。

原注2：最新の口頭報告によると、町から2km北の地点で炭化した骨や灰、火を半ばまぬがれた四肢が見つかり、その中に司教の十字架や何人もの宣教師の十字架、また何人分かの靴もあったということです。

（A-8）1937年11月19日付、ラマカース神父証言

北京　1937年11月19日
在北京フランス大使館書記官
フランシス・ラコスト

駐華フランス大使　在上海
ポール＝エミール・ナジャール閣下

正定府の宣教師誘拐について

　11月18日第711号の書簡に続き、以下にオランダ人のラザリスト会士ラマカース神父による証言の要約をお送りします。同神父は正定府の城壁外にある神学校の責任者であり、そのため市内のヨーロッパ人宣教師たちと一緒に誘拐されずにすんだのです。

　ラマカース神父は事件の3日後に正定府に入ることができ、宣教会の中国人司祭や使用人たちの口から初めて詳細な情報を集めました。昨晩北京に到着して私に報告したところによると、犯人は10人ほどいて全員日本軍の制服を着ていたものの、制帽ではなくソフト帽をかぶっていたそうです。そして、2～3人だけが中国語を話したそうです。彼らは満洲の紅鬍子[注1]という賊だと名乗り、故郷に帰るための金がほしいのだと言いました。彼らに付き添っていたのは日本人だった「かもしれない」のですが、いずれにせよ、全員が日本軍に属していることは間違いありません。

　事件から約1か月後の11月10日になって、宣教会の中国人の使用人たちがシュラーフェン司教と宣教師たちの半ば炭化した遺品――靴、数珠（ロザリオ）、聖職帽、司祭服等を持ち帰りました。それらは町の外ではなく中、それも宣教会から2km北で、日本軍が自軍の死者の遺体を多数焼いた広場で見つかったのです。

　広場に面した店舗を持つ食堂の主人は、それが10月9日か10日かは定かでないが、晩にトラックが着いて何人ものヨーロッパ人宣教師たちが降りてきたのを見たと言います。彼らが降りると日本兵が銃剣で腹を突き、そ

れから遺体に灯油がまかれて燃やされました。

　犯人たちは宣教師を捕らえたあと、ほとんど、あるいはまったく金銭が手に入りそうにないことが分かり、通報を恐れて亡き者にしようとしたと考えられます。

　ラマカース神父は、正定府で日本兵が行なった数多の略奪の目撃者でもあります。

フランシス・ラコスト

注１：直訳すると赤ひげ、満洲馬賊を指す言葉。

（D）1937年11月27日付、日本軍憲兵隊事件調査報告

1937年11月27日
北京日本大使館

在北京フランス大使館
フランシス・ラコスト書記官殿

　貴殿から、出所不明の中国人により、正定で宣教師が拉致された件の報告を、10月24日および11月8日付で2通受領したことを確認いたしました。また、先ほど天津の日本総領事館より、事件の報告書を受領したことを返答いたします。報告書は日本軍当局により作成されており、翻訳報告書を当書簡に同封しております。
　これを機に貴殿に深厚なる敬意を表します。

駐華日本大使館　書記官
島　重信（森島守人が不在のため）

　1）1937年10月9日、午後7時15分に、小銃や拳銃で武装し、汚れた軍服のような服装で、帽子をかぶった中国人約10名が、正定にあるカトリック宣教会の門を開けるよう中国人の門番に要求し、門番は宣教会内部にいた宣教師に報告した。
　要求に応じようと宣教師2名が出てくると、中国人数名が門を乗り越え、宣教師を門番の部屋に閉じ込め、両手を後ろ手に縛り、汚れた白い布で目隠しをした。彼らは門を開けて、招き入れた他の仲間とともに敷地の中へさらに侵入し、食堂で食事中の宣教師6名を発見し、縄で拘束した。その後、中国人の使用人に金を保管している場所へ案内するよう強要したが、金を見つけることができず、門へ戻り、宣教師8名を連れて暗闇に消えていった。この時、正定の街は日本軍部隊により占領されたばかりで、

街全体が無秩序かつ混乱した状態にあり、この侵入者たちがどこへ去ったのか誰も知る者はない。

　この中国人の侵入者たちが去った1時間ほどあとに、兵士の風体をした中国人が1名、宣教会に来て中を捜索し、去って行った。その際、中国人の世話人に対し、中国人は心配することはないので寝た方が良いという言葉を残している。

　2）10月15日に当宣教会の中国人修道士たちが、町（訳注：定州）の教会にいたフランス人宣教師（中国語でAi-Chen-aheng）（訳註：シャネ神父）に事件を知らせ、同時に地元の治安維持会宛に、拉致された宣教師たちを捜索するよう請願書を作成した。彼らは上記のフランス人宣教師（現在は司教なき宣教会の指導的役割を担っている）と協議後、あらゆる手段で捜索を行ないながら、日本軍駐屯部隊宛には10月23日、11月2日にこの件についての請願書を送り、支援を求めた。拉致された宣教師たちの行方を探す日本軍当局によるあらゆる努力は、いずれも失敗に終わった。

　3）事件時に、侵入者たちは青龍刀1振りと10発のリボルバー用銃弾（ダムダム弾）を現場に残しており、いずれも正定の日本軍憲兵隊が保管している。

　4）日本軍が正定に入城した直後にこの事件が発生しており、その際、宣教会のあった地区に中国兵が相当数残っていたという事実を基に判断すると、この襲撃は街に残留した中国軍の敗残兵による犯行であると推察される。軍を脱走した敗残兵の中には、避難所を求めて2000人の難民が集まるカトリック宣教会の難民の中に紛れている者もある。

(A-9）1937年11月30日付、ド・ヴィエンヌ司教のフランス大使館宛書簡

天津　1937年11月30日
天津老西開天主堂[注1]

代理大使殿[注2]

　昨晩、領事閣下が私のところに来られて、そちらからの要望だと言って10月9日の正定府の事件について報告を求められました。本件によく通じたシャネ神父が報告の準備をしており、その写しをそちらに送ることをふまえて、後述する理由から私としてはいくつかの覚書を送るにとどめます。

　正定府の町が10月9日の朝に日本軍に占領されたのは確かです。
　日本兵たちは日中、宣教会の敷地に入り、あちこちで略奪を働きました。
　本人が私に報告したように、アルベリック神父（老トラピスト会士、病気のため宣教会に送られていました）は日本兵から乱暴な扱いを受け、服をほとんど剥ぎ取られ、部屋を荒らされました。
　日中、少なくとも1人の将校がシュラーフェン司教に挨拶に来て、宣教会に被害を与えることはないと請け合いました。
　夕方5時から6時の間に日本兵の服を着た10人の男—ただし1～2人は軍帽ではなく民間人の帽子をかぶっており、また数人は中国語を流暢に話せました—が宣教会の敷地の入口に現れました。宣教会の敷地は中国人修道女の区域、愛徳姉妹会の区域、学校、そして司祭たちの区域の4つに分かれています。男たちは門番を脅して扉を開けさせると、2人が門の見張りに残り、8人が門のそばにある中国人修道女の区域に入っていきました。1人の信徒がそれを見て、シャルニ神父とベルトラン神父に知らせに走りました。両神父は修道女の区域に行こうとしましたが、見張りの男たちに捕まって門番小屋に閉じ込められました。

8人の男たちは修道女の区域を出て（そこでは誰にも危害を加えませんでした）、学校と作業場の区域に行き、避難者たちに略奪を働きました。

　7時を少し過ぎた頃、外国人と中国人の宣教師たちが皆食堂に集まっていたところに（シャルニ神父とベルトラン神父を除く）、8人の男たちが入ってきて、拳銃で脅しながら立ち上がるよう命じました。最初に司教に目隠しをし、腕を縛り、他の外国人宣教師にも同じことをしました。そして中庭に連れ出し、宣教師たちを紐でつなぎました。また、1人の中国人に会計係の部屋に案内させて100ドルほどを盗りました。それから外国人修道女の家に案内させましたが、扉をたたいても返事がなかったので、7人の人質と、正門のところでシャルニ神父とベルトラン神父も加えて立ち去りました。

　このあと一行が少し遠回りをしながら、宣教会から西におよそ150メートルの地点にすぐに到着したことは確かです。そこで宣教師たちは殺され、遺体を焼かれました。数メートル離れたところでは戦死した日本兵の遺体も焼かれていました。拳銃の薬莢がこの場所で見つかっており、宣教師たちが銃殺されたことが裏付けられます。しかし、銃剣も使われたのではないかという話です。

　中国人たちは怖がって、11月10日まではこのこと（死と火葬）について誰も口を開きませんでした。しかし、シャネ神父は少しずつ事実をつかんでいきました。そこで現場を調査させて、焼き場が3つあったことを突き止めました。2つは兵士の遺体を焼くため、もう1つは宣教師の遺体を焼くためです。事実、現場の土を掘り返すと、宣教師のものだった数多くの品物が見つかりました。トラピスト会司祭のものに違いない数珠（ロザリオ）や、聖ヴィンセンシオ・ア・パウロおよび聖ルイーズ・ド・マリアックのメダイ、様々な宣教師の服の一部、チェスカ神父の帽子、別の宣教師の靴、服のボタン等々……。また、頭蓋骨1つといくつかの骨も見つかりました。

　以上すべてのことから、中国兵に不可能な犯行であることは間違いありません。

　もちろんシャネ神父の報告は、より明確なものとなるでしょう。

私の考えとしては、代理大使殿、これほど明白な事実を否定する日本政府の頑強さを前にして、貴殿の努力は無に帰すでしょう。そこで、私には正しい人と感じられる横山少佐が戻ってくるのを待ち、彼が軍当局との仲介に立つことで、貴大使館やオランダ公使館、教皇使節への謝罪の訪問といった補償を得る方が望ましいと思われます。聖ミカエル聖堂での葬儀ミサ、何らかの賠償金といった補償もあり得るでしょう。

　私はあまり大きな望みは持っていませんが、賠償金を得られるとすれば日本大使館からではないでしょう。

　私および正定府の宣教会は、本件につきオランダ公使とともにご高配を示してくださった貴殿に感謝いたしております。フランスの布教保護の務めは忠実に、徹底して献身的に果たされました。深謝申し上げます。

敬具
ジャン・ド・ヴィエンヌ

注1：天津代牧区司教座聖堂。天津フランス租界外に建設され、これを理由にフランスが租界領域を拡張しようとしたため反対運動が起こり、名目上は共同管理となったものの、実態としてはフランス租界に組み込まれました。
注2：事件を担当したラコスト書記官。

（A-9）1937年11月30日付、ド・ヴィエンヌ司教のフランス大使館宛書簡（原文）

Mission Catholique
Lao Si Rai
Tientsin

Tientsin, le 30 Novembre 1937

103.4

MONSIEUR LE CHARGE D'AFFAIRES,

M.le consul est venu hier soir me demander de votre part un rapport sur les événements du 9 Octobre à Chengtingfu. Sachant que le P.Chanet, tout à fait au courant de ces événements, en prépare un dont il vous adressera copie, je crois préférable de vous envoyer aujourd'hui quelques notes seulement, pour la raison que je vous dirai plus bas.

Il est certain que la ville de Chengting était occupée le 9 au matin par l'armée japonaise;

que dans la journée, des soldats japonais pénétrèrent dans l'enclos de la Mission, et pillèrent cà et là;

que, ainsi que me l'a rapporté le P.Albério (vieillard trappiste, envoyé à la Mission pour cause de maladie), il a été maltraité, en grande partie déshabillé, et sa chambre pillée par des soldats japonais;

qu'un officier, au moins, était venu dans la journée saluer Mgr.Schraven et l'assurer que la Mission ne souffrirait pas;

qu'entre 5 et 6 h.du soir, dix individus, habillés en soldats japonais, un ou deux cependant portant non la casquette militaire, mais un chapeau de civil, quelques uns sachant parler chinois très correctement, se présentèrent à la porte de l'enclos de la Mission, enclos distribué en quatre quartiers: quartier des religieuses chinoises, des soeurs de charité, des écoles et des prêtres. Le portier intimidé par les menaces, ayant ouvert, deux de ces individus restèrent en sentinelles à la porte; les huit autres entrant dans le quartier des religieuses chinoises, voisin de la porte. Un chrétien les ayant vu entrer là, courut en avertir les PP.Charny et Bartrand, qui approchant du quartier des religieuses, furent appréhendés par les deux sentinelles de faction à la grand'porte, et enfermés dans la porterie.

2.

Les huit individus étant sortis des demeures des religieuses(où ils ne molestèrent personne)se rendirent au quartier des écoles et ateliers,où ils pillèrent des réfugiés;

Quelques minutes après sept heures,tous les missionnaires étrangers et chinois étant au réfectoire(les deux pères Charny et Bertrand exceptés),les 8 individus y pénétrèrent,donnèrent ordre de se lever,braquèrent leurs revolvers;puis bandèrent les yeux de Mgr.d'abord,dont ils lièrent les bras;ensuite de chacun des étrangers;les firent sortir dans la cour,les lièrent entre eux; se firent montrer par un chinois la chambre du procureur,y pillèrent une centaine de dollars;se firent montrer la maison des religieuses étrangères,mais y ayant en vain frappé à la porte,partirent avec les sept captifs,auxquels ils joignirent en passant à la grand'porte les PP.Charny et Bertrand;

Il est certain que peu après ces captifs parvenaient à 150 mètres environ à l'ouest de la Mission,ayant fait un court détour pour y arriver;là ils furent tués puis brûlés,tandis qu'à quelques mètres de distance on brûlait les corps des soldats japonais tués durant la bataille.Des douilles de balles de révolvers trouvés à cet endroit prouvent qu'ils ont été tués au revolver;on dit cependant qu'ils auraient aussi été frappés de coups de baionnettes.

La crainte éprouvée par les chinois xxxx fit taire aux témoins ces faits (ceux relatifs à la mort et crémation) jusque vers le 10 Novembre.Peu à peu dependant le P.Chanet les apprit;il fit alors examiner les lieux,et apprit qu'il y eut 3 foyers d'incendie:deux brûlant les corps des soldats;le troisième les corps des missionnaires. De fait,en retournant la terre en ce lieu, on trouva bon nombre d'objets ayant appartenus aux missionnaires:un chapelet certainement appartenant au P.trappiste;des médailles de S.Vincent de Paul. et Ste Louise de Marillac;des parties de vêtements des diverses victimes, bonnet du P.Ceska,soulier de tel autre,boutons de vêtements etc... On trouva là aussi un crâne et quelques ossements...

De tout ce qui est dit cidessus,il résulte sans aucun doute que les individus n'ont pu faire le coup s'ils étaient soldats chinois.

3.

Le rapport du P.Chanet sera plus explicite naturellement.

Mon opinion,Monsieur le Chargé d'affaires,est que,devant la ténacité du gouvernement japonais à nier l'évidence,vos efforts resteront sans résultat sérieux.Alors je crois qu'il serait préférable d'attendre le retour du commandant Yokoyama,qui,lui,me semble un homme droit,et par son entremise auprès des autorités militaires,obtenir quelques réparations,comme une visite d'excuses auprès de votre ambassade,de la Légation de Hollande,la Délégation apostolique;peut être un office funèbre à S.Michel;peut être quelques indemnités pécuniaires.

Mon espoir n'est pas grand;mais il me semble que si nous pouvons obtenir quelque réparation,ce ne sera pas par l'ambassade japonaise.

Ceci n'empêche pas,Monsieur le Chargé d'affaires,que moi et la Mission de Chengtingfu ne vous soyons très reconnaissants de toute la sollicitude que vous avez apportée à cette affaire,ainsi que Monsieur le Ministre de Hollande. Le Protectorat français des Missions a rempli sa charge fidèlement,avec dévouement jusqu'au bout:merci de grand coeur!

Croyez,Monsieur le Chargé d'affaires,à mon profond respect,

+ Jean de Vienne

(E) 1937年12月1日付、ヒル牧師証言

機密

1937年12月1日
北京オランダ公使館

R・E・ヒル牧師の供述書

　河北省正定にあるスウェーデン系プロテスタント宣教会の牧師であるR・E・ヒルが、日本軍による正定占領と、それがカトリック・プロテスタント両宣教会に及ぼした影響について証言したものである。

　10月7日木曜日、街に対して砲撃が始まった。
　10月8日金曜日、日本軍は街を激しく砲撃したあと、城壁に囲まれた街の包囲に成功した。しかしこの時すでに、残されていた中国兵は撤退していた。
　10月9日土曜日、日本軍が街に入ってきた。ヒル氏は外に出て、その場面を目撃している。プロテスタント宣教会の敷地内は難民でいっぱいであり、使用可能な場所はすべて使われていた。難民の多くは女性と子供であった。
　カトリック宣教会は、宗教や産業の様々な活動の中心であり、1000人以上の中国人が敷地内で生活していた。難民の中でもとくに女性や子供にとっては安全な場所でもあった。日本軍の来着以前、中国兵たちは両宣教会に対して何も危害を加えるようなことはなかった。
　占領された日（10月9日）の午後、ヒル氏とスピラ氏は市内の仏塔近辺で、異常に大きな炎が立ち上っていることに気がついた。
　占領から数日後、ヒル氏と同僚は、カトリックの宣教師ら9人が失踪し、その内1人はシュラーフェン司教であることを知った。ヒル氏らは、カトリック宣教会の事務の中国人責任者である、リー・チャイ氏から以下のことを知らされた。

10月9日に日本兵数人がカトリック宣教会に来て、若い女性を要求した。外国人の宣教師たちが、欲しいものは何でも持って行ってよいが女性は渡せないと答えると、日本兵は立ち去った。
　午後7時から8時の間に日本兵が戻って来て、発電室を破壊し、外国人宣教師が集まっていた食堂に侵入した。彼らは、外国人が全員揃っているか訊ね、病気で入院している1人以外は全員いるという返事を聞くと、物を壊し始め、宣教師に目隠しをし、連れ去った。その間、リー・チャイ氏は日本軍当局に出かけており、裏道を通り宣教会へと帰る途中に、宣教師が連れ去られたことを知った。それ以降リー・チャイ氏は宣教師ら9人の所在を追跡できないままである。

　占領から数週間後、宣教師ら9人を誰にも目撃されずに市外へ連れ去ることは不可能であることが明らかになったので、スピラ氏は友人であるカトリックの学校教師に、仏塔近辺の灰を調べるよう提案した。彼は、日本兵は（習慣として）戦死者をそこで火葬しており、宣教師ら9人も同時に焼やされている可能性があると聞いていた。この提案に沿って追跡調査が行なわれ、灰の中から十字架、御守、ロザリオ、ペンナイフ、帽子と靴の一部を発見することにつながった。尋問でこれらは宣教師たちの所有物であることが証明された。
　このことは直ちに日本側市政担当幹部のHsiian Fu Kuanへ報告された。Hsiian Fu Kuan氏は調査後、遺憾の意を示している。

　11月20日、ある日本軍将校が共同調査のため、カトリックの司教を連れて天津より到着した。両者の間で（事件処理の）結論に至り、追悼の為のミサが行なわれ、日本軍司令部の高官たち、地元の名士たち、カトリックの指導者たちが参列した。スピラ氏なども招待された。遺憾の意を表す電報（おそらく東京の日本外務省もしくは別の高級機関から）が読まれた。[注1]
　天津から来た日本の将校が、ヒル氏の同僚であるスピラ氏に対し、「この犯行の責任はおそらく日本軍の中にいた共産分子にある。もちろんこの行為は現存の軍規に反するものである。そうではあるのだが、この共産分

子は軍の一部でもあるので、軍としても責任を逃れることはできないと認めざるを得ない。したがって賠償のため適切な措置をつもりだ」と伝えたそうだが、ヒル氏はこのことを確証した。

　調査ではヒル氏が、他に宣教師ら9人の死や焼いているところを目撃した者を知っているかどうかが問われた。ヒル氏は、ほぼ確実に何か目撃した中国人がいるであろうと答えたが、この状況下で名乗り出る者がいるかどうか懐疑的であった。
　動機に関して、ヒル氏には何も示唆するものがなかった。プロテスタント宣教会に現れた日本兵が女性を要求し、スピラ氏が断固とした態度で拒否したあと、二度と戻って来なかったように、女性を要求し断られたことに対する怒りだけが理由で犯行が行なわれたわけではない。

　最後に、この犯罪は中国の敗残兵により行なわれたとする、最近の日本側による公式調査結果報告に関して、ヒル氏は確実に問題外であると証言している。犯罪を行なった日本兵の中に中国語を話す兵士がいたとしたら、日本軍に雇われた通訳のはずである。いずれにしても、スピラ氏もヒル氏も日本兵がこの犯罪を起こしたということに疑いがない。
　目撃者を探す方法などの困難を考慮し、ヒル氏は上記の証言の慎重な使用を希望している。

　　注1：弔電は北支那派遣軍司令官、寺内寿一大将から発せられた。

（A-10）1937年12月14日付、横山少佐のシャネ神父宛書簡

天津　1937年12月14日

天津カトリック宣教会
シャネ神父様

神父様

　12月11日および13日の貴殿の手紙を受け取りました。御礼申し上げます。

　12月11日の手紙でご提案されたことは、私たちの私的な会話の結果でした。これを天津の軍司令部に諮りましたところ、いくつか変更点がありましたのでご連絡申し上げます。

　1）犠牲者の追悼のため、北京公使館地区にある聖ミカエル聖堂で今月18日土曜に荘厳ミサを執り行なう。ミサは正定府の宣教会が依頼し、以下の文言で招待する。「正定府のカトリック宣教会は貴殿に以下の荘厳ミサにご出席いただくようお願い申し上げる。これは1937年10月9日にシューラーフェン司教と8人の同志が亡くなった事件の追悼ミサで、12月18日土曜に北京公使館地区の聖ミカエル聖堂で執り行なわれる。日本大使館および日本軍の代表も出席する」。新聞の告知では最後の一文を省く。日本軍からは花輪を贈る。弔電については正定府のミサですでに送っており、2通目は不要と考える。

　2）日本軍の名で正定府の大聖堂の前に犠牲者の追悼碑を建立する。ラテン語と中国語で以下の文言を刻む「1937年10月9日に亡くなった犠牲者、シューラーフェン司教、……[注1]を記念して。彼らは自分の羊のために命を捧げた。日本軍」

　3）貴殿は12月13日付の手紙で、150,000ドルをベースとする賠償金を提案された。日本の当局は事件の重大さに鑑みて、これを検討する用意がある。

4）正定府宣教会の修道院長に宛て弔文が送られ、公表される。

12月11日付の手紙の終わりで、貴殿は2つの提案について書かれました。それについての私の意見をここに認めます。
 1）公式の謝罪訪問に代わって……日本軍高級将校が、フランス大使館および犠牲者を出した国の公使館、教皇使節に公的な弔問をする。
 2）2つ目の提案[注2]は全面的に削除され得るでしょう。

敬具
H. 横山

写しの確認
シャネ

注1：原文ママ。
注2：提案内容は不明。

(A-11) 1937年12月14日付、横山少佐の森島参事官宛書簡

天津　1937年12月14日

北京日本大使館参事官
森島様

参事官殿

　正定府のカトリック宣教会で本年10月9日に起きた悲しい出来事について、日本軍の代表として、同会の代表シャネ神父と会談した結果、以下の具体的な合意に達しましたのでご報告申し上げますとともに、在北京フランス大使館および本件に関わる公使館使節にご通知いただきますようお願い申し上げます。

　1）犠牲者の追悼のため、北京の公使館地区にある聖ミカエル聖堂で12月18日土曜に荘厳ミサを執り行なう。ミサは正定府の宣教会が依頼し、以下の文言で招待する。「正定府のカトリック宣教会は貴殿に以下の荘厳ミサにご出席いただくようお願い申し上げる。これは1937年10月9日にシュラーフェン司教と8人の同志が亡くなった事件の追悼ミサで、12月19日土曜に北京公使館地区の聖ミカエル聖堂で執り行なわれる。日本大使館および日本軍の代表も出席する」新聞の告知では最後の一文を省く。日本軍からは花輪を贈る。

　2）日本軍の名で正定府の大聖堂の前に犠牲者の追悼碑を建立する。ラテン語と中国語で以下の文言を刻む「1937年10月9日に亡くなった犠牲者、シュラーフェン司教、……を記念して。彼らは自分の羊のために命を捧げた。日本軍」

　3）シャネ神父は正定府のカトリック宣教会の代表として、12月13日付の手紙で150,000ドルをベースとする賠償金を提案された。日本の当局は事件の重大さに鑑みて、これを検討する用意がある。

　4）正定府宣教会の修道院長に宛て弔文が送られ、公表される。日本軍

高級将校は、フランス大使館および犠牲者を出した国の公使館、教皇使節に公的な弔問をする。

敬具

H. 横山

注1：原文ママ。実際は18日にミサは行なわれた。
注2：あくまで推測ですが、テロ防止のための秘密扱いと思われます。
注3：原文ママ。

(A-12) 1938年1月10日付、ラコスト書記官の大使宛書簡

北京　1938年1月10日
在北京フランス大使館書記官
フランシス・ラコスト

駐華フランス大使　在上海
ポール＝エミール・ナジャール閣下

正定府の宣教師虐殺について

在上海大使館の記録書類に加えていただくよう、正定府の事件に関連する文書数点の写しをお送りします。事件の最新の状況については本日第18号の電報（本文は第8号として本省に送付済み）に記しております。
文書は以下のとおりです。

1）在北京日本大使館の森島参事官による12月16日付の手紙。この中で同参事官は、横山少佐から受領した手紙の写しを送って来ました。横山少佐は日本人カトリック司祭の田口神父とともに（および一時的にフランス人カトリック司祭パトルイヨ師も伴って）（1937年10月29日第283号の私の省宛電報を参照）、日本軍と北支カトリック宣教会の「和解」を担っており、正定府の事件解決の特命を受けました。現場にド・ヴィエンヌ司教を連れて行ったのも、シャネ神父と示談の基礎交渉をしたのも（私の電報第512号と第513号参照、本省には第326号および第327号として送信）、また12月18日に北京公使館地区の聖ミカエル聖堂で行なわれた式に日本軍代表として出席したのも同少佐です。

手紙の中で横山少佐は、シャネ神父との交渉の結果を森島参事官に報告しています。

2）正定府のカトリック宣教会からフランス大使館およびオランダ公使館に宛てた12月18日のミサの招待状。

3）12月19日に現地のフランス紙、外国紙および中国紙に掲載されたミサの報告記事（新聞により多少の相違あり）。

4）アヴァス通信社が12月19日に現地で発表し、20日にフランスやイギリスの新聞に掲載された記事で、日本大使館の代表者がミサに出席しなかった理由に触れたもの（私の電報第553〜554号参照、本省には第347〜348号として送信）。

最後に、宣教会が正定府で行なった調査の最終結果を報告いたします。これはいくつかの点で、私がこれまで折々の最新情報に基づき通信に記してきたことと相違します。

日本軍が正定城内に入ったのは、10月8日ではなく9日の朝7時から9時でした。市城の中に組織だった中国軍勢力が残っていなかったため戦闘はありませんでしたが、非戦闘員の市民が老若男女を問わず殺されました。

午前9時から日本兵の一団が宣教会に侵入し、略奪を始めました。正午には数人の兵士が80歳を超えるフランス人老神父に暴力をふるい、洋服を剥ぎ取ってめった打ちにしました。しかし、この暴力が老神父の命を救いました。神父は医務室へ連れて行かれ、ほかのヨーロッパ人宣教師たちが誘拐された時もまだそこにいたからです。

14時に1人の日本人将校が司教を訪問しました。そして兵士たちの悪行を聞き、壊された扉をふさいで、宣教会のすべての出入り口にここがカトリックの施設であり、敬意を払うべきと日本語で掲示しました。

16時には将校の一団がやってきて、「日本軍とカトリック教会は、中国において共産主義と戦うという同じ目的を持っている。だから同盟を結ばなければいけない。日本軍はカトリック宣教会を保護することにすでに同意している」と言いました。

しかし、17時半には午前にやって来た一団が再び宣教会に侵入し、徹底的に略奪し続けていたのです。そして19時15分、ついに司教と同志たちは連れ去られました。

現在ではほぼ確かなこととして、宣教師たちは日本の軍法会議が開かれていた寺院へ徒歩で連れて行かれたようです。この軍法会議はとくに、武器所持の有無を問わず市内で捕まった中国兵および彼らを匿った市民たち

を裁いていました。

　宣教師たちは夜の10時頃にこの法廷を出ました。そしてトラックに乗せられ、公共の広場に連れて行かれ、私が1937年11月19日第781号の通信（1937年11月19日第197号として本省に送信）に示したような状況のもとで殉教したと思われます。

　宣教会に略奪に来た犯人は日本人と満人、あるいは満人のみのグループだったと考えられますが、間違いなく日本軍の兵士で制服を着ていました。略奪行為を上官に告発されることを恐れて先手を打ち、宣教師たちが中国の敗残兵を匿ったと言って訴え出たのでしょう。日本兵が市内に入った時、宣教会の敷地には2000人の避難者たちがいました。

　日本軍のスポークスマンは北京での記者会見において、当時の危機的な状況下で「不用意に」避難者たちを保護したことが、宣教師たちにとって仇（あだ）となった疑いがあるとほのめかしました。また、森島参事官は私に対して、日本軍が町を制圧したあと、宣教会が所有する孤児院の窓から軍に向けて発砲があったと語りました。注1

　私は反論し、もはやその場にいなかった宣教師たちが、所有地に力づくに侵入した兵士の行為に責任を負う謂れはないことを参事官にすぐ認めさせました。

　しかし、調査に臨んだ司祭たちも私も、シュラーフェン司教と宣教師たちが軍法会議に出頭したという日本人には、民間人でも軍人でももちろんお目にかかりませんでした。私がそのことに言及した時も、それが確かなことだと言う人は1人もいませんでした。

　以上が、この痛ましい事件について現在までに集めることのできた情報です。これ以上の事実が出てくるとは思えません。しかし、日本軍の責任を確信させるには十分でしょう。日本の代表たちはこの責任から生じる結果を丸ごと負うことのないよう、口にこそ出しませんが、補償の話で譲歩することにやぶさかではなく、それは彼らも内心で確信しているからです。

　　注1：修道会からは1km以上も離れており、宣教師や孤児たちはすでに逃げたあとだった。

(A-12) 1938年1月10日付、ラコスト書記官の大使宛書簡（原文）

F.L./O.B.

VALISE.   I03.4

                    Pékin,   IO Janvier   8

N° I3.P.
―――――――

                MONSIEUR FRANCIS LACOSTE, SECRETAIRE DE
            L'AMBASSADE DE FRANCE A PEKIN,
                A SON EXCELLENCE MONSIEUR P.E. NAGGIAR,
            AMBASSADEUR DE FRANCE EN CHINE,
                                    à   C H A N G H A I

o.S. Massacre de missionnaires
     à Chengtingfou.

            J'ai l'honneur d'envoyer ci-joint à
        Votre Excellence, pour compléter le dossier de l'Am-
        bassade à Changhai, copie de quelques pièces relati-
        ves à l'affaire de Chengtingfou, dont le dernier
        état est indiqué dans mon télégramme de ce jour N° I8
        (et dont le texte a été adressé au Département sous
----------- le N° 8).

                Il s'agit :

                I°)   D'une lettre en date du I6 Décembre
        par laquelle M. Morishima, Conseiller de l'Ambassade
        du Japon à Pékin, m'a communiqué la copie d'une
        lettre qu'il avait reçue du Commandant Yokoyama. Cet
        officier, chargé avec un prêtre catholique japonais,
        le R.P. Taguchi, (et avec l'assistance momentanée

                                                  .....

Communiqué à Asie-Océanie
O.B. N° 4.P. du IO/I/38

d'un prêtre catholique français, le R.P. Patrouilleau)(mon télégramme au Département N° 283 du 29 Octobre 1937), d'une mission de "rapprochement" entre l'Armée japonaise et les missions catholiques de Chine du Nord, a reçu pour tâche particulière de régler l'affaire de Chengtingfou. C'est lui qui a emmené sur les lieux Mgr. de Vienne qui a négocié les bases d'un accord avec le R.P. Chanet, (mes télégrammes 512 et 513, communiqués au Département sous les Nos 326 et 327)) et qui a représenté l'Armée japonaise à la cérémonie du 18 Décembre en l'église Saint Michel du Quartier des Légations à Pékin.

Dans cette lettre, le Commandant Yokoyama expose à M. Morishima les résultats de ses négociations avec le R.P. Chanet.

2°) Copie de l'invitation adressée par la Mission catholique de Chengtingfou à l'Ambassade de France et à la Légation des Pays-Bas pour la cérémonie du 18 Décembre.

3°) Texte du compte-rendu de cette cérémonie tel qu'il a paru le 19 décembre (à quelques variantes près suivant les journaux) dans la presse locale, française, étrangère et chinoise.

4°) Texte du compte-rendu publié par l'Agence Havas dans son service local du 19 Décembre, reproduit dans la presse française et anglaise du 20, et donnant les raisons de l'absence du représentant de l'Ambassade du Japon (mes télégrammes 553-554, communiqués au Département sous les Nos 347-348).

......

Enfin, je crois devoir résumer ci-dessous les derniers résultats de l'enquête faite à Chentingfou par la Mission, et qui diffèrent sur certains points des indications données dans mes dépêches précédentes d'après les dernières nouvelles qui m'étaient parvenues au moment de leur rédaction.

Ce n'est pas le 8 Octobre, mais le 9 entre 7 h. et 9 h. du matin, que les troupes japonaises entrèrent dans la ville, sans combat - car il ne restait plus de forces chinoises organisées à l'intérieur des murs -, mais en massacrant un grand nombre d'habitants inoffensifs, hommes, femmes, vieillards et enfants.

Dès 9 h. du matin, un parti de soldats japonais envahissait la Mission et commençait à la piller. A midi, quelques uns d'entre eux brutalisaient un religieux français âgé de plus de quatre vingts ans, lui arrachaient ses vêtements et le rouaient de coups. Ces violences devaient d'ailleurs lui sauver la vie, car il dut être conduit à l'infirmerie, et s'y trouvait encore au moment où tous les autres missionnaires européens furent enlevés.

A quatorze heures, un officier japonais faisait visite à l'évêque. Averti de la mauvaise conduite des soldats, il faisait barricader une porte que ceux-ci avait enfoncée, et placer des écriteaux à toutes les issues de la Maison, signalant en japonais qu'il s'agissait d'une institution catholique, et qu'elle devait être respectée.

A seize heures, nouvelle visite, d'un groupe d'officiers cette fois : "l'Armée japonaise et l'Eglise catholique poursuivent en Chine le même but: la lutte contre le communisme; elles doivent donc être amies et alliées. La protection de l'armée japonaise est d'avance acquise à toutes les missions catholiques."

Mais à dix-sept heures trente la bande qui était déjà venue le matin faisait de nouveau irruption dans la Mission, continuait méthodiquement à mettre la maison à sac - et finalement, à dix-neuf heures quinze, enlevait l'évêque et ses compagnons.

Il paraît à peu près établi maintenant qu'ils furent conduits - à pied - jusqu'à une pagode où siégeait un tribunal militaire japonais, qui jugeait en particulier les soldats chinois surpris, avec ou sans armes, dans la ville, et les civils accusés de leur avoir donné refuge.

Les missionnaires ressortirent de ce prétoire vers dix heures du soir. Ils furent chargés sur un camion, et conduits à la place publique où devait se consommer leur martyre dans les circonstances relatées dans ma dépêche N° 721 du 19 Novembre 1937 (communiquée au Département sous bordereau N°197 du 19 Novembre 1937).

On peut penser que les pillards de la Mission, mélange de japonais et de mandchous, ou mandchous seulement, mais indiscutablement au service de l'armée japonaise et sous son uniforme, craignent d'être dénoncés à leurs officiers pour les déprédations qu'ils avaient commises, voulurent prendre les devants, et accusèrent les religieux d'avoir donné asile à des soldats chinois débandés - il y avait deux mille réfugiés dans l'enceinte de la Mission lorsque les Japonais entrèrent dans la ville.

Les porte-parole de l'armée japonaise ont fait allusion, au cours des conférences de presse de Pékin, aux soupçons que cette hospitalité "inconsidérée" pouvait faire peser sur les missionnaires dans des heures de crise. M. Morishima m'a parlé de coups de feu tirés après la prise de la ville sur les troupes japonaises des fenêtres d'un orphelinat dépendant de la Mission (mais distant de plus d'un kilomètre, et déjà abandonné par les religieux et les enfants confiés à leur garde.

Je n'ai pas eu de peine à lui faire reconnaître que les missionnaires ne pouvaient être tenus pour responsables des actes de soldats entrés de force dans une propriété qu'ils n'occupaient même plus à ce moment.

Mais, bien entendu, aucun Japonais, civil ou militaire, n'a jamais parlé ni aux religieux qui ont suivi l'enquête, ni à moi-même, de la comparution de Mgr. Schraven et de ses compagnons devant un tribunal militaire; et jamais aucun n'a reconnu l'exactitude du fait quand j'y ai fait allusion.

Tel est actuellement l'état des informations qu'il a été possible de recueillir sur ce douloureux événement. Il est peu probable que l'on puisse jamais serrer la vérité de plus près. Mais ce que l'on sait est suffisant pour ne laisser moralement aucun doute sur la responsabilité de l'Armée japonaise; et, sans jamais l'avouer explicitement pour ne pas avoir à supporter dans leur plénitude les conséquences de cette responsabilité, ses représentants n'en ont pas moins, sur le plan des réparations, fait des concessions telles que leur propre conviction ne paraît pas faire doute ./.

（A-13）1938年1月26日付、シャネ神父のフランス大使館宛書簡

正定府　1938年1月26日
（中国、河北省）正定府カトリック宣教会
河北　正定府　天主堂

書記官殿

　1938年1月21日の貴殿の手紙への返答として、私こと正定府宣教会の会計責任者は1937年10月9日の襲撃で以下の者が死亡したことを届け出ます。
- フランス・シュラーフェン司教、ラザリスト会士
出生地：オランダ、ルールモント教区、ロットゥム
生年月日：1873年10月13日
- リュシアン・シャルニ神父、ラザリスト会士
出生地：フランス、セーヌ・エ・マルヌ教区、ムラン
生年月日：1882年11月29日
- トマス・チェスカ神父、ラザリスト会士
出生地：ボヘミア、ザグレブ市[注1]、ブルドヴェック
生年月日：1872年5月18日
- ウージェーヌ・ベルトラン神父、ラザリスト会士
出生地：フランス、カンタル教区、オーリヤック
生年月日：1905年8月9日
- ヘリト・ゲラルド・ヴァウタース神父、ラザリスト会士
出生地：オランダ、ブレダ市
生年月日：1909年7月9日
- アントン・ヘーツ修道士、ラザリスト会士
出生地：オランダ、ブラバント地方、アウデンボス
生年月日：1875年7月28日

以上、正定府宣教会所属者。

- プリン修道士（ポーランド）、順徳宣教会所属
- ロビアル神父（フランス）、トラピスト会士
- ビスコピッチ氏、オルガン技師、北京在住

　以上の者たちもこの事件の被害者となりました。出生地や生年月日は分かりません。プリン修道士については順徳にお問い合わせください。

　上記の全員が1937年10月9日に正定府市内の「木の塔」の下で殺害され、遺体を焼かれました。

　私の知る限り、中国の民間当局からも日本の軍部当局からも以上の死亡の証明書は出されておりません。

　正定府　1938年1月26日

会計責任者　L. シャネ
宣教師　オリヴェール

注1：クロアチアの間違い。

（A-14）1938年1月31日付、フランス外相の駐バチカン大使宛書簡

1938年1月31日
フランス外務大臣

駐バチカン・フランス大使
シャルル＝ルー様

正定府の宣教師虐殺について

　日華間の武力衝突により、中国のカトリック宣教師たちが直面している危機を表すかのように（9月21日第343号の私の手紙を参照）、河北省南部の正定府代牧区で8人の宣教師が誘拐され、殺害される痛ましい事件がありました。

　貴殿はすでにコスタンティーニ大司教[注1]や布教聖省[注2]の役人からある程度お聞き及びかと存じますが、駐華フランス外交代表から届いた情報を加えさせていただき、フランス大使館の度重なる介入が本件にもたらした結果についてお知らせします。

　これは、フランスが現地の宣教会に対して伝統的な保護職を果たし、益をもたらしていることの新たな証左となるものです。今後どうぞ好機があれば、そちらでお会いになる高官たちにフランスの貴重でまったく無欲なる奉仕を印象づけてください。

　わが国は今も中国におけるカトリック教会の働きのため、同様の奉仕をするよう求められております。現在この地が置かれている混乱した状況にあって、わが国による布教保護がいかに効果的であるか、そしてこの任務を我々ほど果たせる国は権威においても、実行手段においても、また長きにわたってこの分野で役割を果たしてきたという威信においても、ほかにないことを高官たちに強調してください。

　10月初め、正定府の町は京漢線沿いに進軍する日本軍の手に落ちました。通常の通信手段が断たれるなか、フランス大使館は日本大使館を通じて宣教師の安否を確認しようと努めましたが、正定府の代牧区長であるオ

ランダ人のシュラーフェン司教と7人の宣教師、そして1人の信徒が、日本軍による占拠の翌日10月9日に誘拐されたことは、3週間後になってようやく北京に伝えられました。犯人たちは日本の軍服を着ていたそうですが、それが正規軍なのか、満人兵なのか、あるいは死んだ日本兵の服を奪って身に着けた中国の賊なのかは分からないとのことでした。

　在北京のフランス外交代表が日本大使館に何度も働きかけた結果、軍の当局が正定府で調査を行なっていて、参謀本部[注3]の将校が特別に現地で指揮を執るため送られたことを11月12日に知らされました。天津の代牧区長ド・ヴィエンヌ司教は、調査に参加するため正定府に入ることを認められました。

　日本側は最初、誘拐の責任を中国軍敗残兵に負わせようとしており、11月27日には行方不明者の捜索が手がかりなしに終わったとラコスト氏に伝えました。しかし、シュラーフェン司教と同志たちが死亡しており、日本軍の兵士たちに殺されたという確証をド・ヴィエンヌ司教は25日の時点で北京に持ち帰っていたのです。

　シュラーフェン司教の他に、犠牲者には代牧区のラザリスト会士が6人います。内2人はフランス人で、宣教会の修道院長シャルニ神父とウージェーヌ・ベルトラン神父、そしてオランダ人が2人でヴァウタース神父とヘーツ修道士、それからチェコスロヴァキア人[注4]のトマス・チェスカ神父とポーランド人のヴラディスラウ・プリン修道士です。フランス人の犠牲者は他にも1人いて、正定府郊外にあるトラピスト会ノートルダム・ド・リエス修道院のロビアル神父です。同神父は誘拐の時に宣教会にいて、ラザリスト会士と運命をともにすることになりました。9人目の犠牲者はハンガリー人[注5]の信徒でオルガン技師のビスコピッチ氏です。

　現地の軍当局および公式に調査にあたった者たちは事実を認め、本件の責を負う日本軍の人員が有罪であると認めました。事件の解決について話し合うため、北支のカトリック宣教会と日本当局の相互理解を促進する特任を負った横山少佐が、一時的に正定府の宣教会の指揮を執っていたフランス人のラザリスト会士を天津に召喚しました。

　横山少佐とルイ・シャネ神父の間で行なわれた交渉は合意に達し、日本

側は以下のことに同意しました。日本はフランス大使館およびオランダ、ポーランド、チェコスロヴァキアの公使館に対して公式に遺憾の意を表す。また、正定府に追悼記念碑を建立して「1937年10月7日[注6]の犠牲者へ、日本軍」と記す。北京の聖ミカエル教会でシュラーフェン司教と同志たちを記念して行なわれる荘厳ミサに代表者が出席する。賠償金として宣教会に約150,000ドルを贈る。そして、フランス大使館を通じて聖座に日本軍の遺憾の意を伝える。

　以上の合意は日本大使館からフランス代表へ正式に通知されました。フランス大使館としては、本件の犠牲者にフランス人が多数含まれることのみならず、中国のカトリック宣教会の布教保護という立場にあることも、日本当局および聖座代表に対して絶えず強調してきたところです。

　追悼ミサは12月18日に北京で荘厳に行なわれ、日本の代表も出席しました。フランス代表はその伝統的な名誉に見合う席を聖堂内陣に得ました。横山少佐は直後に日本に行かねばならず、帰国後の1月28日にようやく「正定府の痛ましい事件に対する日本軍の深い痛恨の念」をフランス大使館に表明しに来ました。我々の代表はこのような事件が繰り返されぬよう、必要な措置がすべてとられたことを確認するとともに、二度と起こさせないという保証を日本軍から得ました。このことは近いうちに日本大使館からフランス大使館に文書で通知されるはずです。

　日本の当局は我々の大使館を通じて、教会の利益を守る外交使節にも挨拶を送り、聖座に対する正式な遺憾の意を委ねました。貴殿が次に教皇庁国務長官や布教聖省長官と会談される際は、この任務を果たされるようお願い申し上げます。

注1：前駐華ローマ教皇使節。1937年当時、布教聖省秘書官の地位にありました。
注2：各代牧区を所管した教皇庁の官庁。現在の福音宣教省。
注3：実際には天津の北支那方面軍司令部。
注4：実際にはオーストリア国籍のクロアチア人。
注5：実際にはチェコスロヴァキア国籍。
注6：原文ママ。実際は9日。

(A-15) 1938年2月13日付、森島参事官のフランス大使館宛書簡

1938年2月13日
北京日本大使館

在北京フランス大使館
フランシス・ラコスト書記官殿

　1937年10月9日に正定で発生し、1937年10月24日および11月8日に貴殿より調査依頼を受け、1937年11月27日付で文書により回答した、貴国の市民であるシャルニ宣教師とその他宣教師8名に関する殺人事件の後報を謹んでお伝え申し上げます。

　日本政府により今支那事変における基本方針の一環として、繰り返し公表されておりますように、わが国は第三国国民の人命財産、とくに宣教団体に関するものについて可能な限り考慮しております。この方針に従い、本国の参謀本部は、事変作戦地域における現地軍部隊に対して命令を下しております。現地軍は以下にある命令を受けて、これに忠実に従っております。

　a）外国政府により提供された、宣教会施設の所在地が明確に記された地図を全将校と陸海軍航空隊のパイロットに配布した。
　b）教会の建物およびその他関連施設への進入を禁止する標示は、1938年1月1日現在で1000を超える。
　c）宣教師たちの身分証明書が発行され、証明書を所有する者は、移動する際に軍用列車を使用することが認められた。1938年1月1日までに900の証明書が発行された。
　d）宣教師の職務を円滑にするため、数多く紹介状や通達が発行され、各添付資料にあるようにその他優遇措置がとられた。

　軍の作戦地域の範囲が広域にわたるにもかかわらず、宣教師の人命財産

の安全と保障は、上記の慎重な措置が採用されたことにより守られております。しかし、時にはこの広大な交戦地域で起こる不本意な事件は避けられません。日本の関係当局は、軍が講じた当措置に対し、様々な宣教団体から多くの感謝の表明を受けております。

　1937年10月24日付で貴大使館より文書を受領し、事件調査の開始早々、日本大使館では、事の重大性から直ちに権限のある軍当局に通知し、軍も迅速に反応して、当事件が発生した地区の指揮官らに徹底的な調査を行なうよう命令を下しました。このような手順で調査は徹底的に行なわれてきました。

　調査の結果、以下の事実が明らかとなりました。城壁都市正定に残留していたのは中国兵数名どころか、相当数の中国軍人が宣教会にいる難民の中に身を隠しておりました。また、私が1937年11月27日付で貴殿に送付した文書に添付の憲兵隊報告書のコピーにあるように、中国兵が敷地内に残した物品が、この犯行は街が日本軍部隊により占領された混乱の最中、中国兵により行なわれたことを結論付ける証拠となりました。

　一方、調査からは、上記以外の結論を裏付ける証拠を見出すことはできなかったことをお伝えいたします。したがって、日本政府は本事件の責任を負うことはできず、同様に日本軍が占領する地域で起きる全事件の責任を負うこともできかねます。しかし、日本政府は東洋の平和と安定を切に願っており、シュラーフェン司教ならびに他8名の宣教師らが同じ思いで宣教会に献身していたことから、日本軍が交戦する地域において、このような思いがけない不幸が起きたことに遺憾の意を表さずにはいられません。私としましても、日中間の武力衝突の最中にこのような不幸が起きたことに深い遺憾の意を表します。

　上記の内容に基づき、北支那方面軍は、1937年11月22日に正定の被害者のためのミサ（慰霊祭）を執り行なうように、横山少佐を派遣したことをお伝えいたします。被害者へ北支那方面軍司令官から、葬儀の花輪と弔電が贈られております。今回、軍はさらにその深い同情をもって、被害者に対する弔慰金として総額24,000円、正定および中国北部のカトリック宣教会の慈善事業に対する寄付金として総額15,000円を提供する決定をいたしまし

た。すでにこの金額は1938年1月27日に横山少佐から駐華ローマ教皇使節館秘書官であるコミッソ司教へ適切に渡されております。宣教会関係者からは、日本側当局が事件に対し講じた様々な策についての満足を伝えられております。

　さらに、前述のような多くの策を講じたことは、将来における外国人宣教師の人命財産および付属施設を保障するために有効である、という日本政府の意向であることをお伝えさせていただきます。

　ここに重ねて敬意を表します。

駐華日本大使館　参事官
森島　守人

(A-15) 1938年2月13日付、森島参事官のフランス大使館宛書簡（原文）

JAPANESE EMBASSY
PEPING

February 13th, 1938.

DOSSIER 103.4
Date 14.2.38

My dear Colleague,

I have the honour to further report to you on the alleged murder case involving M. Charny, missionary, a citizen of your country, together with eight others which occurred on October 9, 1937 at Chengting, for the investigation of which you made requests under dates of October 24, and November 8, 1937 respectively and to which I replied by a communication under date of November 27, 1937.

One of the fundamental policies in conjunction with the present China Incident adopted by the Japanese Government, as has been repeatedly announced, has been and is to respect, as far as possible, life and property of Third Party nationals especially those of religious missions. In conforming with this policy the central military authorities of Japan have often given instructions to the competent authorities of the military forces in the areas of operation. Closely adhering to the instructions thus received the competent authorities have effected the following measures:

    a. Maps specifying the locations of missions furnished by the foreign government authorities have been distributed to all officers and pilots in the Air Forces.

    b. Sign boards, numbering over 1000 as at January 1, 1938, have been erected or posted prohibiting the entry into the premises of churches and other establishments of missions.

Monsieur Francis Lacoste,
  French Embassy,
    Peking.

c. ...

c. The identification certificates for the missionaries have been issued and those in possession of such certificates are permitted to go on board the military trains, the number of issues at 900 as at January 1, 1938.

d. For facilitating the mission work a large number of letters of introduction and notes have been issued and other courtesies extended as may be seen through as per the attached.

In spite of the fact that the area of military operations is quite extensive, life and property of missions have been made safe and secure through such careful measures adopted as mentioned above; although at times unintentional firing in error was unavoidable in the vast area of hostilities. The Japanese authorities have received from various missions many expressions of gratitude and appreciation for the measures thus taken by the military.

On receipt of a communication from your Embassy dated October 24th, 1937 on the occurrence of the case in question, the Japanese Embassy, immediately in view of the seriousness of the matter, notified the competent military authorities which in turn at once gave the order for a thorough investigation to the commanding officers in the district where it took place. Thus the step had been promptly taken to assure a thorough and complete investigation which had since been continued to date.

As a result of the investigation the following facts have been discovered; that not only some Chinese soldiers remained in the walled town of Chengtingfu, there was

also ...

also a quite number of remnants of the Chinese troops concealed themselves amongst the refugees at the Mission; and that the articles left behind by the Chinese soldiers in the premises show as evidences to conclude that the act had been committed by them in a state of confusion at the time of occupation of the town by the Japanese troops, as reported by the military authorities the copy of which accompanied my communication addressed to you under date of November 27th, 1937. I beg to state at this juncture that the subsequent enquiries have revealed no proof to support the conclusion contrary to what is hereinabove mentioned. Consequently the Japanese Government is not only unable to bear the responsibility for the incident in question, can not, at the same time, accede to bear the responsibilities for all the incidents that might occur in the areas occupied by the Japanese forces. However, the Japanese Government, having a sincere desire for peace and order in the Orient and knowing that M. Schraven and eight others engaged in noble mission giving their devotion to the very same cause, can not but express a profound condolence for the unforeseen misfortune that befell them in the area where the Japanese troops were engaged in hostile activities. I beg to express my deepest regret for the fact that the misfortune of such nature should occur in the midst of the Sino-Japanese hostilities.

    I have the pleasure to state that, in conformity with the spirit thus stated, the Japanese forces in North China despatched Major Yokoyama on the occasion of the mass conducted for the victims at Chengting on November 22, 1937 to which offerings of wreath and telegraphic message of

                      condolence ...

condolence by the Japanese Commanding General were conveyed; and that now the military authorities, in order to express further their deepest sympathy reached a decision to offer a total sum of money for the amount of Twenty-Four Thousand (¥24,000,00) Yen is for the victims as the mark of condolence and Fifteen Thousand (¥15,000,00) Yen, for the philanthoropic works in Chengting and Catholic Mission in North China; and that this sum of money, it is learned, had already been duly handed over by Major Yokoyama to M. Comisso, representative of the Vatican for North China, on January 27, 1938; and that the authorities of the Mission expressed their satisfaction over various measures taken by the Japanese authorities concerning the incident.

  I avail myself of this opportunity to renew to you, My dear Colleague, the assurance of my high consideration.

Morito Morishima

Counsellor of the Japanese Embassy.

  In this conjunction I have the honour to state that it is the intention of the Japanese Government to make the various measures adopted as mentioned in the present note further effectual for the protection of life and property of foreign missions and their allied establishments in the future.

M. Horiyama
for Mr. M. Morishima

(A-16) 1938年5月24日付、フランス駐バチカン大使の教皇庁国務長官宛書簡

ローマ　1938年5月24日

聖座国務長官猊下[注1]

　フランス大使館はさる4月15日付猊下宛の文書（第4号）において、正定府で日本軍の兵士たちが起こし、8人の宣教師を死亡させた襲撃事件の賠償を得るため、在北京のフランス代表がとった措置について言及しました。そして、この措置により約150,000ドル[注2]の賠償金の支払いを日本側に約束させ得ていたことを述べました。

　次に大使館は駐華ローマ教皇使節[注3]が介入し、事件解決の補償金の名目で不十分な額の支払いを受け入れたことにより、上記の交渉の妥当な結果が損なわれたことに遺憾の念を示しました。このたび本国外務省から事態をどのように終結させるつもりだったのか通知が参りましたので、猊下に謹んで詳細をご連絡申し上げます。

　パリからの指示に従い、在北京フランス代理公使は日本大使館参事官[注4]に対して、参謀本部[注5]から支払われた補償金が不十分であること、また進行中の交渉が妥結前であったにもかかわらず、フランス大使館の知らぬ間にカミッソ司教[注6]に24,000円[注7]が渡るという不可解な手続きがとられたことを指摘いたしました。この額は不十分極まりないばかりか、まったくもって襲撃を受けた団体に対する補償金ですらありませんでした。

　被害を受けた宣教会と日本大使館への敬意から、フランス代理公使はこの仮払いのことを口外しませんでしたが、日本の代表に対して、その狭量な態度にこれ以上秘して耐えることはできず、また司教および宣教師の神父たちの虐殺は中国のみならず欧州、とりわけパリやデン・ハーグ、ローマで大きな波紋を呼んでおり、日本軍の評判に非常に不都合な印象を与えかねないことを指摘いたしました。

　長い話し合いの末、正定府の宣教会の物的損失は日本の参謀本部が全額支払うこととなり、フランス代理公使は4月初めに以下の額を受領いたし

ました。

> 物的損失の賠償として14,865ドル
> 正定府に記念碑を建立する費用として1,000ドル
> 宣教会の慈善事業への寄付として10,000ドル
> 計25,865中国ドル[注8]

さらに、日本大使館は10月9日の事件について遺憾の意を表す公の書簡を在北京フランス大使館に送りました。

正定府の事件はこの取り決めを最終として決着済みとすることが合意されました。日本側の強情さとカミッソ司教の先導で、双方の誤った威信による袋小路に陥っていた事件でしたが、フランスによる布教保護職はかくして立派に解決をもたらしたのでありました。このような詳細な顛末を国務長官猊下にお伝えすることで、フランスが中国のカトリック宣教会を常にきちんと保護していることに聖座もご満足くださることと確信しております。

敬具
（コピーのため、署名なし[注9]）

注1：ローマ教皇庁の外務大臣に相当する職責。
注2：米ドルなら約51万5千円、中国ドルなら約15万円に相当。
注3：2代目駐華教皇使節マリオ・ツァニン大司教。
注4：原文直訳。フランシス・ラコスト書記官。
注5：原文直訳。北支那方面軍司令部。
注6：教皇使節秘書官。
注7：約7千ドルに相当。
注8：1中国ドル＝約1円。日本円で2万6千円が追加で支払われました。
注9：駐バチカン仏大使のフランソワ・シャルル＝ルー。

(B) 1937年10月、愛徳姉妹会修道院長報告

正定の10月事件

聖天使の家　愛徳姉妹会日報
正定、1937年10月9日

　何日も前から遠くで砲声が聞こえました。（正定の）町が激しい攻防戦に備えていることは承知していました。避難者が次から次に来て、数えた時には1600人いましたが、直近では倍増しています。
　10月7日（木曜日）の午後5時頃、激しい砲撃が始まりました。（日中）両軍の間にいる私たちの頭上で砲弾が唸り、周囲に降り注ぎました。7時半頃1発の砲弾が学校のベランダに落ちてその大部分が壊れ、教室や隣接する（修道院の）寮のドアや窓ガラスが砕け、壁も崩れました。気の毒な避難者の人たちは取り乱しましたが、3人が軽い怪我をしただけですみました。8時攻撃停止。夜間、遠くで砲声が聞こえました。

　10月8日――攻撃は朝7時から再開、一層激しさを増して夜8時まで続きました。私たちに照準を合わせたかのようにたくさん砲弾が飛んできました。
　夕食が始まる時、食堂のすぐ脇に砲弾が落ちて、読師[注1]の近くの窓ガラスを割りました。クレール修女がガラスを浴びましたが、怪我はありませんでした。幸い、怖い思いをしただけですみ、私たちは全員礼拝堂に避難してほとんどずっとそこで過ごしました。その時に大きな砲弾が落ちました。1つは「聖母の子ら礼拝堂」の裏手にある回廊に沿った建物に落ちて、女性1人と子供2人が亡くなり、別の女性1人が負傷しました（何千という避難者がいたにもかかわらず、犠牲者はそれだけだった）。もう1つの砲弾は、改装したばかりの子供たちの施設に落ち、2つの梁間は全壊しました。幸いここには誰もいませんでした。前の晩から子どもたちは砲撃に怯えていたので、全員を別のところ―以前彼らが使っていて、今は小

さい子たちのものになっている建物——に集めていたのです。砲弾の大きさを想像する一助として記すと（残骸がたくさん庭に落ちています）、大きな砲弾の破片が1個1.9kgもあり、他の破片は500〜600g、さらに3650gのものまでありました。全部合わせたら75kg。まだ他にも落ちているでしょう。

9日朝3時頃、砲撃が再開されました。それで朝4時半頃、神父様が数人来て私たちの礼拝堂でミサを捧げました。というのも（普段ミサを行なう）大聖堂にほとんど被害はなかったのですが、1発の不発弾が落ちていたからなのです。それが慎重に撤去されるのを待つほかありません。

8時に日本軍勝利の知らせが届きました。町の明け渡しが行なわれ、中国軍は南へ撤退していきました。日本軍の（正定城市）入城に人々は皆怯えました。

男たちが宣教会の壁を乗り越えて、大聖堂の前に避難してきました。修理が必要な廃墟はどれくらいあるのでしょう！……どの建物も何かしら被害を受けました（数えたら砲弾の破片は814個もあったのです！）。

夕方5時、日本軍関係者が、町の有力者のもてなしを受けたあとでシュラーフェン司教の許を訪ね、次いで司教の案内で私たちの修道院に来ました。司令官は礼拝堂に集まってお祈りをしていた子供たちを見ると、拙（つたな）いなりに通じる中国語で、もう怖がらなくてよい、戦争は終わったからなどと話しかけていました。そして一行は施設を一巡してから病院に行き、何人か収容されていた中国軍負傷兵に会いました。司令官は彼らに好意的で、明日手当てをするために軍医を寄こすと約束したのです。

10月11日（月曜日）——恐ろしい砲撃を受けたあとで、私たちの苦難は終わりに来ていると思っていました。なんということでしょう！　それどころかさらにひどくなったのです。

先の土曜日（9日）のことですが、夜8時半頃、武装した4人の兵士が大聖堂に通じる（愛徳姉妹会の尼僧院の）戸を叩いて、武器を隠していないか調べるから扉を開けるようにと命令しました。（対応した）アンヌ＝マリー修女は、夜間はお開けできません、ここには女性しかいませんから

武器はありません、と答えました。兵士の1人が覗き窓から修女に拳銃を向けて、開けないと殺すと脅しました。修女はとっさに身を引いて、私に知らせに参りました。そこで私たちは、全員礼拝堂に避難して11時までそこにいたのです。賊はしばらく扉を叩いていましたが、10時半頃立ち去りました。

このあとでお分かりになるでしょうが、これは聖母の御加護による奇跡でした。私たちは床に就くことにしたものの不安でした。というのも暗くなる頃に2人の神父が武装した4人の兵士と一緒に出ていくのを見たと聞いたからです。

翌10日（日曜日）、朝5時半を過ぎてもいつもの神父様は聖ミサに来ませんでした。ようやく6時に来て震えながら私たちに語ったところによると、夕べ7時頃、シュラーフェン司教と司祭たちが集まっていた食堂に、12人ほどの武装した兵士が突然入ってきて、銃口を皆に向け、動かぬよう命じたと言います。そして、ナプキンをつかむと2つに裂き、その布で司教から順番に1人ずつヨーロッパ人に目隠しをし、両手を背中で縛ったのです。そして歩かせて連れて行ってしまいましたが、行先は分からないということでした。

拉致されたのは、シュラーフェン司教、シャルニ神父、チェスカ神父、ベルトラン神父、ヴァウタース神父、トラピスト会のロビアル神父、オランダ人の修道士1人（ヘーツ修道士）とポーランドの修道士1人（プリン修道士）、ハンガリー人平信徒1人（ビスコピッチ氏、6月にパイプオルガンの修理に来て、列車がないため北京に帰ることができませんでした）。

ところで、目隠しした人質を連れ去る前に、侵入者たちは中国人司祭に人質の中で誰が現金を持っているか尋ねました。司祭が分からないと答えると、司祭は殴られました。そこでチェスカ神父が中国人司祭にベルトラン神父の名前を挙げるように言いました。しかし、ベルトラン神父は最初に（別の場所で）連行されてしまっていたので、その場にはいませんでした。侵入者はベルトラン神父の部屋まで案内させると、窓ガラスを割って入り、引き出しを開け（わずかだと思いますが）そこにあった現金を奪い去りました。ベルトラン神父が金庫の鍵を持っていたので、幸いにも、賊

は金庫を開けることができなかったのです！　一味のうちの4人が私たちの施設の扉を叩いたのは、このような出来事が起こったあとでした。

　そしてここでもまた聖母の御加護はより確かにありました。毎朝ミサ聖祭に来るチャン神父が、女子修道会に行く道案内のためと私たちに扉を開けさせるために同行させられたのだそうです。4つの銃口を向けられて気の毒にチャン神父は生きた心地もせず、あとで私たちに語ったように、その時は自分が何をしているのかもよく分からず、私たちの方へ4人を案内するとすぐに逃げてしまいました。もし私たちがチャン神父の姿を見たら、扉を開けてしまったかもしれません。翌日曜日は私たちも拉致されてしまうのではと考えてばかりいたのでずっと不安でした。

　この日（10日）、日本の将校が来て、避難者に話があるから全員を大聖堂の前に集めるように言ってきました。女性たちは出ていく勇気がありませんでした。避難している女性は何千人にものぼり、施設の空いている場所はどこも埋め尽くされていました。私たちは何とか説得して数百人を行かせました。将校は女性たちに数日後には秩序が完全に回復して、みな安心して家に帰れるだろうと明言しました。

　（午後）1時に砲撃は再開し、砲声はますます大きくなりました。司教館の裏手の寺院に大砲が配備されたので、音が一層大きく感じられました。日本軍が中国軍に向けて砲撃すると、中国軍の一部は大河を再び越えると私たちに向けて撃ち返してきました。こんな至近距離にいたのは私たちだけだったでしょう。砲撃のたびに建物が揺れ、鼓膜が破れるような大音響でした。

　どのような不安に包まれようとも、私たちにとって祈ることが唯一の支えであり励ましです。避難してきた人たちは、キリスト教徒もそうでない人も皆私たちと一緒に祈ります。トラピスト会の高齢で体の不自由な神父が、誘拐犯の手を逃れて今朝11日（月曜日）の午前4時半頃こちらに身を寄せて来ました。この神父は先週病気のロビアル神父と、病気の神学生と修道士と一緒に修道会に来ていました。リエスの修道院長とシュラーフェン司教の間で、戦争で危なくなったらトラピスト会の神父全員が（正定城内の）ラザリスト会の修道院に来ることに取り決めていたのです。ですが

神父たちが来られなくて幸いでした。でなければ拉致された人の数はさらに増えていたでしょう。人質たちの消息は依然として分かりません。

　12日（火曜日）――外では恐ろしい光景が繰り広げられ、毎日ひっきりなしに新たな避難者がやって来るので、みなに食べ物を行き渡らせるのに苦労します。施設では終日5つから6つの調理室が稼働していますが、避難者も私たちもみな食事を切り詰めなければなりません。女性のやつれた顔や子供のひもじそうな大きな目を見るのはかわいそうでなりません。私たちはここの秩序を守るためにできる限りのことをするしかなく、修道女たちは1日2回、雑穀粥を配り、男子小学校に避難している町の男の人たちが、粥を受け取るための引換券を皆に配るのを手伝いに来てくれました。こんな状態が長く続いてはなりません。そうでないときっと飢え死にする人が出てしまうでしょう。

　10月13日（水曜日）――私たちが攻撃の標的になっていると言ったのはあながち間違いではありませんでした。（正定城内の）修道院にいなかったために土曜の夜捕まらずにすんだラマカース神父が昨日会いに来て、施設内に中国兵や（中国軍）騎兵隊を抱えているとして宣教師が非難されていることが分かったと言っていました。それはすべて間違いです。しかし道理でずいぶん大砲や戦闘機に攻撃されたわけです。そうなるともっと攻撃を受けてもおかしくなかったくらいです。そして、日本軍はまだこんなに生存者がいるのを見て驚いた様子でした。それでも、日本軍が町を占領して間もない時期に虐殺された気の毒な男性、女性は少なくとも2000人にのぼると見られています。

　町の有力者はすでに（日本軍駐屯部隊）司令官に、私たちの気の毒な宣教師たちを解放するよう求めてくれましたが、あまり期待はしていないようです。宣教師たちに対する糾弾が誤りだということは明らかになり始めている模様ですが。

　今朝、避難者たちに帰宅を促しに来た人がいました。外の治安は回復されたそうです。しかし、ほとんどの避難者はまだ恐れています。私たちは

避難者を納得させるためにできる限りのことをしています。この人たちが不信感を示して留まり続ければ、私たちにとって困った事態になるかもしれないのです。占領から間もない時期に、日本兵が来るのを見て露骨に恐れたために、外では多くの人が殺されました。

10月14日（木曜日）――昨日、治安維持会[注4]の人たちが、避難者の食事のために小麦粉を200袋送って寄こしました（中国兵が残していったものです）。それでムオムオ（小型のパン）をつくって、貧しい避難者に1個ずつ配りました。というのも、避難者の中には自宅に残る親戚や使用人から食べ物を受け取っている住民もいたからです。それにしてもどれほど統制が必要だったでしょうか。2時間以上かけて2か所で同時にキビ粥も配りました。今日は全員が、朝ムオムオ1個、午後またムオムオ1個、それに水のように薄いキビ粥。飢え死にしないぎりぎりの量です。穀物は減り、子供や修道女たちも1日2回しか食べることができませんでした。女の子たちはしばしば泣いて食べ物を欲しがりました。この子たちには皆がなぜこうしているのか分からないのです。家畜も順々に屠（ほふ）っていますが、修道院の中国人神父たちはほとんど食べるものがなく、薄いキビ粥をほんの少し口にするばかりでした。彼らの備蓄はみな奪われてしまったのです。

私たちのところで聖ミサを執り行なう神父とラマカース神父、アルベリック神父が一緒に食事をとりました。今朝は、私たちから神父さんたちに、塩漬けのアヒルの卵を2個と貰い物の中国菓子を1箱届けさせました。市中はまだとても安全とは言いがたいので、気の毒な女性や娘は依然として外出しようとしません。17歳から18歳の若い女性を人目にさらさないために、「聖なる幼子」尼僧院のように異教徒の良家の娘まで預かってくれるよう求められています。戦争とはなんと悲しいことでしょう。拉致された宣教師たちの消息は依然分かりません！……葉書を送ろうとしましたが、郵便局が開くまで2、3日かかると言われました。だから便りは送れないのです。

10月16日（土曜日）――昨日の朝、ラマカース神父が通行許可証を申請

しました。定州に行き、（主任司祭の）シャネ神父に知らせるためと、その先の保定と北京に行って（オランダ）公使に知らせるつもりでした。通行許可証は県の用事で出かける中国人にしか発行しないと言われ、申請は却下されました。外では、夥しい残虐行為が夜中から午前中いっぱい続いていました。夕方5時頃、戦闘は終わり協定が締結された、と知らされました。河北を含む5つの地方が独立国を形成することになったというのです。市中には兵士の家屋立ち入りを禁止する文面が掲示されました。それでも避難者はまだ発とうとしませんでした。とくにいつも危険にさらされる若い娘と女性はそうでした。

　アルベリック神父は、被害の少なかったリエス修道院に戻りたいのでここを出ていくと申し出られた。

　10月17日（日曜日）——昨日の平和の知らせは誤報でした。遠くで大砲の音がまだ聞こえましたし、何機もの爆撃機が頭上を横切って南西に向かって飛んでいきました。そのうえ昨日午後には永年の方で激しい攻防があったそうです。我々の気の毒な宣教師については相変わらず消息不明のままでした。朝晩はだいぶ冷え込んできました。拉致されたあの土曜日はやや暑かったので、あの人たちはあまり着込んでいないでしょう。

　10月19日（火曜日）——昨日、ラマカース神父が神学生たちを北京に帰す許可を得ました（神学校は被害が大きかった模様です）。ラマカース神父が安全に町を出られるように2人の兵士が同行しました。今も日本軍機が何機も飛び交っています。私たちの頭上を西や南西の方角に向かって行きます。まだ平和は訪れていません。だから避難者は出て行こうとしません。（あらゆる）知らせはまだ何も届かない状態です。郵便局は閉まったままです。先週、窓口を開けると言っていたのに。

　10月20日（水曜日）——困難は日ごとに増し、恐怖の国にいるみたいです。日本の司令官といつもやり取りをしている町の有力者たちは、地獄のようだと言って、ひどく懸念しています。昨日も町で女性が1人殺されま

した。推計では2000人以上の民間人が正定の町と周辺地域で惨殺されたといいます。

10月23日（土曜日）──昨日はまたしても心が乱れた1日でした。午後に私たちは、避難している女性たちを何としても全員帰さなければならないと告げられました。避難者は夜7時までに立ち退かなければならないというのです。町の有力者たちが、避難女性たちの間を回ってそう伝えながら、その時間になってもまだ残っている者は兵士が来て直接追い出すからと言い添えました。女性や若い娘たちが私たちの足元に押し寄せて、助けてほしいと訴えました。皆待ち伏せを恐れていたのです。私たち自身ももう安心できませんでした。ここが略奪に遭わなかったのは、何千人も避難者がいるからだということは何度も聞かされていました。その時シャネ神父が正定に到着して、その命令はただ町を通常の生活に戻すのが狙いで出されたのだと言って私たちを安心させたのです。今朝は静かで、外も同じように静かなようでした。神よ、感謝します！　ですが、シュラーフェン司教たちはどこにいるのでしょうか？　……何とも心配です！

　シャネ神父は拉致事件を知るや北京に行こうとしましたが、通行許可証は交付されませんでした。それで神父はモンテーニュ司教に知らせるために信仰厚いキリスト教徒の郵便局員を向かわせました。できることをすべてしているのですが、もう事件から2週間経ってしまっています。

10月25日（月曜日）──昨日24日、シャネ神父は9日以来締め切っていた大聖堂を開けさせました。午前7時に小ミサを、午後は聖体賛美式を行ないました。そして8日以来鳴らさなかった鐘を再び鳴らしました。あとはもう200人弱の洗礼志願者（半分は町の若い娘で、その大半は異教徒の良家の娘）が残っているだけです。彼女たちは学校の建物に住み、熱心に公教要理を学んでいます。農村から来た若い娘は入門式をすませ、一般女性は受洗準備期に進んでいます。この人たちがみな、いま胸に抱いている善意をこれからもしっかり持ち続け、熱心なキリスト教徒になるとよいのですが。日本軍が11月2日にシャネ神父の許へ調査に来ました。彼らが私た

ちの気の毒な宣教師を捜索している間も、私たちは一日中、礼拝堂に出入りしている子供たちとともに熱心に祈り続けています。

注1：かつてカトリック教会にあった下級聖職者の位階。
注2：正定の南を流れる滹沱河のこと。この川を挟んで日中両軍が対峙、10月10日、日本軍渡河成功。
注3：正定郊外にあったトラピスト会のノートルダム・ド・リエス修道院のこと。
注4：暫定的に設けられた正定県の行政機関。のちに正式に県公署（県政府、県庁）に改編。
注5：北京に中華民国臨時政府が発足するのが1937年12月14日、河北、河南、山東、山西の各省に加え、北京、天津、青島の特別市を管轄下に置きました。
注6：原文では定州であるが、正定の間違い。

(C) 1937年12月5日付、トラピスト会ジェラルダン小修道院長報告

ノートルダム・ド・リエス小修道院長
トラピスト会士ジェラルダン師の報告

正定、1937年12月5日

正定の惨劇

　先の10月9日の事件に関してここに多少なりとも詳細を書き留めます。ノートルダム・ド・リエス修道院は正定府駅から5kmほど離れた、線路脇[注1]に建っています。正定城市は駅からも線路からも相当離れています。

　日本軍は中国内陸部に向かって、この地方では唯一の簡便で早い交通手段である鉄路に沿って進軍しています。こちらはフランスのように整備された道路はなく、あるのは粗末な土道か野道らしきものだけです。ともかく9月末にはもう日本兵は修道院の付近を通る鉄道沿線に来ていたのです。いずれ日本兵が来るとは知っていても、情報として届くのはたいてい誤った、つじつまの合わない噂ばかりで、本当に来たことが分かった時にはもう彼らは我々の目と鼻の先にいたのです。

　我々が憂慮していたのは、侵略軍がこのあたりでどんな抵抗に遭遇するかということでした。もしかすると我々に近いところで、それこそ我々の生活する場所で、戦闘が起きるのでしょうか？　2か月以上前から中国軍の兵士は至るところに塹壕を築いていました。修道院から300mばかり先の、（滹沱）河に架かる鉄橋の対岸地点には堅固な防御陣地が築かれたようでした。

　すでにかなり前から、（大修道院長の）[注2]ルイ師は我々に（正定近辺で日中両軍が）戦闘に及んだ場合に避難できる場所を確保しておくこと、避難場所としては鉄道から比較的離れている（正定）城内がよいこと、これらを指示として書き寄こしていました。

　何日も前に、混乱状態の（中国軍）敗走兵が長い列をつくって、線路伝いに通り過ぎて行くのを見ました。いったいどこから来たのでしょう？

別の部隊が交代して前線に赴いた結果の退却だったのでしょうか？　これは本当に（北部）戦線が崩壊した兆候ではないでしょうか？　何ひとつ確証はありません、いつだって（たとえそう見えても）退却ということはなく，部隊が入れ替わるだけだったのです！

　ただし（正定）城市の方では本格的な防衛態勢が敷かれて、町の城壁の下まで塹壕が掘られ、大勢の兵士が駐留し、大砲が運び込まれていました。鉄道沿いに進軍する日本兵が多数の中国兵で満ち溢れている正定の町をそのまま戦線の後方に放置することがあり得るでしょうか……。おそらく逆に、まず正定（城市）を陥落させるよう努めることでしょう。だから常々シュラーフェン司教は我々に、

「城内に避難して来てもよいですが、危険なのはどちらでも同じですよ。いや私としては城内の方がリエスよりも危険だと思いますがね」と繰り返していたのです。

　様々な助言をもとに結局、ルイ師の指示に従って、病人や高齢の信者など、いよいよとなった時に避難するのが困難な者を城内に送るということになりました。この者たちはシュラーフェン司教が希望していたように、ラザリスト修道宣教会の施設内に避難所を準備する任務を委ねられました。

　そして9月29日、高齢のアルベリック神父、病気の（ギヨーム）修練士（3日前に逝去）とエマニュエル・ロビアル神父、そして彼らを手伝う若い中国人のロラン修道士が出発しました。リエス（トラピスト会修道院）が本当に危なくなれば、我々も彼らのもとへ行くことになっていました。町の方が情報を得やすいかもしれず、何かあれば我々に知らせが来る手はずでした。[注3]

　神の御心は別の形で現れました。10月7日、午前10時頃、毎日リエスから町に出かけ、そんな時間に帰るとは思わなかった中国人の使用人が突然帰ってきて、

「城門が全部閉められ、土嚢でふさがれている。もう町に出入りすることができない」

と言いました。もはや神の御心に委ねるしかありません……。

神の御心が今そのときにも働いていて、3人のヨーロッパ人を確実な死からお守りくださっていたこと、つまりロラン神父、デニス神父、コンスタン神父が町の宣教会に行って、2日後にはロビアル神父たちと同じ運命をたどりかねなかったのにそうはならなかったことをあらかじめ知っていたら、私たちはもっと易々と神の御心に委ねることができたでしょう。そして、神がまさにここでどれほど御心をおかけくださって我々の仲間と施設を護ってくださったかを知っていたなら—リエスは全く被害を受けなかったのですから—なおのこと易々と一切を神に委ねたことでしょう。

当然ですが、中国の戦争はかつてのフランスの戦争や、今もスペインで続いている内戦とは違いました。中国兵は小銃や機関銃などを持っているし、南方では大砲や飛行機などもあるようです。勇気と忍耐も十分ある。しかし優れた指揮官は稀で、兵站はないも同然、ことに農村地域では、配置された部隊の編成・装備は最低限のものでしかなく、食料の給養状態は不十分であり、少なくともこのあたりでは飛行機は1機もなく、大砲もほとんど見ません！それでどうやって、あの規律正しく、極めてよく統率され、近代的な戦車や飛行機、大砲や装甲車などの兵器を豊富に有し、かつ非常に訓練されている日本軍に抵抗するというのでしょう？

他所の戦闘の様子はほとんど知りませんが、このあたりの鉄道沿線では、日本軍は伏兵の機銃攻撃で多少被害を受けたに留まり、素早く進撃しました。そしてあの無数の塹壕、かなり以前から貧しい農民を、それも収穫期に徴用して築いた塹壕は、無残にもまったく役に立ちませんでした！

聖ヨセフの御加護

日本軍は数時間で去りました。翌日、翌々日にはもうずいぶん遠くに行ってしまい、かすかに砲声が響いてくるのみでした。

要するに、戦争はリエス修道院にいる我々にとって、たいしたことではなかったのです。10月7日以前は、近隣の町の爆撃に向かう日本軍の飛行隊が何度も通過し、多くの偵察機が頻繁に平然と中国側の様子を窺いに来ていました。10月6日、あまり遠くないところで爆撃がありました。そして7日と8日、爆撃はいよいよ近づきましたが断続的で、それは町の方角

でした。

　私たちは修道院庇護下にある、各地から集まった信徒が住む隣村（フランス語でサン＝ブノワ村）からの避難民を受け入れ、地下室も少々（砲爆撃に備えて）補強しました。とくに大切な貴重品は隠しておきました。私たちの中には怖がっている人は誰もいませんでした。実際、荘厳な式によって私たちは修道院を聖ヨセフに捧げていましたし、聖ヨセフはかつて「慰めの聖母礼拝堂」を見事にお護りくださいました。この聖別は全員で熱心に執り行ないました。それでもこれから何が起こるかは気がかりでした。砲爆撃の被害を受けるのだろうか、それとも退却する中国兵がなだれ込んで来るのだろうかと（そうしたらとてつもない試練になったでしょう。日本兵が私たちのところに来て中国兵を見つけたら、きっと私たちが彼らと共闘関係にあると思い、皆殺しにされてしまったでしょうから！）。

　しかし聖ヨセフは注意深き守護聖人であられました。修道院は一度も砲弾に見舞われず、敗走する中国兵が侵入することもなく、とくに９日土曜日の夜は、修道院の周りで砲撃音が多少響いただけですみましたが、その時は少々楽観的になりすぎていたかもしれません。我々はすべての明かりを灯して礼拝を行なっていたのですよ！（砲撃の音で）その場にいた者はみな急いで、修道院の主の御像とともに、そのための祭壇を整えた地下室に避難しました。本当に危険を感じたのはその時だけでした。

　土曜（10月９日）の朝10時には、初めて日本軍の斥候がリエス修道院に来ました。素早く施設を調べ、貯蔵庫を一巡し、酒を褒めたあとに帰りました。危険の可能性は去ったのです。午後になって別の斥候が来ると、間もなく今度は感じの良い宿舎担当下士官が来て、200人の将兵が宿営する場所を提供してほしいと言ってきました。相談して話がまとまり、諸事滞りなく進みました。日本兵は翌日、薪代を支払って発ち、修道院長宛に礼状と日本の酒を送って寄こしました。

　いくつか砲弾が修道院の上を越えて川向うの遠い地点で炸裂したのを端緒に、日本軍はたちまち進軍しました。それ以来、多くの兵士がやって来ました。時には警戒心が強くて、到着時に少々粗暴な振る舞いをする者も

いましたが、一般的には礼儀正しい人たちで、時折は発つ時に気品を感じさせる人すらいたのです。このように、聖ヨセフのおかげで戦争は穏便に、まったく被害を出さずにリエスを通り過ぎていきました。

　次の火曜日、10月13日、使いの者が正定の町まで出かけていき、勝利者である日本兵が大勢いるなかをラザリストの宣教会まで辿りつきました。日本兵はあちこちで気の毒な中国人の支配者然として振る舞い、その態度は確かに自制の足りたものばかりではありませんでした。夜もだいぶ更けてから使いが戻ると、何たることか！　ここでは大層うまく切り抜けられたと喜び合っていた私たち一同を悲しみと苦悩の影で覆う悲痛極まる知らせが届いたのです！

苦悩の日々

　使いはラザリスト宣教会に入るとかなりの兵士がいるのを見ました。しかし、会うことのできた数人の中国人司祭はすっかり恐れおののいて、何が起こったのかほとんど話せる状態ではありませんでした。シュラーフェン司教は他の8人のヨーロッパ人とともに拉致され、どこに連行されたのかも分かりませんでした！　高齢のアルベリック神父は宣教会の敷地内にある愛徳姉妹会の修道院に隠れていましたが、神父も恐れおののいて、手紙を書く勇気すらありませんでした。道中で手紙を見咎められて使いに災いが及ぶのを恐れたのです！　それでもこの恐ろしい知らせは生々しく、信じられないような内容にもかかわらず否定しがたい事実として、我々の前にありました！

　以下は正定の宣教会で事件がどのような経緯を辿ったかを大まかに記したものです。

　事件の数日前からアルベリック神父、ロビアル神父、ギヨーム修練士、ロラン修道士は、修道院の建物から外れたところにあり、禁域のようになっている小さな離れ家に起居していました。ロビアル神父はこの小さな（トラピスト）修道院の院長のような任を担っていました。この共同体は「隠れ家の聖母」と呼ばれ、ここでロビアル神父はかつてないほど親身で非常に献身的な友となったシュラーフェン司教、会計責任者のベルトラン

神父、他の宣教師の助力を仰いで仲間の世話をしていました。

　本物の公園のように広い教団の中庭は、ヨーロッパ人神父の庇護を求めて避難してきた人々でいっぱいでした。中国ではだいぶ以前から危機の時の慣習のようになっていますが、理由あってのことです！

　聖ヴィンセンシオ・ア・パウロ修女会（愛徳姉妹会）の尼僧院もまた、方々から逃げ込んできた女性たちであふれていました。避難者はとてつもない数になりました。戦時下の中国で最も同情すべき気の毒な人たち！勝者と敗者に勝手に略取され、おそろしい赤貧とともに恐怖でやつれ、痩せこけ、道をさまよい、わけもなく死んでゆき、そして自らの命を絶つに至る人があまりに多いのです。というのも（洗礼を受けている人は稀なのですが）、自分自身や近親者の重荷で死ぬことの他には何の慰めも見出せなくなるからなのです。事が起こる前も事が過ぎてからも苦しむ人たちよ！

　10月7日の夜と8日の日中、正定城市と宣教会は猛烈な砲撃を浴びて、おびただしい砲弾が落ちました。神のおかげで、ほとんど奇跡といえるほどに人的被害は少なく、亡くなったのは2人の避難者だけでした。建物はとくに尼僧院がかなり被害を受けました。それでも我々の神父と修道士はあの小さな離れの僧房で8日の日中、当時すでに病が重くなり床に就いていたギヨーム修練士の部屋に集まり、砲弾の炸裂する音と振動のなかで祈りを捧げていました。1発の砲弾が屋根を突き抜けて隣の部屋に落ちました。

　シュラーフェン司教、司祭、修道士、使用人、雇人といった宣教会の人たちはその日、満員の地下室にこもっていました。全部で400人いましたが、地下室を抜け出して何か食べに行こうとする者などいませんでした。地下室にいなかった我々の神父と修道士たちの方は、砲弾が間近で炸裂して事態を悟り、不安に襲われました。ロビアル神父はシュラーフェン司教にこちらはこれ以上持ち堪えられないと伝える手紙を書きました。ロラン修道士が、砲撃が小止みになったらそれを持っていく役目を引き受けました。

　夜9時頃、砲撃がほぼ止んだ頃に2人のフランス人神父、シャルニ神父

とベルトラン神父が「隠れ家の聖母」のロビアル神父たちのところに来て、（司教たちのいる）修道院本館に避難している方が楽だから明日（夜はいつも日中両軍が戦闘を休止します）のミサのあと、早い時間に移ってくるようにと言いました。

そういうわけでギヨーム修道士も４人の男に担架で運ばれて「隠れ家の聖母」を出て行きました。その間、砲撃は再開されず、９日土曜日の朝８時半頃、シュラーフェン司教はアルベリック神父に会いに来て、

「中国兵が城市から撤退して、日本軍が入ってきました。終わりましたよ。もう危険はない、さあ神を讃えましょう！」

と言いました。

まさにその午前のこと、入城したばかりの日本軍将校が宣教会を訪問し、シュラーフェン司教と宣教師たちに愛想さえたたえながら礼儀正しく面会しました。それなのにその直後から１日中、略奪者が単独や集団で相次いで修道院に侵入して、これはと目を付けたものを奪い去りました。略奪者は門戸から入ったり、壁を乗り越えたり、隣近所の屋根伝いに入って来るのでした。（宣教会に隣接する大きな寺院はそのとき兵士でいっぱいでしたが）宣教会と寺との間の壁の塗りこめ扉を壊して侵入する者もいました。

１人の将校が訪ねてきてそのことを知ると、扉をふさいで、「触るべからず」と日本語で伝える注意書きを貼りました。しかし、じきにまた扉は壊されてしまいました。

破壊と略奪を伴う侵入はその日、日本軍将校が宣教会に何度来ようが一向に止みませんでした。

高齢で体の不自由なアルベリック神父もまた、正午頃でしたかギヨーム修練士の隣室で１人食事をとっていた時、数人の兵士に乱暴されました。シュラーフェン司教と神父たち、そしてロビアル神父とロラン修道士（その時は「隠れ家の聖母」に再び戻ることはもう考えていませんでした）も食堂にいました。アルベリック神父は１人、食堂からほど近い自室で食事を終えるところでした。神父の部屋が面していた中庭では、怪しげな、日本人というよりは満人か朝鮮人風の面持ちの兵士たちが、奪えるものを物

色してうろついていました（あまつさえ２つの蜜蜂の巣箱を燻して蜂蜜を食べました）。

　突然、アルベリック神父の部屋のドアが勢いよく開いて戸口に１人の兵士が現れ、黙って神父をにらみつけました。神父は立ち上がり、梨を差し出し、兵士をなだめようとしました。しかし男は梨を断り、バンドで神父を捕縛し、神父を激しく揺さぶり、抵抗されると思ったのか銃剣を引き抜いて威嚇しました。その直後男は神父の身を放し、鍵を奪うと仲間を呼びに走って行きました。今度は２人で戻ってくると、気の毒な老神父をバンドで引っ張って部屋の外に連れ出し、着ていたものを途中まで剥ぎ、最後には神父を解放して自室に戻らせましたが、部屋を引っ掻き回して様々なものを盗みました。

　神父は隙を見て衣服をかき集めて逃げ出すと、ちょうど食堂から宣教師たちが出てきて食後の感謝の祈りを捧げるために教会に移動するところでした。全員が神父を見て驚き、なかにはアルベリック神父が狂ってしまったと一瞬本気で思った者までいたようです！　ロビアル神父はアルベリック神父のもとへ行き、着衣の乱れを直すのを手伝いました。

　略奪に来た兵士たちの厚かましく野蛮な振る舞いは大変懸念されました。それでも、男たちはシュラーフェン司教とすべての宣教師、そして心底気丈で勇敢なロビアル神父らの勇気と信頼を傷つけることはできませんでした。

　正午頃、ロビアル神父の部屋にも略奪者が入りました。しかし男たちは病気のギヨーム修練士のベッドの脇でトランクの中や机の引き出しの中を漁っただけで、何も奪いませんでした。神父はその出来事を語り、してやったりとした感じでこう付け加えました。

「あの男たちは私の服を手で探ったくせに懐中時計を奪うことができませんでしたよ。服の内側に鎖でぶら下がっていたのに、表のポケットしか探さなかったのです！」

　夕方の５時か６時頃、シュラーフェン司教がアルベリック神父の部屋に、昼間の災難の動揺は収まったかどうか見舞いに来てくださいました（シュラーフェン司教は私たちに大層親切で、たびたびトラピスト会の者

たちのもとに来て過ごすのを大変楽しんでいました）。司教がお話をしている最中に、門番修道士（若い中国人のマルシアル助修道士の父）が来て、2人の兵士が玄関で司教を待っていて、話をしたいと言っていると言いました。司教は「参りましょう！」とおっしゃって、すぐに出て行かれました。

捕縛

　いったい何が起こったのでしょうか？　現在知ることのできる事柄を以下に記します。

　午後遅い時間に、10人ほどの男たちが宣教会の正門に現れて、立ち入りを求めました。門番修道士とその場にいたもう1人の男は最初断りましたが、銃で脅されて仕方なく扉を開けました。男たちのうち2人の見張り役がその場に残りました。他の男たちは門番修道士に案内させて、そこからすぐ先に入口がある聖ヨセフ修女会（代牧区の中国人尼僧院）へ行きました（修道院は宣教会の敷地内にあります）。男たちは兵士の身なりで、様々な口径の拳銃を持っていました。2、3人は小銃を持っていました。聖ヨセフ修女会にたっぷり15分はいて、建物の部屋を1つ1つ見て回りましたが、何もとりませんでした。

　その間に、今となってはもう分からない誰か（おそらく事件以後、宣教会を出て行って戻ってこない避難者でしょう）がベルトラン神父とシャルニ神父（すでに述べたフランス人ラザリスト宣教師）に事態を知らせに行ったに違いありません、2人が聖ヨセフ修女会に行こうとしたのが目撃されていますから。しかし正門の見張りが2人を呼び寄せ、門番小屋の一室に押し込み、門番修道士と一緒にいた男とともに両神父を監禁してしまいました。監禁された男性自身がのちにそう証言しました。その少しあとで、侵入者の一団は聖ヨセフ修女会の中庭から出てきて、大勢の避難者でいっぱいのあちこちの庭に分散して1時間ほど略奪を続けました。

　ベルトラン神父が門番室に監禁されているとは知らない門番修道士は、一味に放っておかれた隙に、ベルトラン神父に事態を知らせようと修道院の中に入りました。しかし当然神父は見つからず、門番は自分の持ち場に

戻る勇気もなく、修道院内をさまよいました。

　5時か6時頃、一味の2人がシュラーフェン司教の部屋に入り（おそらく賊に遭遇した門番修道士を使って、私が先ほど述べたようにアルベリック神父と一緒におられた司教を呼びつけたのでしょう）、司教に金銭を要求したようです。

　司教が持っていないとお答えになると、男らは引き出しを開け、いくつかの物品を奪い、あとはあっさり立ち去りました。

　7時近くに、ベルトラン神父とシャルニ神父が門番小屋の中の別の一室に移されるのを1人の信徒が見ました。そこでこの信徒はシュラーフェン司教に知らせるために修道院に入って、食堂で司教に会いました。一同が夕食に集まっていました。信徒は司教に事情を話しましたが、司教は深刻にお受け止めなさらず、2人はすぐに解放されるだろうとおっしゃいました。そして、

「つらい状況ももう終わる、大過なく切り抜けることができて幸いではないか」

とおっしゃって、その夜は食事中に話をすることをお許しになったのです。

　ラザリスト修道院の食堂は、トラピスト修道院のそれと大体同じ配置で、細長い食堂の一方の壁を背にして中央の一段高いところに司教用のテーブルがあり、この両側に部屋の長辺壁に沿って長テーブルが並び、司祭、修道士、神学生らが序列に従って着席します。普通は二手に分かれて、司教の左側にヨーロッパ人、右側に中国人が座ります。（テーブルに囲まれた）中央に広いスペースが開いていて、（司教席に向かい合う形で）手前に説教壇があります。

　（侵入者の男たち）は横手の扉からこの食堂に突然入ってきたのです。一皿目の料理が給仕された直後でした。1人が流暢に中国語（熱河訛の）を話し、全員起立して動かずにいるよう命じました。他の男たちは拳銃や小銃を周囲に向けました。2、3人が最初にヘーツ修道士（ラザリスト会士、オランダ人、62歳）の方に進みましたが、食堂のいちばん奥の司教席にシュラーフェン司教がおられるのを見てそちらに向かいました。司教は

彼らに何が望みかお尋ねになりました。相手は返事をせず、司教に目隠しをして両手を背中で縛りました。ビスコピッチ氏（チェコスロヴァキア人の元海軍士官で、聖職者ではなくオルガン技師。北京から大聖堂のパイプオルガンの修理に来ていたところ、戦闘が激化したので正定に足止めされていた人）は司教を助けようと果敢に飛び出しましたが、途端に捕縛されてしまいました。その場にいたヨーロッパ人はみな同じ運命を辿りました。チェスカ神父（ラザリスト会士、クロアチア人、65歳）はノートルダム・ド・リエス修道院の忠実な友で、サン・ブノワ村の信徒の面倒を見て、毎年我々の雇人に仕事を与え、定期的に我々の修練士と献身者の聴罪司祭を務めてくれました。我々のロビアル神父は「隠れ家の聖母」から移って以来、食事は修道院の食堂でとっていました。ヴァウタース神父（ラザリスト会士、オランダ人、28歳）は母国から来てほぼ1年、神学校の教師で、この時城内に避難していました。ヴラディスラウ・プリン修道士（ラザリスト会士、ポーランド人、28歳）は中国語をさらに勉強するために同胞と離れて、隣の代牧区（順徳、ポーランド・ラザリスト会の管轄）から来ていました。

　目隠しに使った布と手を縛るロープは男らが用意してきました。食堂にあったナプキンも何枚か使われました。

　賊の一味は人質の顔を1人ひとり電灯で照らして、全員ヨーロッパ人であることを確認してから食堂の外に連れ出しました。その時、ロラン修道士も襟をつかまれ、金を持っていないか聞かれました。そして拳銃で脅されて自室に行かされました。部屋（ロビアル神父とギヨーム修練士の居室）の前で、一緒に来た兵士に開けろと命じられました（ロビアル神父が用心のために鍵をかけておいたのです。部屋の中ではギヨーム修練士が床に就いていました）。ロラン修道士は、「鍵を持っていない、あなた方が連れ去ったヨーロッパ人神父の1人が持っている」と答えました。

　そこで男らは、おそらくロラン修道士を服装からヨーロッパ人だと思っていたのでしょうが、誤解に気づいて彼を解放しました。

　その間に、侵入者一味の代表格の男が、食堂を出て行く時に中国人修道士に向かって「何も心配しなくてよい」と言いました。出口付近にチャオ

神父、その隣にチャイ神父がいました。代表格の男はチャオ神父に、
「金を持っているのはどのヨーロッパ人か」と尋ねました。神父はひどく動揺して答えられませんでした。それを見たチャイ神父が、
「会計責任者はここにはいない」と答えました（つまりベルトラン神父のことです。神父はフランス、カンタル県オーリャック出身の32歳で、才気煥発で朗らかで、リエス修道院の大事な友人です。この時は先ほど述べたように、ラザリスト会士、フランス、ムラン出身のシャルニ神父、55歳と一緒に門番室に監禁されていました）。

するとチャイ神父は平手で打たれ、一緒に来るよう命じられました。食堂に隣接する中庭に司教たちは一列に並べられ、兵士に命令されて、チャイ神父が捕虜1人ひとりに金を持ってないか尋ねました。チェスカ神父だけが書棚に少し置いてあると言い、他は全員が持っていないと答えました。金を取りに行くように命じられたチャイ神父は、
「きっと見つけるのが難しいからチェスカ神父本人を連れていく方がよい」
と答えました。男らはそれ以上執着せず、捕らえた神父たちを取り囲み、南の方、つまり宣教会正門の方へ誘導しました。

チャイ神父は拳銃を持った2人の男に見張られながら（司教たちの）あとをついていきました。宣教師たちの部屋の前を通り過ぎると、神父は一瞬何か言いました。すると兵士の1人が（それに反応して）「違う」とかいうような何かを言いました（つまり兵士は神父の話す中国語が分かったのです）、そのあとシュラーフェン司教が「ここはどこなのか」とお尋ねになると（司教は捕まって目隠しされたままでした）、賊は「庭だ」と答え、さらに移動を続けました。

彼らは時計塔の下の通路（修道院と正門の間にある庭園の近くを通る）通路に来ると、チャイ神父の見張りが（前方を照らすために）神父を追い越したので、その隙に彼は西の中庭に逃げて植え込みの陰に隠れ、厨房に行き、料理人に変装し、少し経ってから食堂に戻りました。

仲間の中国人修道士たちはまだ恐怖に立ち尽くしていました。1人の兵士が戻ってきて、中国人修道士たちに、

「もう行ってよい、目当てはヨーロッパ人だけだ」

と告げました。

その10分前にも別の2人の兵士が戻ってきていました。彼らはヨーロッパ人の女性はどこにいるかと尋ね、チャン神父に愛徳姉妹会まで案内するよう命じました。宣教会の敷地内にある尼僧院の前に着いた時には、門扉は閉じていました。修道女たちはすでに就寝していました。

兵士は「開けろ、さもないと殺すぞ！」と叫びました。そのあとそれ以上無理を押し通すことなく（どうしてでしょう？　神だけがご存知です。神は慈悲深く、奇跡さながらご自身の忠実な端女(はしため)をお護りくださいました！）、引き返しました。

もしこの兵士が尼僧院に押し入っていたら、いったいどうなったことでしょうか！　10人ほどいるヨーロッパ人の修道女たちが拉致されたら、あの中庭に詰めかけていた避難女性たちの間にどんな恐慌を招いたことか、それに、ひょっとして虐殺だって！

なぐさめ

その間に別の1人の兵士がチャオ神父に会計責任者（ベルトラン神父）の部屋に案内するよう命じました。しかし神父の部屋は鍵がかかっていたので、チャオ神父は窓ガラスを割って窓を開けねばなりませんでした。兵士は中に入り略奪を始めました。

その間、宣教会正門にいた見張りの兵士は、シャルニ神父だけを部屋から出して尋問しました。殺すぞ、と脅したに違いありません（ベルトラン神父と一緒に監禁されていた）。門番修道士の友人が「あなた方に殺されるようなひどいことをしたでしょうか」という神父の返事を聞きました。それを聞いてベルトラン神父は聖母マリアの加護を求め、門番修道士の友人にも祈るよう促しました。

しばらく待ったあと、2人は賊の一味が捕えた司教たちを連れて戻ってくる音を聞きました。それがいつだったのか、門番修道士の友人の証言はおぼつかなく、闇夜だった、としか断言できませんでした。ベルトラン神父は連れ出され、門番修道士の友人は1人で部屋に取り残されました。こ

の者はベルトラン神父がシュラーフェン司教に話すのを聞き、司教も神父に答えていたそうですが、フランス語が分からないので、話の内容は分からずじまいでした。そして一味と捕虜は宣教会をあとにして、夜の闇に消えました！

ところが、一味は修道院にまだヨーロッパ人を１人取り残していました！　体の不自由な72歳のアルベリック神父を……。神父は食堂に行かないで自室で１人食事をとっていたのが幸いしました。賊はロラン修道士に先導させてロビアル神父の部屋まで行った時に、アルベリック神父の部屋の前を通ったのです。部屋には明かりがついていたのに、どうして中に入らなかったのでしょう！　神の深慮は知る由もありません！

一味が去るとすぐ、ロラン修道士は神父の部屋に駆け込んで明かりを消し、ドアに鍵をかけ、まだ震えながら恐ろしい知らせを告げました。「司教とロビアル神父とヨーロッパ人が全員連れ去られました。このままここに隠れていてください」と。そして恐怖におののくアルベリック神父を残して、ギヨーム修練士のところへ行ってしまいました。神父は椅子に腰かけたまま動こうともせず、真っ暗闇のなかで一夜を過ごしました！

翌10月10日は恐怖の１日でした！　夜明けに急いでミサを行ない、粗末な食事を済ませました。兵士が再び捕まえに来るのではとずっと恐れていました。事実、また兵士が来たので、彼らの通り過ぎる音を聞いて恐ろしさに震えているアルベリック神父を小部屋にかくまわねばなりませんでした。兵士は「もうヨーロッパ人はいないか」と尋ねたので、中国人神父が「あなた方に全員連れて行かれました。もう年取った病人が１人いるだけです」と答えました。有り難いことに、それ以上追及されませんでした。宣教会内は恐怖一色でした！　中国人神父たちは部屋に引きこもり、食事に出てこようとしませんでした。

修道院にいるよりも安全だろうからという理由で、その日のうちにアルベリック神父を愛徳姉妹会に移すことが決まりました。神父はそこに引きこもり、拉致されやしないかとおびえながらさらに幾日も過ごしました。とはいえ実際のところ、再び来た兵士たちはその時点でもうヨーロッパ人に関心がなくなったようでした。ですが、このような大混乱のなかで誰が

安心していられましょうか！

　気の毒なアルベリック神父……。その日曜日の夜に再びロラン修道士と信徒の１人に運ばれて、尼僧院から容態が悪化したギョーム修練士の部屋まで罪の許しを与えに行かねばならなくなりました。

　神父はギョーム修練士の枕辺で寝ずの番をしたかったのですが、再び兵士が来て……夜10時頃でした。神父は足が弱くて遠くまで行けないので、できるかぎりのこととして、ロラン修道士はすぐに神父を連れ出して再び元の小部屋にかくまいました。神父は途中よろめきながらも何とか部屋に辿りつきました。

　その間に兵士らはあちこちを漁り、なかでもチェスカ神父の部屋はすっかり荒らされました！

　朝方、アルベリック神父は尼僧院の自室に戻りました。以後、リエス修道院に戻られる時以外はそこを離れませんでした。そして、震え、不安におののきながら、隠れ続けたのです。

懸念と謎

　町では何が起こったのでしょう？　城市の占領の前に何日も続いた砲撃よりも恐ろしいのは略奪でした……。

　そうするうちに10月12日には町からやや離れたところにある小神学校に留まっていた校長のラマカース神父（オランダ人）が、ラザリスト宣教会に来ることができました。そして到着した途端に聞かされた恐ろしい知らせに、神父の驚きはいかばかりだったでしょう！

　宣教会はその時、恐ろしいほど不安に満ちていて、ラマカース神父も引きこもりました。兵士らは再び好き勝手に宣教会内に入ってきました。宣教会はすっかり恐怖に包まれ、皆は無気力状態に陥り、率先して動くことができませんでした。

　外では秩序が徐々に戻りつつありました。そこで、調査と捜索を行なうよう日本人に働きかけたのですが、徒労に終わりました！

　拉致された宣教師たちの消息について、皆目分からない状態が続きました。町で勾留されているのだろうか？　遠くに連れて行かれたのだろう

か？　誰がこんなことを？　何の目的で？　何らかの過ちを犯した罰なのか？　復讐か？　強盗か？　納得できるような説明は思いつきませんでした。

　日本側と中国側それぞれの当局者は、この事件についてまったく知らないと言いました。そして何日も過ぎていきました。宣教会はこの想定外の惨事に押しつぶされ、まるで土足で踏みにじられて手足をもがれたようになっていました。傷つけられたのは教会の名誉でした。（私たち）かよわい魂はただ驚くばかりでした。

　それでも宣教会の外は徐々に平穏になってきました。ラザリスト会士のシャネ神父（フランス人）は長年中国に滞在し、経験豊かで何事にも動じない方で、主任司祭をしている（定州の）教会から正定まで来ることができました。たちまち神父は皆の勇気を奮い立たせ、宣教会を覆っていた恐怖は徐々に消えていき、修道院生活の日常が再び戻ってきました。そして事件の調査はこつこつと続けられ、各方面への働きかけは粘り強くきっちり続けられましたが、相変わらずまったく何もわかりませんでした！

　その間にギョーム修練士が担架で搬送されてリエス修道院に帰ってきました。それから間もなく、まだ動揺して不安そうなアルベリック神父も帰ってきました。修道院生活が彼の動揺と不安を拭い去っていきました。というのも、リエス修道院では、戦争は始まったと思ったら早々に終わり、2日間地下室でミサを行なったあとは取り立てて問題もなく、いつもの規則正しい生活に戻っていたのです。日本軍の進撃を支えるおびただしい数の装甲車や牽引砲が鉄道を通って行ったにもかかわらず、規則正しい生活につきものの普段の平穏がありました。確かに時折、日本兵がやって来るとやや騒がしいこともありましたし、また、外がもっと安全で平和になるのを待っている避難者が修道院に居残っていたとはいえ、この人たちのいる場所は我々の使う建物とは離れていたので、出入りの音や話し声に悩まされることはほとんどありませんでした。避難者はやがてそれぞれの家に帰っていく……なのに行方不明になった我々の大切な人々の消息は何もわからない！

　事件のことは北京や天津にも伝わっていました。10月24日にロイターが

宣教師拉致事件を被害者の名前とともに突如として発表したのです。しかし、北京や天津から正定に、あるいは正定から北京や天津に連絡をとることは不可能でした。まるで越えられない壁が立ちはだかっているように、郵便も情報も驚くほど何も入ってきませんでした。

　依然として私たちは仮説を立てるくらいのことしかできませんでした。いちばんもっともらしいのは、拉致・略奪犯は戦時下に日本軍に雇われた満人か朝鮮人で、彼らはすぐにひと儲けできる思いがけない機会が訪れたので人質をとって脱走し、身代金を要求する機会を窺っているという説でした。しかしこの説でさえ怪しかった。修道院が襲われたのは、正定城市が日本軍の手に落ちて１日以上経ってからです。９人も人質を連れてそう簡単に逃亡することができるでしょうか？　気の毒な人質の身を思うと辛くてなりませんでした。その内の３人は病気なのです。とくに私たちのロビアル神父！　長引く人質状態にどうやって耐えられるでしょう？

　11月２日、奔走を尽くした挙句、ついに公式の調査が行なわれました。日本軍将校３人、憲兵２人、満洲国将校（正定県長）１人がラザリスト宣教会に来たのです。

　後日公表された調査報告では、何と退却する中国兵による犯行だというのです！　しかし、しばらくは私たちの消えた仲間の身の上について、誰からも何も話されることなく、不気味な沈黙が続きました！　考えたり、探したり、手を尽くしました……。中国ではちょっとしたことでも様々な噂が飛び交い（そして他よりも確かな噂というのがあるもので）、いくつかの手がかりが見つかるものですが……。しかし、何も明らかになりませんでした。

　唯一の望みは日本軍司令部の行なう追加調査でした。調査は始まりましたが、ところがその前に神がはっきりと道をお示しになりました。真実が明るみに出たのです。もう探す必要はなくなりました。あるいは、遠回りする必要はなくなりました！　もう明白な事実を確認するだけでした。
当時飛び交っていた噂の１つに、とある仏僧がキリスト教徒に伝えた話として、神父たちは焼かれたらしいという噂がありました。その場所はどこだったのか？　噂はあいまいでした。もし９日の夜にラザリスト宣教会近

くの木造の大きな仏塔の下で、薪の山から炎が上がり周囲を照らすのが目撃されたという情報と関連づけて考えられなかったら、おそらくほかの噂と同じように顧みられなかったでしょう。別に驚くには値しません。日本軍は遺体を焼くのです。それが風習なのです。決まりごとなのですよ！

　11月12日、ラザリスト宣教会の4人の雇人が、9日の夜6時から夜にかけて日本軍が遺体を焼いたという塔のあたりに行ってみました。そして2つの薪山が燃やされた場所から10歩と離れていないあたりで泥と血に汚れた聖帽、砲弾でえぐれた穴の周りで帯の房の残骸、そして窪みの中には半ば黒こげになった多数の骨、さらに骨に混じってロザリオ、ナイフ、メダイ[注7]なども見つけて、持ち帰りました。聖帽はきっとチェスカ神父のものでしょう。何と十分な情報でしょうか！　（宣教会では）このことを秘密にしておくことが指示され、行政当局に現場を保存するよう依頼し、隣町（石家荘）の日本軍（第1軍）司令部には、詳細な現地調査をするよう求めました。

　残念ながら、当局は一切対処しようとしませんでした。（私たちの重大な）秘密も漏れてしまいました（そもそも現場を見に行った宣教会の雇人たちは近所の人から目撃されていました）。13日朝、保存されなかった現場に野次馬が来て、灰を掘り返し始めました。手当たり次第掻き回されそうになるのを見て、神父たちの遺骨に対する冒瀆をやめさせなければという義憤に駆られた宣教会の使用人数人が、すでに見つかった品々を取り返し、骨と灰を丁寧に集めると、それらを持ち帰ってシャネ神父にお渡ししました。私はシャネ神父に呼ばれて町へ行き、神父がテーブルに広げたものを見て、悲劇を知りました。私はその1つ1つを確認しました。私は胸がいっぱいになりました。

「皆焼かれてしまった！」

　そこにあったのは、焼け焦げて割れた鼻眼鏡。これをかけておられたのはシュラーフェン司教だけでした。ロラン修道士がロビアル神父のためにつくったロザリオ。シャネ神父にもそれをつくったロラン修道士と同じくらい容易に分かりました。普通、ロザリオは中央のメダイ、ロザリオの心臓と呼ばれるパーツがついていますが、このロザリオはその代わりに3か

所針金を通した大玉がついています。大玉は焼け焦げ、針金はそのまま残っていました。メガネの弦と小型の鋏は、おそらくシャルニ神父のものでしょう。入れ歯と金の詰め物をした歯がありましたが、シュラーフェン司教とヘーツ修道士、プリン修道士の歯がそうでした。4つのメダイの内2つにポーランド語が彫ってある銀の鎖はおそらくプリン修道士のものでしょう。半分焼け焦げた3つの靴の底は別々の靴のもので、その2つはきっと修道会でつくられたものです（一般に販売されている靴とは作りがまったく違うのです）、あとの1つは踵がゴムで、おそらくビスコピッチ氏のものでしょう。また、修道士の着る服にはそぐわない複数のボタンは、氏のトランクに残された服のボタンとやや似ていました。キルティングについていたボタン（Parisの文字あり）^{注8}はシュラーフェン司教かチェスカ神父のものでしょう。2つのロザリオは持ち主を特定できませんでした。2つのポケットナイフの内の1つがロビアル神父のものと分かりました。それにベルトあるいはサスペンダー（ビスコピッチ氏だけが着用していました）のバックルが複数、靴下留め等々。スータン^{注9}の布や一部焦げたフランネルの断片、それに他にも我々の死者のものに違いないたくさんの品々、薬莢（目撃者によるとその場所で19時から10発くらい発砲されたそうです）。

　痛ましい発見の悲報は11月13日、静修中のノートルダム・ド・リエス修道会にもたらされました！　皆の悲しみと動揺ときたら！　長いこと謎に覆われていた殺戮、闇の中で犯された陰鬱なこの殺戮で命を落とした神父と修道士（その中には高位聖職者もいる）。ただ魂に奉仕するために中国まで来て、みなが逃げることばかり考えていた時に、積極的に呼ばれた場所に自ら進んで身を捧げた人たち、この罪のない犠牲者のことを思うとあちこちに幾人もの涙をこらえることができぬ姿がありました。この日以来、ロビアル神父とその他の亡くなった方たちのためにミサを捧げるようになりました。

公式調査

　それでも沈黙が続きました。そして何も起こりませんでした。

11月17日、正定に日本の上級司令部から陸軍大臣の命によって横山（彦真）陸軍少佐がやって来て、事件の調査を担当しました。少佐はとても公平に振る舞いました。フランス語が上手で（ミッションスクール卒）、迅速に調査を進めました。調査は少なくともここでは容易でした。シャネ神父が出来事を語り、証拠を示すと、横山少佐はそのまま受け止めました。そして、心痛極まりない事件だ、宣教会と宣教師がどういうものかを知らない日本軍将校の無知が引き起こしたひどい誤解ででもなければこのようなことは説明できない、と言いました。日本軍が関わっていました、（客観的事実がそのことを示しています。推測で言われていたような、そしてその情報はフランスまで何とも早く広がってしまったわけですが、中国軍敗残兵、あるいは人質を連れての脱走兵による即席の窃盗団などはもうまったく問題外です）ですから、日本軍が損害を賠償します！　と。

　少佐は、この頃とくに国際関係が難しくなってきているので事件を大きくしないように、また皆のためにこの件は私たちだけで秘密裏に処理したいとシャネ神父に依頼しました。また、できるだけ宣教会の意向にも寄り添うという約束が交わされ、以下の点を規定して（天津の）日本軍司令部ならびに宣教会の後ろ盾であるフランス大使館をはじめとする外交当局に提出する賠償計画が立てられました。

１）犯人の追及と処罰
２）フランス大使館と関係各国の代表機関への公式謝罪（文書または訪問）
３）ローマ教皇への公式謝罪
４）宣教会が受けた全損失の賠償金
５）宣教会正門に以下の内容の文言を記した慰霊碑の建立：「In memoriam victimarum, die 9 octobris mortuorum... vitam suam posuerunt pro ovibus suis, A Deo mercedemm receperunt　（10月９日に落命した犠牲者を追悼す。神の僕のためにその命を捧げ…神から報酬を授かる）」

　横山少佐とともに（天津から）来たのは、ド・ヴィエンヌ司教（天津代牧）、中国人神父１人、田口（芳五郎）神父（宣教活動の専門教育を受けており、フランス語流暢）、さらに軍属カメラマンも１人来て調査で判明したことを確認する多くの写真を撮りました。

ド・ヴィエンヌ司教は正定到着の2日後に、悪天候にもかかわらずリエス修道院にお越しくださいました。誰もが、司教が高徳の誉れからトラピスト会士に特段のご配慮をしてくださったことを理解し、司教を1人の父であり友人と思えることに喜びを感じていました。

　司教は、受け取ったばかりの知らせにまだすっかり動揺していましたが（天津でも北京と同じく、まだ司教たちが拉致されたままと思われていました。疑いなく彼らの悲劇的運命を示す発見は知らされていなかったのです）、参事会室に集まった修道士たちへの短いお言葉では、エマオの弟子の話[注12]と、全幅の信頼を寄せていた相手を亡くしたことで打ちひしがれ途方に暮れている人たちの心情について言及することをお選びになりました。死のあとには復活が……。キリストの神秘を絶えず新たにする我々の内面生活、そしてまた教会の生活の内にこそ復活はあるのでしょう。命がずたずたに壊された、消滅した、汚されたと思い込んだ時……その次には栄光と繁栄の時が来ることがしばしばあるのです。すでに日本の賠償が再起の証です。いま中国でキリスト教会が受けている過酷な試練の時でさえも、神意はそれに身を委ねる者を決して見捨てません。明らかに慈悲深き全能の神が介在しているのです…。

公式の償い

　11月22日月曜日、朝10時から正定の大聖堂で心を打つ慰霊祭が執り行なわれました。これは横山少佐からの提案で、シュラーフェン司教とその同志に捧げる、死者のための荘厳ミサでした。司式司祭はド・ヴィエンヌ司教が務め、田口神父はその補佐を務めました。北支那方面軍司令官から届いた電報は式典の最初に読まれました。「正定のカトリック宣教会に謹んで哀悼の意を捧げます　日本軍司令官[注13]　1937.11.21」

　参列者の最前列には日本軍を代表して小林大佐、正定駐屯部隊司令官山木大佐、横山少佐、その他日本軍将校、治安維持会（日本軍が占領した町に設置した行政機関の名称。通常日本人顧問と中国人で構成される）長の呉氏、その他日本人と中国人の委員会幹部や官吏が列席しました。

　スウェーデンのプロテスタント宣教団のスピラ牧師が、キリスト教徒と

しての お悔やみをカトリック宣教会へ表明するために参列しました。仏教寺院の管長も参列しました。「我々のために身を捧げた」人たちに感謝の念を示そうと信徒席を埋め尽くすほど参集した信徒に交じり、町の名士や商店主、かつて修道会に避難していた人々の姿もありました。

シュラーフェン司教の紋章が施された棺は聖堂の中心に置かれて、参列者が捧げた花に埋もれていました。身廊の柱には尊い死者を称える言葉が多数かけられていました。その内の4つには日本軍の弔意が記されていました。軍司令部の言葉は「天国に戻りし雄々しき魂に哀悼の意を捧ぐ」でした。

その後、このような誤解による悲劇を繰り返さないために、参列した将校全員に向けて横山少佐がカトリック教会と宣教師についての長い講演をしました。

シュラーフェン司教たちを殺害した理由は何だったのでしょう？　いずれ調査で明らかになるかもしれません。今のところはまったく謎のままです。横山少佐自身、推測以上の話はしませんでした。突撃兵部隊の兵士のような、朝鮮人か満人で構成された先陣部隊の略奪行為だったのか？（たちまち広まったデマが根拠になったのかもしれないが）大変な思い違いから私たちの宣教師たちを（中国側の）スパイだと思ったのか？　あるいはまた、宣教師たちは敗走する中国軍の顧問か補佐官だと見なされたのか？最後の仮説は、町からほど近い小神学校の構内に中国兵が塹壕や銃眼を準備していたことから肯定できなくもないでしょう！　横山少佐はそこを訪れ、何枚も写真を撮りました。しかし、神父や神学生は日本軍が来る前にそこを引き払っていたから、この仮説もやはり本当らしくありません。

そもそも動機を知ろうが知るまいが、犯人が罰されようが罰されまいが重要ではありません、2つの事実が残ります。1つは恐ろしくも容赦なく突きつけられた殺戮の事実です。9人のヨーロッパ人（司教と7人の司祭、修道士を含む）が連行され、殺され、遺体を焼かれました。もう1つはやや慰めになりますが、日本軍の正式な償いが行なわれ、教会と我々の宗教の名誉が公式に厳かに再確認されたことです。

重ねてお詫びしますが、この記録はとても急いで書いたり書き写したり

したものです。ひとえにあなたに事情をお伝えしたかっただけで、文学的に何か書こうとしたつもりはまったくありません。実を言うと、きちんと読み返してもいなければ下書きもしていないのです。正定の神父が1人北京に行くというので、私の手紙を託すことにしました。時間がないのでこれが精一杯です……。

注1：北京と漢口を結ぶ鉄道。京漢線。
注2：いくつかの修道院で構成される修道院群の責任者。
注3：研修期間中の修道士。
注4：12日の誤り。
注5：修道院内の修室など部外者が入ることが許されない場所。
注6：正定治安維持会（のちの正定県公署）の長は呉贊周という、引退した旧軍閥将軍でした。一時期奉天軍閥（満洲軍閥）に身を置いていたことから、満洲国将校と宣教師たちに誤解された可能性があります。
注7：メダル状をしたカトリックのアクセサリー。
注8：カトリックの司祭がスータンの上に羽織る着物。
注9：カトリックの司祭が平服として着る立て襟の着物。
注10：天津の北支那方面軍司令部。
注11：横山少佐は旧制松江中学から広島陸軍地方幼年学校に進んでおり、これは中尉時代の外国語学校での研修のことと思われる。
注12：新約聖書、ルカによる福音書24章13〜35節。
注13：北支那方面軍司令官、寺内寿一大将のこと。

（F）シュラーフェン財団作成「正定の惨劇」

シュラーフェン財団による正定事件の概要「正定の惨劇」
【筆者注：作成日不明。おそらく財団設立時の2008年頃にまとめられたものと思われる】

1937年10月9日

日中戦争

1937年1月8日、カトリックの司教が親類に以下の手紙を書いている。[注1]

「いつものように、中国内のどこかで争いごとが起きていますが、この国はとても広く、私の周りは静寂に包まれています。しかし数百km離れた北部や南西部では、兵士、盗賊、共産主義者などが至るところで銃をぶっ放しているのです。[注2] その間、私たちは中国全土が平和であるかのように宣教活動を行なっています。私たちが日本軍の支配下に入るのかどうか、私には分かりません。私たちは政治に関与しないようにしています。神様が私たちを愛してくださっているので、何も恐れることはありません。神が私たちを必要とされる際に備えることが、最も重要なのです」

1937年6月、司教はいとこであるフーツ司教の叙階50周年を祝うため、永平へ出かけている。[注3]

「オランダの家族と一緒でした。自宅で数日だけ過ごし、北京で開催される司教の会議に行かなくてはなりませんでした。7月5日の月曜日に家を出て、7月8日に修道院に戻る予定でしたが、戻りは7月13日になりました。7月8日に中国軍と日本軍の間で争いが起き、鉄道が止まったのです。私たちは争いがすぐに終わることを切に願っていました。7月12日になっても争いはまだ続いていました。そこで私たちは車を借りることにして、北京から20km郊外まで行きました。その後、南東へ行く小さな荷馬車で、さらに20km進みました。そして北京南方の駅に到着すると、やっと鉄道に乗ることができ、修道院には23時に到着しました。前述の争いが戦争に発展するのかどうかは時間が教えてくれるでしょう。それまでは、私たちのいる場所は静寂に包まれているでしょう」

(1937年7月27日の手紙)

　悲しいことに、7月23日には、静かだったのは表面上だけであったと証明された。北京は日本軍により占領され、事実上戦争となった。過去数年間、日本軍はすでに満洲を手中に収めていた。1月2日に日本軍はフーツ司教の代牧区にある山海関を攻撃し、徐々に永平府のある教区全域を支配した。教会に対しては、実に親切な対応をしてくれた。宣教師は安心し、あちこちに侵入してくる盗賊や共産主義者にこれ以上、怯えることはなかった。

　8月31日、欧州人マリスト会修道士7人と主任司祭ピエール・ウィレムス（オランダのマイエル生まれ、1947年中国で死去）が北京から20km北西の黒山戸にて、盗賊もしくは敗走する中国兵に捕まり、身代金が要求された。8人全員が、身代金を調達する行為一切を拒否した。18日後に司祭が、10月の下旬にマリスト会修道士たちが解放された。その後数週間、この事件は、正定の現状に不安を感じている皆に希望を与えた。

　その頃、日本軍は南部へ鉄道沿いに進攻していた。9月4日、戦争の状況や、降り続く雨のせいで穀物が台無しになったことについて、シュラーフェン司教は、

「すべての困難において、キリストを信じるべきだ。困難な状況にいる我々は、神の助けがなくては何もできない。同様に、神に助けてもらいたければ、謙虚さをもって祈り続けることで、神に助けを求めなければならない。そうあらしめよ」と記している。

　さらに9月17日には、

「北京と天津への通信が断たれたままだが、郵便はまだ届く。どうやっているのか私には分からない。しかし、届いてもかなり遅れが生じている。正定から南部20km先にある、鉄道が交差する石家荘は激しい爆撃を受けている。（日本）軍にとって正定自体は重要ではないが、戦闘が起きている場所は北へ150km先にもかかわらず、塹壕があちこちに掘られている。敗走する兵隊に略奪はつきものなので、とくに彼らから神が守ってくれますように。収穫は良好だが、最近大雨が降り、この塹壕のせいで荒廃は酷いままである。中国では、いつも貧農にしわ寄せがくることになる」

正定では、9月19日から27日まで年1回の静修であった。正定代牧区に属する司祭60人が出席した。静修を終えると、ほとんどの司祭は自身の教会へと帰還した。中国人とフランス人の司祭40人が正定に残った。

　Baifangにあるトラピスト修道会の大修道院長が修道士たちに正定へ行くよう命じた。シュラーフェン司教は修道士たちに、歓迎するが街は修道院と同様に危険かもしれないと伝えた。9月29日、高齢の司祭アルベリック・モプが司祭エマニュエル・ロビアル他中国人修道士とともに到着した。後者2人はあとからくる修道士たちを迎える準備をしていた。10月7日、修道院から使者が来て、大修道院長に街の入り口が閉鎖されたことを伝えた。したがって、他のヨーロッパ人の修道士3人は、何が起きようとも修道院で待機しなくてはならなかった。

　同日、日本軍は高さ約10mの城壁で覆われた街、正定に到達した。砲撃は続いた。カトリック教会があった地域には、住人約1000人のほかに、主に女性と子供の難民が約2000人いた。これは仏教寺院やスウェーデン系プロテスタント宣教会でも同じ状況であった。カトリック宣教会の内部で3人が殺害されている[注6]。建物は砲弾によってかなりの損傷を受けた。

　10月9日の朝、日本軍が城市を占領し、軍の強襲は過ぎ去っていった。トラピスト修道会の修道院は10月10日に占拠された。この修道院ではとくに何も起きていない。日本軍は非常に礼儀正しく、軍が使用した物品に対し、すべてお金を支払っている。

　10月13日水曜日、修道院の使者が正定に向かい、夕方遅くに悲惨な報告とともに戻ってきた。シュラーフェン司教と他8人の外国人宣教師が拉致され、行方が分からないというものであった。

10月9日土曜日に大聖堂で何が起こったのか？

　早朝に日本軍の将校が、司教に非常に丁寧な挨拶をしに来た。その後まもなく、単独もしくは集団の兵士1人が盗みを働くために壁を登ったか、もしくは壊れた入口から侵入した。日本軍の将校が門を修理し、日本語で警告を促す紙を貼った。しかし、将校が見える場所にいても略奪者は絶えなかった。略奪者は司教の部屋に侵入し、高価に見えるものは何でも盗ん

でいった。夕方、兵士10人が聖ヨセフ修女会を探索し、主席神父リュシアン・シャルニ（1882年生れ）および会計責任者、ウージェーヌ・ベルトラン神父（1905年生れ）の身柄を拘束した。

17時から18時の間、2人の兵士が司教を訪れ、金を要求した。司教は金がないことを伝えると、箪笥を開け、何かを盗み、また去っていった。

19時、司教と教会にいた司祭全員が食堂に集まっていた。急に誰かが入ってきて、シャルニ神父とベルトラン神父が、日本兵の暴力から修道女たちを守ろうとして聖ヨセフ修女会の近くで日本兵に捕まったと司教に伝えた。彼は、修道女たちに逃げるよう強く促した。司教は、もうすぐ自由の身になることや日本軍はヨーロッパ人の仲間であると答えた。恐れることはないのだと。

その夕方、兵士が数人食堂に突入してきた時、約40人の司祭がいた。兵士の内1人は北京の北部の地域である熱河訛の中国語を話した。全員立たされ、銃の威嚇のもとに拘束された。

司教が要求は何かと尋ねたが兵士は答えることなく、司教を目隠しし、両手を拘束した。チェコ人のビスコピッチ氏はオルガンの修復のために正定に来ていたが、正定では紛争が起こっており、海軍の元将校として司教を手伝いたかったので帰省することができなかった。彼もすぐさま捕まり拘束された。その他にトマス・チェスカ神父（1872年、クロアチア生れ）、修道院近くの村の司祭、エマニュエル・ロビアル、トラピスト会（1877年、フランス生れ）、ヘリト・ヴァウタース神父（1909年、オランダ・ブレダ生れ）は小神学校の教師兼大聖堂オルガニスト、修道士アントン・ヘーツ（1875年、オランダ・アウデンボス生れ）、修道士ヴァディスラウ・プリン（1909年、ポーランド生れ）、ヨセフ・チャウ・チーが中国人司祭の間に立っていた。ヨセフ・チャウ・チーは何週間もひげをそっておらず、食堂の照明は薄暗かったため、兵士にヨーロッパ人として拘束された。幸運なことに、他の中国人司祭たちが本当に中国人だと証明してくれた。彼らが連れ去られたところを他の中国人司祭が追ったが、兵士に脅された。そこで彼は神学生の寮へ行き、何が起きたか話した。

兵士の数人が「ヨーロッパ人宣教師の妻たち」を要求していた。兵士た

ちは12人の修道女が住む愛徳姉妹会へ連れて行かれた。女子修道会の門は閉まっていた。兵士たちは「門を開けろ！さもないと撃つぞ！」と叫んだ。何も反応がなかったので、修道女たちは寝ているのだろうと考え、兵は去っていった。しかし実際は、修道女たちには聞こえており、全員礼拝堂に行き、とてつもない恐怖のなか、23時まで祈っていた。武装した兵士数人により司祭が何人か連れ去られたことを報告されていたからである。

体調が悪かったアルベリック神父（1865年生れ）は自分の部屋にいたので、影響を受けなかった。夜間に兵士が数人戻ってきて、会計責任者の部屋を略奪していった。

その日の夜、プロステタント宣教会から来た、牧師のヒル氏とスピラ氏が仏塔の近くで異様に大きな火を見かけている。

第一報が世界中に

10月17日日曜日に、定州のシャネ神父はシュラーフェン司教とその他8人が誘拐された報告を受け取った。すぐにモンテーニュ司教と在北京フランス大使館に郵便を送り、手紙は6日後に届き、知らせは伝達された。オランダ公使館のG.W.デ・フォス・ファン・ステインウェイク男爵にも報告が届いた。10月24日のロイター通信の報道が全世界に広がり、パリ外国宣教会総長は殉教者9人の名前を受け取った。

10月22日にシャネ神父が正定に到着した際、彼はみなが混乱の中にいると悟った。最も矛盾する証言がなされた。そして10月9日に何があったのか徐々に明らかになってきた。日本の軍服を着た10人の男性は、確かに日本軍に所属していた。神父は10月25日に明らかになったことの報告書を北京に送っている。11月2日、日本軍が調査を行なった。調査の結論は、ほとんど確実に侵入者の正体は逃走中の中国兵であるというものであった。日本大使館はこの調査報告書をオランダ公使に手交したが、11月30日には北京クロニクル誌上においても公表された。

最終的な事実

教会から300mほど離れた場所にある仏塔の近くで間違いなく誘拐された

9人の所有物が発見されたのは11月12日だった。所有物はすべてシャネ神父らが回収し、教会へ持ち帰った。この事実は日本軍の司令官に報告された。トラピスト修道院には11月13日に、その2日後、北京に報告が到着した。「おそらく全員焼き殺されたようです。シャネより」この報告はオランダにも転送された。薬莢が10個発見されたことから、被害者9人は全員銃殺され、その後焼かれたものと思われる。

公式調査

11月15日にド・ヴィエンヌ司教は、日本人の田口神父と日本軍の横山少佐、そして写真班員とともに正定へ向かった。事実に基づき、横山少佐は日本軍がこの事件に関係していると確信した。横山少佐の要求により、11月22日の朝10時から大聖堂にて、厳かな追悼ミサが行なわれた。この日本軍少佐が「日本軍の中に共産分子がおり、おそらくこの違法な犯罪に対して責任を負っている」と言っていたところをスピラ牧師が聞いている。

外交的理由

フランス大使館並びにオランダ公使館は、11月7日に日本軍が報告した「罪を犯したのは中国軍である」という主張に対し強く抗議した。

（現地からは）さらに、ド・ヴィエンヌ司教と横山少佐の調査によって、さらなる情報が寄せられて、北京においても、大使館の教会にて追悼ミサが行なわれた。日本軍は、1937年10月9日の被害者の追憶に捧げる記念碑を建てた。記念碑には「信者の為に人生を捧げた者たち」という文字が記された。

シュラーフェン司教と修道士はなぜ殺害されたのか？

何年間も殺害の動機は分からなかった。結局、この悲劇の主人公は全員殺害され動機を語ることはできないのだが、ここ数年でパズルのピースが揃い、動機がはっきりしてきた。以下は明らかになったことである。

１）日本兵は少女と女性を要求した

10月5日、シャネ神父は定州（正定から30km）にて日本軍の司令官に訴えた（申し立てをした）。5人の兵士たちが宣教師のところに来て、4人の女性を要求し、要求に応じないと銃で宣教師を脅したからである。
　また、正定近くのトラピスト修道院の大修道院長は、「日本兵が金と女性を要求した」とシュラーフェン司教と修道士の拉致に関する報告書に書いており、シャネ神父はヨーロッパ人宣教師の妻たちはどこで見つけられるのかと兵士たちが聞いたことを言及しているからだ。
　宣教師のオベも11月10日以前には、「女性」が動機であることをシャネ神父宛に書いた手紙で言及していなかった。女性を要求することは、日本兵の行動の特徴を表している。「あの日の夕方、兵士たちは修道女を要求してきました。修道女のことは"妻"と呼んでいました。略奪が目的だったのでしょうか？　女性を求めていたのでしょうか？　おそらく両方が目的でしょう。そのように振る舞っていました」

　2）シュラーフェン司教に女性を要求したこと
　1937年12月1日、正定のスウェーデン系プロテスタント宣教会にいるR.E.ヒル牧師は、日本兵が教会に対し女性を要求してきたことを、カトリック宣教会の事務責任者リー・チャイ氏が10月9日の事件後、すぐにヒル氏とスピラ氏に伝えてきたと、在北京フランス大使館に断言している。ある外国人宣教師は「ほしいものは何でも持って行っていいが、女子は断じて渡さない」と答えた。その後兵士たちは立ち去っている。
　1937年10月9日に正定に日本兵と一緒にいた中国人通訳が動機をこのように証言している。この通訳はオリヴェール神父に以下のことを話している。
　「数人の兵士を連れた日本軍の司令官が司教の居館に女子と若い女性を連れに来た。ほしい物を得るためにシュラーフェン司教と長い間話していた。しかし司教は断固として拒否していた。ある修道士によると、シュラーフェン司教は『私を殺したいなら殺せばいい。だがあなたが求めるものは決して渡せない』と言ったという。その後司令官はシュラーフェン司教を脅し、怒りながらも立ち去っていった」

また、山西省潞安のフランシスコ会士のオランダ人神父たちが日本兵を喜ばせるための女子を要求された際には、「正定のカトリック宣教会で起こったことを忘れるなよ」と日本兵に言われている。
　近隣のトラピスト修道院のデニス・ファン・レーウ神父は、
「日本軍が街を占拠した。軍が最初に行なったことは、敵軍の兵が1人も残っていないか確認することであった。他にも何か探しているようであった。女性を求めていたのだ」
と記している。1938年12月にオーストリア人修道士フリードリッヒ宛に書かれた手紙でデニス・ファン・レーウ神父は、
「今年の夏、中国語を話す日本兵が殉職者の記念碑の写真を見て、『なぜ殉職者を焼いたのか？』と聞いてきました。私たちは何も知りません。『我々の楽しみのために要求通り200人の女子を渡してくれたら、焼かれずにすんだのに』と言っていました」
と語っている。200という数と動機の断言である。

最近の証言

　拉致を目撃したヨセフ・チャウ・チー神父が1997年5月17日に、
「当時、数千人の女性が教会に在籍していた。日本兵が聖ヨセフ修女会および愛徳姉妹会の尼僧院に入れなかったので、神の摂理が女性を救ったのだ。日本軍は憤慨しており、それが理由でシュラーフェン司教と修道士を拉致し殺害したのだと推測する者もいる。正定の街の至るところで女性は強姦され、多くはその後惨殺されていた」
と断言している。
　1937年に当時15歳で正定の司教館にいたヨセフ・ワン神父は、1997年9月23日に「司教は兵士たちが修道女を困らせに行くのを防いでいた」と記している。
　ユリウス・ティアー司教の叙階25周年および正定教区の150周年を祝う際、2005年に『シュラーフェン司教と修道士の殉教』というタイトルのパンフレットが発行された。パンフレットには、外国人宣教師が、侵入者が教会内で非道を行なうことを防いだという内容が書かれていた。パンフレ

ットによると日本兵は苛立っていた。さらにミン・シャオ・チャオ（92歳）が神学生として、拉致の3日後にラマカース神父に同行して正定に入ったことを語っていた。

「その日の朝、侵入者は司教に対し、兵士を満足させるために200人の女子を渡すように要求した。司教は無条件に拒否した。これが理由で日本兵は怒り、非道を行なったのだ」

なぜそのような選択をしたのか？

日本兵がシャネ神父に女子を要求した際、シャネ神父が下した選択の動機は以下のとおりである。

「司令官殿、真のキリスト教信者はそのような冒瀆よりも死を選びます。私の教師にも、死をもって償うことになったとしても、このような恥辱に応じる者はいないでしょう」

日本軍司令官が女子を要求した際に、シュラーフェン司教はこのようなことを言ったのだろう。

どのように殺害されたのか？

殺害方法について不明点が1点ある。実は、殺害現場の周辺には殺害を目撃した乞食が数人いた。真実なのだろうか？　トラピスト修道院のストラウフェン神父は目撃者報告書に以下のように記している。

「司教たちは荷馬車に乗せられており、300m先にて、銃弾を1発ずつ撃たれ、殺害されている。今は亡きオルガン職人（ビスコピッチ）は大聖堂の司祭（チェスカ？）およびトラピスト会の神父（ロビアル？）に支えられていた。彼らは一緒に焼かれた。焼却現場の裏で血にまみれた司祭帽が発見されている。また、ロビアル神父のロザリオ、オルガン職人が着ていたズボンのボタンも発見されている。

最後に殺害されたのは、シュラーフェン司教である。火に投げ込まれた時、彼はまだ生きていた。大きな声で『神よ、神よ（My god）』と唸っていた。異教徒がその現場を目的し、『最高だ（？）〔中国語でMong Tié〕』と言っていると思った。日本兵は司教に何度か灯油をかけていたが、なか

なか着火しなかった。司教が長く苦しんだあと、兵士の1人が火にガソリンを注いで、大きな火柱が立った。苦痛からくる唸りはゆっくりと消えていき、残った司教の骨はひとかけらだけであった。さらに、焼却現場の裏でガラス部分が溶けて縁だけが残った司教の眼鏡が発見されている。（中略）修道女や難民の女性が1人も強姦されなかったことが慰めである。この事件は正定中に衝撃を与えた。日本人将校（横山少佐）でさえも、司教たちはキリストへの愛の殉職者として亡くなったと言っていた」

運よく殺害から逃れたフランス人修道女のプリューは、以下のように記している。

「仏塔の下で、兵士たちが司教たちを1人ずつ、心臓をナイフで刺すか銃で撃つか、もしくは他の方法で殺害したのだろう。仏塔から数m先（地面には血液がしみ込んでいた）にある木の根まで司教たちを引きずり、この木の根元で、近隣の家から奪ってきた窓や扉を使って火をたいたのだろう。そして司教たちはガソリンをかけられ、焼かれたのだ」

中国人通訳がオリヴエール神父に対し、

「若い者から殺していった。（おそらくベルトラン。引きちぎられた血まみれのひげが見つかっている）他の宣教師は抵抗した。その内3人がすぐに銃殺された。中国人通訳はその3人が誰であったのか分からない。知り合いではなかった」

と語っている。

以下のような疑問が残っている。拉致の際に両手を拘束するために食卓用ナプキンが使用されたことについてどのように理解すればいいのか？ 焼却現場では、拘束に使われたワイヤーが見つかっている。これは司教たちが生きたまま燃やされたことを意味するのではないだろうか？

最後に

シュラーフェン司教と修道士は信仰を貫き、女性たちを日本兵からの性的暴行から守った宣教師として亡くなった。さらに彼らは何千もの難民の権利のためにも戦っている。

1938年日本軍の費用で白と黒の大理石からなる記念碑が建てられた。こ

の記念碑は今でも健在である。高さは２ｍである。白色の石碑には、「1937年10月９日に亡くなった被害者を追悼する」と刻印されている。石碑に彫られている被害者９人の名前は以下の通りである（数年来、記念碑は正定の元大聖堂の前に位置していたが、1950年代以降、元教会の敷地全体は軍のものとなり、記念碑は消えてしまった。被害者の遺骸は柏棠の墓地に埋葬された）。

〔右側の名前〕

シュラーフェン司教　ロットゥム出身のラザリスト　64歳

リュシアン・シャルニ　ムラン（フランス）出身のラザリスト　54歳

トマス・チェスカ　ブラドバク（クロアチア）生まれでオーストリアで育ったラザリスト　65歳

ウージェーヌ・ベルトラン　オーリャック出身のラザリスト　32歳

ヘリト・ヴァウタース　ブレダ出身のラザリスト　28歳

エマニュエル・ロビアル　ルーアン近郊のモン＝サンテニャン村のモント・マラッド通り出身のトラピスト　52歳

〔左側の名前〕

修道士　アントン・ヘーツ　アウテンボス出身のラザリスト　62歳

修道士　ヴァディスラウ・プリン　ポーランドのリピンキ・シュラヘツキエ村出身のラザリスト　28歳

アントン・ビスコピッチ　プレスブルグ出身（現在はスロバキアのブラチスラバ）のオルガン職人　51歳

ヴィール・ベルマケルス
フィンセント・ヘルマンス

注１：シュラーフェン司教のこと。
注２：場所不明。河北省のことか。
注３：キリスト教カトリック教会の秘跡で、聖職者を任命することをいう。
注４：1933年１月の山海関事件を指す。
注５：この事件はフランス・オランダの要請を受け、日本軍による捜索と救助が行なわれた。
注６：包囲戦の砲撃による死亡。

「正定事件」関連年表

年	月	世界	日本	中国大陸	正定事件関連
1920年 大正9年	9	27 第2次カラハン宣言			
	12				16 シュラーフェン、 正定代牧着任
1921年 大正10年	4				10 シュラーフェン、 司教に叙階
	7			23 中国共産党第1回 全国代表大会	
	12	13 四カ国条約締結		23 孫文・マーリン会談	
1922年 大正11年	2	6 九カ国条約締結	1 山縣有朋死去	4 日華山東還付条約 締結	
	8				12 コスタンティーニ、 駐華教皇使節就任
	12	30 ソビエト連邦成立			
1923年 大正12年	1	11 仏軍、ルール占領開始		26 孫文・ヨッフェ 共同宣言	12 ド・ヴィエンヌ、 天津代牧就任
	5			6 臨城事件	
1924年 大正13年	1	21 レーニン死去	7 清浦奎吾内閣成立	20 第1次国共合作成立	
	6	17 第5回コミンテルン 大会開催	11 加藤高明内閣成立	16 黄埔軍官学校開校	
1925年 大正14年	3			12 孫文死去	
	5	12 ヒンデンブルク 大統領就任（独）	5 普通選挙法公布	30 五・三〇事件	
	7			1 広東国民政府成立	
1926年 大正15年 昭和元年 民国15年	3			20 中山艦事件	
	7			9 蔣介石、北伐開始	
	9	8 独、国際連盟に加盟		7 国民革命軍、 漢口占領	
	12		25 大正天皇崩御	1 張作霖、安国軍 総司令就任	
1927年 昭和2年	1			4 漢口英租界占拠	
	3		14 片岡蔵相、議会で 失言	24 南京事件 （邦人襲撃事件）	
	4	21 リンドバーグ、大西洋 単独無着陸飛行成功	20 田中義一内閣成立	3 漢口事件 （邦人襲撃事件）	
	5	12 英、ソ連通商代表部 捜索（アルコス事件）	28 第1次山東出兵下令		
	6	20 ジュネーヴ海軍軍縮 会議開催	27 東方会議	8 海州事件 （邦人襲撃事件）	
	8	23 サッコとヴァンゼッ ティ処刑（米）		1 南昌蜂起 （共産党暴動）	
	10			21 寧漢戦争勃発	
	11		5 田中義一・蔣介石会談	13 黄麻蜂起 （共産党暴動）	

年	月	世界	日本	中国大陸	正定事件関連
	12			11 広州蜂起 （共産党暴動）	
1928年 昭和3年	4		19 第2次山東出兵下令	8 第2次北伐開始	13 兗州米人宣教師 射殺事件
	5		9 第3次山東出兵下令	3 済南事件 （邦人襲撃事件）	
	6	17 第6回コミンテルン 大会開催		4 張作霖爆殺事件	
	10			8 南京国民政府成立	
	12			29 張学良、易幟	22 田口芳五郎、 司祭に叙階
1929年 昭和4年	3	4 フーバー大統領 就任（米）		蒋桂戦争（〜6月）	
	7		2 浜口雄幸内閣成立	21 奉ソ戦争（中東路 事件）（〜12月）	
	10	24 ウォール街で株価 大暴落			
1930年 昭和5年 民国19年	1	21 ロンドン軍縮会議開催			
	2		20 第17回衆議院議員 総選挙		25 韶州伊人宣教師 殺害事件
	5		6 日華新関税協定締結	1 中原大戦勃発（〜11月）	
	7			27 長沙暴動 （共産党暴動）	
	12			16 第1次掃共戦開始	
1931年 昭和6年 民国20年	4	14 スペイン第二共和政 成立	14 第2次若槻禮次郎 内閣成立	1 第2次掃共戦開始	
	6			15 ヌーラン事件	
	7			1 第3次掃共戦開始	
	9			18 満洲事変勃発	
	10	24 国際連盟、期限付き 日本軍撤兵案議決	17 十月事件	4 上海邦人女工襲撃事件	
	11			7 中華ソビエト共和国 臨時政府樹立	
	12	10 国際連盟、リットン 調査団派遣を議決	13 犬養毅内閣成立	12 蒋介石、下野表明	
1932年 昭和7年 民国21年 大同元年	1	7 スティムソン・ ドクトリン発表（米）	8 桜田門事件	9『民國日報』不敬 記事事件 18 上海邦人僧侶 襲撃事件 28 第1次上海事変勃発	
	3			1 満洲国建国	
	4	10 ヒンデンブルク 大統領再選（独）		29 上海天長節爆弾事件	
	5	6 ドゥメール大統領 暗殺事件（仏）	15 五・一五事件	5 上海事変停戦協定締結	
	7	31 ナチス党230議席 獲得、第一党に（独）		17 朝陽寺事件 （邦人拉致殺害事件）	

「正定事件」関連年表　231

年	月	世界	日本	中国大陸	正定事件関連
	9		15 日満議定書締結	15 撫順襲撃事件 （邦人殺害事件）	
	10	2 リットン調査団 　報告書公表	6 大森銀行 　赤色ギャング事件	2 山海関邦人巡査 　射殺事件	
	12	3 シュライヒャー 　内閣成立（独）		30 第4次掃共戦開始	
1933年 昭和8年 民国22年 大同2年	1	30 ヒトラー内閣 　成立（独）		1 山海関事件	27 モンテーニュ、 　北京代牧着任
	2	24 国際連盟総会、 　総会報告採択		23 日本軍、熱河作戦開始	
	3	4 ルーズベルト 　大統領就任（米）	27 国際連盟脱退	27 日本軍、灤東作戦開始	
	5			31 塘沽停戦協定締結	
	10	14 独、国際連盟脱退		16 第5次掃共戦開始	
1934年 昭和9年 民国23年 大同3年 康徳元年	1	26 独・ポーランド 　不可侵条約締結		13 中華共和国 　（福建）崩壊	7 ツァニン、 　駐華教皇使節就任
	2	6 仏で反政府暴動		19 蒋介石、 　新生活運動開始	
	3			1 溥儀、満洲国皇帝 　に即位	
	5		30 東郷平八郎死去	2 ゼークト、国民革命 　軍軍事顧問就任	
	10	9 ユーゴ国王 　アレクサンダル暗殺		26 第1次張北事件	
1935年 昭和10年 民国24年 康徳2年	1		22 広田声明	8 哈爾哈廟事件 （満蒙国境紛争）	
	3	16 ヒトラー、再軍備宣言	23 日ソ北満鉄道譲渡 　協定締結		
	5	2 仏ソ相互援助条約締結		2 天津日本租界事件	
	6	18 英独海軍協定締結		10 梅津・何応欽 　協定締結	
	7	25 第7回コミンテルン 　大会開催			
	8		3 国体明徴声明	1 中国共産党の 　八・一宣言	
	11			1 汪兆銘狙撃事件	
				3 国民政府の幣制改革	
				9 中山水兵射殺事件	
				25 冀東防共自治 　委員会成立	
	12	9 第2次ロンドン海軍 　軍縮会議開催		18 国民政府、冀察政務 　委員会設置 19 オラホドガ事件 （満蒙国境紛争）	20 コスタンティーニ、 　布教聖省秘書官就任
	1	20 英国王ジョージ 　5世崩御 22 ラヴァル内閣 　総辞職（仏）	13 第1次北支処理 　要綱決定 15 海軍軍縮条約 　脱退を通告	3 北戴河事件 （邦人憲兵襲撃事件） 5 朝陽門事件 （邦人将校殺害事件） 21 汕頭邦人巡査 　射殺事件	

年	月	世界	日本	中国大陸	正定事件関連
1936年 昭和11年 民国25年 康徳3年	2		26 二・二六事件	21 毛沢東、東征 　抗日宣言	
	3	7 ラインラント 　進駐（独）	9 広田弘毅内閣成立	29 タウラン事件 　（満蒙国境紛争）	
	4			9 周恩来・張学良会談	
	5	9 伊、エチオピア 　併合を宣言	7 斎藤隆夫の粛軍演説	5 国民政府、五五 　憲法公布	
	6	4 ブルム人民戦線 　内閣成立（仏）		1 上海邦人工場襲撃事件 7 両広事変勃発 　（～8月） 26 第1次豊台事件	
	7	16 スペイン内戦勃発		10 上海邦人商人 　射殺事件	
	8	1 ベルリンオリンピック 　開催 19 第1回モスクワ裁判 25 ジノヴィエフ、カー 　メネフら処刑（ソ連）	7 国策の基準、帝国 　外交方針決定 11 第2次北支処理 　要綱決定	20 長銃爆弾投擲事件 23 天津邦人教師 　暴行事件 24 成都事件 　（邦人暴行殺害事件） 3 北海事件 　（邦人商人殺害事件）	
	9			18 第2次豊台事件 19 漢口邦人巡査 　射殺事件 23 上海日本人水兵 　狙撃事件	
	10	1 フランコ将軍、総統 　に就任（スペイン）		5 蒋介石・川越大使会談	
	11	1 ムッソリーニ、 　枢軸演説 18 独伊、フランコ 　政権承認	25 日独防共協定締結	1 長沙邦人商人傷害事件 11 上海邦人船員射殺事件 14 綏遠事件	
	12	5 スターリン憲法制定 10 英国王エドワード 　8世退位	31 ワシントン海軍 　条約失効	12 西安事件 20 中共、延安占領 26 蒋介石、解放	
	1	23 第2回モスクワ裁判	23 広田弘毅内閣総辞職	6 西安掃匪総司令部 　廃止	
	5	28 チェンバレン内閣 　成立（英）	31 林銑十郎内閣総辞職		
	6	11 トハチェフスキー 　粛清（ソ連）	4 第1次近衛文麿 　内閣成立	19 乾岔子島事件 　（ソ満国境紛争）	
	7		9 事変不拡大方針 　閣議決定	7 盧溝橋事件 9 中共、抗日戦指令 13 大紅門事件	14 森島守人参事官、 　北京着

「正定事件」関連年表　233

年	月	世界	日本	中国大陸	正定事件関連
1937年 昭和12年 民国26年 康徳4年	8		17 予備費支出閣議決定 26 第1次北支事変費 　　予算案閣議決定 15 暴支膺懲声明 31 北支那方面軍編成	17 蒋介石の最後の 　　関頭演説 25 廊坊事件 26 広安門事件 28 日本軍、京津地方 　　で総攻撃開始 29 通州事件 8 日本軍、北平入城 9 大山大尉事件 12 中南支日本人居留民 　　引揚開始 13 第2次上海事変勃発 14 中国軍、上海租界 　　爆撃 15 国民政府、抗日救国 　　十大綱要発表 21 中ソ不可侵条約締結 26 ヒューゲッセン駐華 　　英国大使誤射事件 30 フーバー号事件	
	9	27 教皇庁、フランコ 　　政権承認 10 地中海会議開催 14 米、対極東武器輸送 　　禁止宣言	2 北支事変を支那事変 　　と改称 5 大陸封鎖宣言 10 臨時軍事費特別 　　会計法公布	3 チャハル省に察南 　　自治政府成立 23 第2次国共合作成立 24 日本軍、保定攻略 25 平型関の戦い	
	10	28 国際連盟、都市空爆 　　非難決議 5 ルーズベルト大統領 　　の隔離演説 17 労働党大会日貨 　　ボイコット決議（英） 20 労働総同盟、日貨 　　ボイコット決議（仏）	5 支那事変陸軍軍需 　　動員実施訓令 20 鉄材建築禁止の 　　商工省令施行 25 企画院発足 27 九カ国会議招請 　　拒絶回答	2 日本軍、定州占領 9 日本軍、正定攻略 10 日本軍、石家荘攻略 13 北平、北京に改称 15 晋北自治政府成立 26 日本軍、大場鎮攻略 27 蒙古連盟自治政府成立 28 水流峰事件 　　（ソ満国境紛争）	29 トラピスト会士、 　　正定に避難 5 米人宣教師拉致事件 　　（満洲） 8 正定城攻防戦開始 9 宣教師拉致事件発生 　　（正定事件） 12 ラマカース神父、 　　正定入城 15 治安維持会に捜索願 17 支那罹災民慰霊祭挙行 22 シャネ神父、 　　正定到着 24 仏大使館、日本側に 　　調査依頼 25 広田外相宛森島 　　参事官報告

年	月	世界	日本	中国大陸	正定事件関連
	11	3 九カ国条約会議開催 6 日独伊防共協定 （伊の加入）締結	4 戦艦大和起工 12 教皇庁使節による 　宣教師安否照会 20 大本営設置	29 宋美齢、負傷 2 トラウトマン工作開始 5 日本軍、杭州湾上陸 10 日本軍、上海占領 20 重慶遷都	26 モンテーニュ司教、 　仏大使館訪問 2 憲兵隊による現地調査 7 憲兵隊報告書作成 10 遺留品発見報告 12 遺留品の確認 22 正定大聖堂で慰霊祭
	12	26 シャハト経済相 　辞任（独） 29 伊、満洲国承認 15 テルエルの戦い 　（〜2月）	26 新潟司教、 　真相究明依頼 15 人民戦線事件 24 事変対処要綱決定	27 河南自治政府成立 12 パネー号・ 　レディバード号事件 13 南京陥落 14 中華民国臨時政府成立 26 日本軍、済南占領	25 ド・ヴィエンヌ司教、 　仏大使館訪問 27 仏大使館に憲兵隊 　報告書手交 1 蘭公使館でヒル証言 　聴取 2 壽陽米国人宣教師 　拉致事件 18 北京、聖ミカエル 　教会で慰霊祭 19 森島参事官、岡部 　参謀長訪問
1938年 昭和13年 民国27年 康徳5年	1		16 第1次近衛声明	10 日本軍、青島占領	11 蘭公使、日本に対し 　厳重抗議 27 横山少佐、教皇使節 　に弔慰金手交 28 横山少佐、仏大使館 　で遺憾の意表明
	2	20 独、満洲国承認		7 中ソ航空協定締結	13 ラコスト宛 　森島参事官書簡
	3	13 独、オーストリア併合		1 第1次中ソ借款 　協定締結	
	4	10 墺併合に関する 　国民投票（独）	1 国家総動員法公布	7 日本軍、徐州作戦開始	2 ポーランド公使、 　損害賠償請求 16 森島参事官、仏大使館 　宛寄付金手交

主要参考文献（カッコ内は原作出版年）

「内閣情報部　外國無線局発信情報」内閣情報部
「支那事變ニ關スル在支第三國財産被害調査表」外務省欧亜局
「支那事変第三國人関係事故及被害関係　佛國人関係」外務省
「支那事変第三國人保護取締及引揚関係」外務省
「満洲及支那ニ於ケル欧米人ノ文化事業」外務省
「支那事変陸戦概史」防衛研究所戦史室
「昭和八～十二年　支那事変の概要」陸軍省
「支受大日記（普）」陸軍省
「陸支密大日記」陸軍省
「北支那方面軍状況報告綴」北支那方面軍司令部
「北支那作戦史要」陸軍大学校
「宣伝宣撫参考手帖」北支方面軍報道課
「第一軍機密作戦日誌」第一軍司令部
「第一軍作戦経過概要」第一軍司令部
「第一軍情報記録」第一軍司令部
「第二軍情報記録」第二軍司令部
「第六師団戦時旬報」第六師団司令部
「歩兵第二十三聯隊戦闘経過概見表」
「鐵道第二聯隊第二大隊戦闘及作業詳報」
「独立攻城重砲兵第二大隊戦闘詳報」
「独立攻城重砲兵第二大隊陣中日誌」
「支那駐屯憲兵隊　警務関係書類」支那駐屯憲兵隊
「宣撫班教化工作実施概況」北支那方面軍司令部
「宣撫工作指針」北支那方面軍宣撫班本部
「治安工作経験蒐録」北支那方面軍司令部
「軍占拠地域内の警備状況に就て」北支那方面軍司令部

『支那の体臭』後藤朝太郎（1933年）バジリコ　2013年
『北支事變の概要　附　支那に於ける對日不法事件』帝國在郷軍人會本部　1937年
『北支事變！　戦闘詳報』清河政雄　今日の問題社　1937年
『上海北支戦線美談』大道弘雄編　朝日新聞社　1937年
『北支事變の眞相と日支關係諸条約』高田功　亜細亜研究會　1937年
『支那事變』山本實彦　改造社　1937年
『支那事變に對する我々の態度に就いて』稲村隆一　1937年
『支那事變實記』讀賣新聞社編輯局　1937年
『支那事變戦跡の栞』陸軍畫報社　陸軍恤兵部　1938年
『現地を語る』小松孝彰　亜細亜出版社　1938年
『北支物情』岸田國士　白水社　1938年
『生きている兵隊』石川達三（1938年）中央公論新社　1999年
『支那共産軍の現勢』深田悠藏　改造社　1939年

『東亜建設の理想と其實踐』横山彦眞　農村更生協会　1940年
『新建設への提言』横山彦眞　農村更生協会　1940年
『支那に於ける外国權益』英修道　慶應出版社　1941年
『日中戦争史』秦郁彦　河出書房新社　1961年
『現代史資料（8）日中戦争〈1〉』島田俊彦・稲葉正夫編　みすず書房　1964年
『現代史資料（9）日中戦争〈2〉』臼井勝美・稲葉正夫編　みすず書房　1964年
『現代史資料（10）日中戦争〈3〉』角田順編　みすず書房　1964年
『支那派遣軍かく戦えり』宮崎清隆　大光社　1966年
『孫文伝』鈴江言一　岩波書店　1967年
『桑原隲藏全集　第一巻　東洋史説苑』桑原隲藏　岩波書店　1968年
『満州帝国』児島襄　文藝春秋　1976年
『日本憲兵正史』全国憲友会連合会　1976年
『1億人の昭和史　日中戦争1』毎日新聞社　1979年
『写真集　支那事変』国書刊行会　1979年
『中国抗日戦争史』石島紀之　青木書店　1984年
『近代戦争史概説』陸戦学会戦史部会編　陸戦学会　1984年
『日中戦争』児島襄　文藝春秋　1984年
『日中戦争』古谷哲夫　岩波書店　1985年
『蔣介石秘録』サンケイ新聞社　1985年
『日中戦争　日・米・中報道カメラマンの記録』平塚柾緒　翔泳社　1995年
『図説・日中戦争』森山康平　河出書房新社　2000年
『太平洋戦争・主要戦闘辞典』太平洋戦争研究会　PHP文庫　2005年
『もうひとつの南京事件　日本人遭難者の記録』田中秀雄　芙蓉書房出版　2006年
『日中戦争がよくわかる本』太平洋戦争研究会　PHP文庫　2006年
『日中戦争　殲滅戦から消耗戦へ』小林英夫　講談社　2007年
『帝国陸海軍の基礎知識』熊谷直　光人社NF文庫　2007年
『中国抗日軍事史　1937-1945』菊池一隆　有志舎　2009年
『歴史からみる中国』吉澤誠一郎ほか　放送大学振興会　2013年
『日本はいかにして中国との戦争に引きずり込まれたか』田中秀雄　草思社　2014年
『日本陸軍とモンゴル』楊海英　中央公論新社　2015年
『日本陸軍と中国』戸部良一　筑摩書房　2016年
『東アジアの政治社会と国際関係』家近亮子・川島真　放送大学振興会　2016年
『〈軍〉の中国史』澁谷由里　講談社　2017年

戦史叢書
『（18）北支の治安戦〈1〉』森松俊夫　朝雲新聞社　1968年
『（27）関東軍〈1〉』西原征夫　朝雲新聞社　1969年
『（86）支那事変陸軍作戦〈1〉』森松俊夫　朝雲新聞社　1975年
『（89）支那事変陸軍作戦〈2〉』伊藤常男　朝雲新聞社　1976年

部隊史
『第六師団転戦実話北支編』第六師団参謀部　1940年
『熊本兵団戦史（支那事変編）』熊本日日新聞社　1965年
『歩兵第六十三聯隊史』歩兵第六十三聯隊史編纂委員会　1974年

『都城歩兵第二十三聯隊戦記』歩兵第二十三聯隊戦記編纂委員会　1978年
『工兵第六連隊史』工六会　1978年
『歩兵第四十五聯隊史』歩兵第四十五聯隊史編纂委員会　1981年

回想録

『陰謀・暗殺・軍刀　一外交官の回想』森島守人　岩波書房　1950年
『明治・大正・昭和政界秘史』若槻禮次郎（1950年）講談社　1983年
『外交五十年』幣原喜重郎（1951年）中公文庫　1987年
『支那事変の回想』今井武夫　みすず書房　1964年
『江南の春遠く』赤星昂　三田書房　1968年
『どろんこの兵』濱崎富蔵　私家版　1970年
『盧溝橋事件』寺平忠輔　読売新聞社　1970年
「知られざる中国」横山彦眞　動向社　1972年
『外交官の一生』石射猪太郎（1972年）中央公論新社　1986年
『変転せる我が人生』藤村謙　日本文化連合会　1973年
『北支憲兵と支那事変』荒木和夫　金剛出版　1977年
『戦地憲兵』井上源吉　図書出版社　1980年
『岡部直三郎大将の日記』岡部直三郎　芙蓉書房　1982年
『一兵卒の戦記』衛藤俊雄　リフレ出版　2005年

翻訳本

『暗黒大陸　中国の真実』ラルフ・タウンゼント（1933年）田中秀雄・先田賢紀智訳　芙蓉書房出版　2007年
『シナ大陸の真相　1931-1938』河上清（1938年）福井雄三訳　展転社　2001年
『中国の戦争宣伝の内幕』F・V・ウィリアムズ（1938年）田中秀雄訳　芙蓉書房出版　2009年
『敗走千里』陳登元（1938年）別院一郎訳　ハート出版　2017年
『アジアの戦争』エドガー・スノー（1941年）森谷巖訳　筑摩書房　1988年
『滞日十年』ジョセフ・C・グルー（1944年）石川欣一訳　ちくま学芸文庫　2011年
『在支二十五年』ジョン・B・パウエル（1945年）中山理訳　祥伝社　2008年
『抗日戦回想録』郭沫若　岡崎俊夫訳　中央公論社　1959年
『中国抗日戦争図誌』楊克林・曹紅　王培君ほか訳　天地図書・新大陸出版社　1994年
『孤独な帝国　日本の1920年代』ポール・クローデル（1995年）奈良道子訳　草思社　1999年
『真夜中の北京』ポール・フレンチ（2011年）笹山裕子訳　河出書房新社　2015年
『ベルギー大使の見た戦前日本』アルベール・ド・バッソンピエール　磯見辰典訳　講談社　2016年

キリスト教関連

『満洲帝国とカトリック教』田口芳五郎　カトリック中央出版部　1935年
「陝西省に於ける共産党の活躍」アンゼロ神父（1937年）聲社　1938年
「癩病院を襲った共産軍」ゴンザレス神父　聲社　1938年
「日本軍と赤化」コナール神父　聲社　1938年
「支那赤化の實情と防共聖戦」田口芳五郎　聲社　1938年
「支那布教に關する調査要項」田口芳五郎　聲社　1938年
「河北省ニ於ケル加特力教ノ分布状態」北支那方面軍参謀部　1939年
『支那カトリック教布教史』興亞院政務部　1940年

『北支那に於ける天主教の概觀』興亞宗教協會　1941年
『北支那に於ける第三國系基督教團體の現況』興亞宗教協會　1941年
『支那天主公教會の實情』鷲山第三郎　福村書店　1941年
『支那基督教の研究』佐伯好郎　春秋社松柏館　1944年
『北京四天主堂物語　もう一つの北京案内記』矢沢利彦　平河出版社　1987年
『中国キリスト教史研究』山本澄子　山川出版社　2006年
「義和団運動時期における直隷省のカトリック教徒」M・バスティド　石田卓生訳
「ヴァンサン・レブと天主教本土化運動」武内房司
『Les Mission de Chine et du Japon 1917』Pékin imprimerie des Lazaristes, 1917
『Les Mission de Chine et du Japon 1931』Pékin imprimerie des Lazaristes, 1931
『Les Mission de Chine et du Japon 1939』Pékin imprimerie des Lazaristes, 1939
『Le drame de Tchengtingfou』Dom Gérardin, rapport de trappiste, 1937
『Les événements d'octobre a Tchengtingfou』journal des Filles de la Charité de la Maison des Saints-Anges 1937

地理関連

『支那地名集成』外務省情報部　日本外事協會　1936年
『支那地名辭典』星斌夫　冨山房　1941年

あとがき

　読者の皆様、最後までお読みいただき、誠にありがとうございました。

　本書は、日本ではほとんど知られていない「正定事件」に関する初めての研究書になりますが、これまでの報道やインターネット情報の整理・精査が進み、地道な情報収集を続けてこられた方々の努力によって、ようやく事件当時国として恥ずかしくないレベルまで研究が進みました。

　私は、いわゆる「学者」ではありません。「正定事件」に関するフランス語史料の翻訳を依頼されたのがきっかけで、研究チームに参加させていただきました。参加の理由は、翻訳を進めるうちに、「事件の真相」がどうだったのか、どうしても知りたくなったからです。いま思えば不思議な縁ですが、チームの勧めもあり、「新たな冒険には乗り出すにかぎる」との信念から、本書の執筆まで引き受けることになりました。

　とはいうものの、全体が霧に包まれた「正定事件」の全容解明に果たしてたどり着けるのか、不安と焦燥の1年でした。いくら日仏の史料を読み込んでもすっきりした答えが見つからない、肝心なことが記録にない、ということがたびたびありました。

　そんなときは、シュラーフェン司教たちの理不尽な死、シャネ神父や横山彦眞少佐（のち中佐）の働き、嫌疑をかけられた南九州の第6師団をはじめとする日本軍将兵のことを思いました。そして、歴史の闇に埋もれた悲劇に光をあて、彼らが生きた証を後世に残すという使命感が私を後押ししてくれました。

　その思いが通じたのか、なかなか見つからなかった横山彦眞氏の係累の方々から貴重な情報と資料の提供を受けることができ、次第にその素顔が明らかになっていきました。彼はド・ヴィエンヌ司教が信頼を置いたとおり、曲がったことが嫌いで上司の顔色をうかがうことなく思ったことを直

言できる人物でありました。そして国籍・宗教問わずよく人に好かれ、教養豊かで広く物事を洞察する力があり、真面目で慈愛に満ちた生涯を送られました。このような人物の判断と同じ結論に至ったことは実に心強いことでした。

　研究を進めるなかで、愕然としたのは、司教たちの列福（福者というカトリックの称号）運動を主導するシュラーフェン財団の研究者たちが、その発表した事件概要において、何ひとつ確実な学術的証拠を挙げていないにもかかわらず、200人の婦女子を守るためにシュラーフェン司教たちが身代わりとなって殉教したという説を広め、それが世間に簡単に受け入れられたことでした。

　彼らは正定事件から2か月後に南京を攻略した第6師団をいわゆる「南京大虐殺」と関連付け、最初から「犯人」と決めてかかっています。ですから史料の分析も不完全で、中国から欧州に送られたカトリック系の手紙や報告をほとんど無批判に受け入れているのです。そのうえ中国近代史や当時の現地の情勢について何も考慮されていないようでした。

　私が本書で中華民国の歴史や共産党の活動について詳しく解説したのは、多くの日本の読者に当時の状況を正確に知ってもらうためです。現在、本書の英訳版も検討されていて、広く世界の人にも正しい状況を知ってもらいたいと思います。

　この事件の主要人物である横山彦眞の見解、つまり北支那方面軍の記録にある「支那共産匪ノ為殺害サル」という結論を私は支持します。この「共産匪賊」こそが、最も多くの動機があり、最大の受益者だからです。状況証拠や確かな目撃証言からもその可能性は高いと思われます。日本が支払った弔慰金は、その金額からいって殺害の賠償とは言えません。何より日本の軍と大使館が犯罪に関する責任を否定し、その点で教会も各在外公館も妥結したという事実を無視するわけにはいかないでしょう。

　本書は、シュラーフェン財団が主張する「根拠なき説」を論破することを主眼に企画されました。いずれにしても、まずバチカンの「列福の動き」に対し異議申し立てをすることが肝心です。沈黙することは無条件で

容認することですから。これからは読者の皆様の知恵や力をお借りしながら、この歴史戦を継続して行きたいと思います。

　最後になりましたが、執筆に関して、本企画の最初から最後までさまざまな形でご支援頂きました田中秀雄氏、中林惠子氏、フランスから史料を持ち帰ってくださったA氏に感謝申し上げます。また、荒木肇氏、上田篤盛氏からは貴重な助言をいただきました。翻訳に関しては、英文では赤嶺千尋氏、仏文ではB氏のご協力をいただきました。出版に際しては、藤岡信勝氏の全面的な協力のもと、並木書房を紹介していただきました。さらに横山家の方々、国士舘大学資料室の熊本好宏氏には横山彦眞元中佐に関して貴重な情報をいただきました。ほかにも最初に疑問を持って立ち上がったカトリックの信徒の方々はじめ関係者の方々に、深くお礼を申し上げます。ありがとうございました。

　なお、「正定事件の真実」（https://seiteijiken.amebaownd.com/）というタイトルでホームページを開設しましたので、今後新たに発見された資料などを追加していきたいと思います。

　本書が「正定事件」の犠牲者が望まないであろうプロパガンダに利用されることなく、学術的に役立つことを祈念して締めくくりと致します。

平成29（2017）年12月

峯崎恭輔

峯崎恭輔（みねざき・きょうすけ）
1980年福岡県生まれ。県立筑紫丘高校定時制卒業。1999年陸上自衛隊入隊。2003年除隊後、フランスへ留学。帰国後、民間企業に勤める。現在放送大学学生。近現代史とくに軍事史に関心があり、研究を続ける。

「正定事件」の検証
　　―カトリック宣教師殺害の真実―

2017年12月20日　印刷
2017年12月30日　発行
著　者　　峯崎恭輔
解　題　　藤岡信勝
発行者　　奈須田若仁
発行所　　並木書房
〒104-0061東京都中央区銀座1-4-6
電話(03)3561-7062　fax(03)3561-7097
http://www.namiki-shobo.co.jp
作　図　　神北恵太
印刷製本　モリモト印刷
ISBN978-4-89063-368-5